学前教育政策法规

主　编　王亚辉　卢云峰　王海燕
副主编　王晓娟　吕开鹤　张　立

北京理工大学出版社

版权专有　侵权必究

图书在版编目（CIP）数据

学前教育政策法规 / 王亚辉，卢云峰，王海燕主编. —北京：北京理工大学出版社，2019.8（2022.7重印）

ISBN 978-7-5682-7501-9

Ⅰ. ①学… Ⅱ. ①王… ②卢… ③王… Ⅲ. ①学前教育—教育政策—中国—高等学校—教材 ②学前教育—教育法—中国—高等学校—教材 Ⅳ. ①G619.20 ②D922.169

中国版本图书馆CIP数据核字（2019）第185034号

出版发行 / 北京理工大学出版社有限责任公司
社　　址 / 北京市海淀区中关村南大街5号
邮　　编 / 100081
电　　话 /（010）68914775（总编室）
　　　　　（010）82562903（教材售后服务热线）
　　　　　（010）68944723（其他图书服务热线）
网　　址 / http://www.bitpress.com.cn
经　　销 / 全国各地新华书店
印　　刷 / 唐山富达印务有限公司
开　　本 / 787毫米 × 1092毫米　1/16
印　　张 / 12.5
字　　数 / 296千字
版　　次 / 2019年8月第1版　2022年7月第5次印刷
定　　价 / 39.80元

责任编辑 / 李慧智
文案编辑 / 李慧智
责任校对 / 刘亚男
责任印制 / 施胜娟

图书出现印装质量问题，请拨打售后服务热线，本社负责调换

前 言

学前教育政策法规是学前教育专业的专业基础必修课,旨在向读者阐释有关学前教育的方针、政策以及相关法律法规。本教材主要围绕国家教师资格证考试大纲要求,在保证课程体系完整的基础上,帮助学生更加贴近正确的备考方向,同时本书也为广大幼教工作者提供更加便捷的了解学前教育政策法规的途径。

本书由大连职业技术学院、盘锦职业技术学院、鞍山师范学院、朝阳职业技术学院和盘锦诺瓦海达斯达幼儿园从事学前教育理论教学和研究工作的教师和园长共同编写,由王亚辉统稿。各章编写分工如下:

第一章、第二章由王晓娟编写;

第三章、第四章由王亚辉编写;

第五章由吕开鹤编写;

第六章由张立编写;

第七章由卢云峰编写;

王海燕负责部分案例内容的编写。

我们在研究和编写本书的过程中,借鉴了国内外专家的研究成果,虽然做了严格的注释,但仍恐有所遗漏,在此表达衷心的感谢。由于时间仓促,水平有限,书中难免存在不足和疏漏,恳请广大教育工作者批评指正。

编 者

目 录

第一章 教育法律法规政策概述 ·· 1
  一、教育法律法规政策内涵与特点 ······································· 1
  二、教育法律、法规、政策的区别与联系 ·································· 6
  三、教育法律法规政策体系 ··· 7
  四、教育法的渊源 ··· 7
  五、教育法律责任 ··· 9

第二章 学前教育法律法规政策的历史沿革 ································ 14
  一、中华人民共和国成立初期：百废待兴（1949—1956 年）················ 14
  二、社会主义建设时期：全面跃进（1956—1966 年）······················ 15
  三、纳入政府议事日程：拨乱反正（1978—1986 年）······················ 16
  四、学前教育驶入快车道：依法治教（1987—1995 年）···················· 17
  五、社会变革中艰难试水：举步维艰（1996—2000 年）···················· 18
  六、改革深化中逐渐恢复：曲折前进（2001—2009 年）···················· 19
  七、改革进入崭新阶段：跨越式发展（2010 年至今）······················ 20

第三章 学前教育基本法律法规 ·· 23
  第一节 中华人民共和国教育法 ·· 23
    一、《教育法》的地位 ·· 23
    二、《教育法》的意义 ·· 23
    三、2015 年《中华人民共和国教育法》的修正内容 ···················· 24
    四、《教育法》的结构、主要内容 ··································· 26
    附：《中华人民共和国教育法》（全文）······························ 28
  第二节 中华人民共和国义务教育法 ···································· 36

一、《义务教育法》的修订过程 ……………………………………………………36
　　二、《义务教育法》的地位、意义 …………………………………………………36
　　三、《义务教育法》的基本性质 ……………………………………………………36
　　四、《义务教育法》的结构、特点 …………………………………………………37
　　附：《中华人民共和国义务教育法》（全文）……………………………………38
第三节　中华人民共和国教师法 …………………………………………………………44
　　一、《教师法》的地位、意义 ………………………………………………………44
　　二、《教师法》关于教师的权利 ……………………………………………………44
　　三、《教师法》关于教师的义务 ……………………………………………………45
　　四、《教师法》关于教师的资格任用、培养培训及考核待遇 …………………45
　　五、《教师法》中关于法律责任的相关解读 ………………………………………46
　　附：《中华人民共和国教师法》（全文）…………………………………………46
第四节　中华人民共和国未成年人保护法 ………………………………………………50
　　一、《未成年人保护法》地位和意义 ………………………………………………50
　　二、《未成年人保护法》应遵循的原则 ……………………………………………51
　　三、《未成年人保护法》四大保护内容 ……………………………………………51
　　四、《未成年人保护法》2012年修订的内容 ………………………………………52
　　附：《中华人民共和国未成年人保护法》（全文）………………………………53
第五节　学生伤害事故处理办法 …………………………………………………………59
　　一、《学生伤害事故处理办法》颁布的目的、意义 ………………………………59
　　二、《学生伤害事故处理办法》的适用范围 ………………………………………59
　　三、《学生伤害事故处理办法》中主要的法律关系和法律责任 …………………60
　　附：《学生伤害事故处理办法》（全文）…………………………………………62
第六节　幼儿园工作规程 …………………………………………………………………66
　　一、《幼儿园工作规程》概述 ………………………………………………………66
　　二、幼儿园教育的性质、任务、主要目标 …………………………………………67
　　三、幼儿园的招生和编班 …………………………………………………………67
　　四、幼儿园的安全和卫生保健 ……………………………………………………67
　　五、幼儿保护规范 …………………………………………………………………68
　　六、新《规程》的修订内容 ………………………………………………………68
　　附：《幼儿园工作规程》（全文）…………………………………………………69
第七节　儿童权利公约 ……………………………………………………………………76
　　一、《儿童权利公约》的背景 ………………………………………………………76
　　二、《儿童权利公约》规定的儿童权利及原则 ……………………………………77
　　附：《儿童权利公约》（全文）……………………………………………………77
第八节　幼儿园教师违反职业道德行为处理办法 ………………………………………88
　　一、教师职业道德规范的内容 ……………………………………………………88
　　二、《中小学教师职业道德规范》的突出特点 ……………………………………88
　　三、幼儿园教师违反职业道德行为处理办法 ……………………………………89

附：教育部关于印发《幼儿园教师违反职业道德行为处理办法》的通知 …………90

第四章　学前教育方针政策 …………………………………………………93

第一节　幼儿园教育指导纲要（试行） ………………………………………93
　　一、《幼儿园教育指导纲要（试行）》结构 ……………………………………93
　　二、《幼儿园教育指导纲要（试行）》五大领域的目标 ………………………94
　　三、《幼儿园教育指导纲要（试行）》的理念 …………………………………95
　　附：《幼儿园教育指导纲要（试行）》（全文） …………………………………95

第二节　3～6岁儿童学习与发展指南 ………………………………………101
　　一、《3～6岁儿童学习与发展指南》研制的背景 ……………………………101
　　二、为什么叫《指南》而不叫《标准》 ………………………………………103
　　三、《指南》与《纲要》的关系 …………………………………………………103
　　四、《指南》的内容 ……………………………………………………………104
　　五、《指南》实施的基本原则 …………………………………………………104
　　附：《3～6岁儿童学习与发展指南》（全文） …………………………………105

第三节　国家中长期教育改革和发展规划纲要（2010—2020年） …………129
　　一、国家中长期教育改革和发展规划纲要结构 ………………………………129
　　二、改革和发展规划纲要指导思想和工作方针 ………………………………129
　　三、战略目标和战略主题 ………………………………………………………130
　　四、幼儿教育阶段的发展任务 …………………………………………………130
　　附：《国家中长期教育改革和发展规划纲要（2010—2020年）》（全文）……131

第四节　国务院关于当前发展学前教育的若干意见 …………………………153
　　一、《意见》起草的背景 ………………………………………………………153
　　二、《意见》的核心精神 ………………………………………………………153
　　三、《意见》的主要内容 ………………………………………………………154
　　附：《国务院关于当前发展学前教育的若干意见》（全文） …………………154

第五章　教师的权利和义务 …………………………………………………158
　　一、幼儿园教师的含义 …………………………………………………………158
　　二、教师资格制度 ………………………………………………………………158
　　三、教师的权利 …………………………………………………………………160
　　四、教师的义务 …………………………………………………………………162
　　五、幼儿教师的权利和义务 ……………………………………………………164

第六章　幼儿的权利保护 ……………………………………………………166
　　一、幼儿的权利 …………………………………………………………………166
　　二、幼儿的义务 …………………………………………………………………168
　　三、幼儿的保护 …………………………………………………………………168

第七章 幼教机构常见侵权责任类型及其法律责任 ······ 174

第一节 侵害幼儿合法权益及其法律责任 ······ 174
一、侵害幼儿合法权益,幼儿园依法承担相应法律责任的情形 ······ 174
二、造成伤害事故,未成年人监护人依法承担相应法律责任的情形 ······ 175
三、造成幼儿伤害事故,经营者或者学校以外的活动组织者依法
　　承担相应的责任的情形 ······ 175
四、造成幼儿伤害事故,托幼机构的免责情形 ······ 175
五、造成幼儿伤害事故,托幼机构不承担责任的情形 ······ 175
六、侵害幼儿合法权益,学校教师或者其他工作人员依法承担相应的责任 ······ 176
七、唆使幼儿违法犯罪,教唆者承担相应责任的情形 ······ 176

第二节 侵害幼儿教师合法权益及其法律责任 ······ 181
一、侮辱殴打幼儿教师应承担的法律责任 ······ 181
二、打击报复幼儿教师的法律责任 ······ 182
三、拖欠幼儿教师工资的法律责任 ······ 182

第三节 侵害幼儿园合法权益及其法律责任 ······ 183
一、结伙斗殴、寻衅滋事、扰乱幼儿园教育秩序的 ······ 183
二、破坏、侵占园舍、场地及其他财产的 ······ 183

主要参考文献 ······ 185

第一章

教育法律法规政策概述

学习导航

通过本章学习，了解教育法律法规政策的内涵及特点，掌握教育法律、教育法规、教育政策三者的区别与联系，掌握我国现行教育法律法规政策体系，了解教育法的渊源，掌握教育法律责任的构成要件以及归责原则。

一、教育法律法规政策内涵与特点

教育法律法规政策，指由有关国家机关依法制定的调整教育关系的各种规范性文件的总称，包括狭义的教育法，还包括宪法中关于教育的条款、教育法律、教育行政法规、地方教育法规和教育规章、关于教育的自治条例或单行条例及有关教育的国际条约或协定等规范性文件。此外教育专项法律、法规以外的其他非教育专项法律、法规中有关教育的规范性内容，也属于教育法律法规的范畴。如教师法、义务教育法、高等教育法、职业教育法、预防未成年人犯罪法、未成年人保护法等。

（一）教育法律的基本内涵与特点

1. 法律的内涵

法律是由国家制定或认可的，由国家强制力保证实施的，反映由其物质生活条件决定的统治阶级意志的规范体系，它通过规定人们相互之间的权利和义务关系，确认、维护和发展有利于统治阶级的社会关系和社会秩序。

（1）国家

国家应为国家特定的机关，不同级别的国家机关制定的法律就决定了法律的效力（法的形式、教育法渊源都会提及），也决定了法律有广义与狭义之分。

狭义法律专指有立法权的国家机关依立法程序制定颁布的规范性文件，即特定意义上的法律，效力仅次于宪法，通常指成文法（制定法）。就我国现行法律体系而言，指全国人大及其常委会制定的法律。如《中华人民共和国教育法》《中华人民共和国教师法》等。广义的法律是指法律的整体，泛指一切法律规范，包括国家制定的各种规范性法律文件及国家认可的其他的具有法律效力的不成文法（习惯法、判例法等）。除此之外国务院制定的行政法规，部委制定的部门规章，省、自治区、直辖市及有立法权的市级人代会及常委会制定的地方性法规等都属于广义的法律范畴。如国务院发布的《教师资格条例》，国务院批准，国家教委发布的《义务教育法实施细则》，教育部发布的《教师资格证书管理规定》，上海市 11 届人大常委会 29 次会议通过的《上海市中小学校学生伤害事故处理条例》等。

（2）规范

规范即规则——行为规则，主要是调整人与人的社会关系，关注的是人的行为而不是思想、意识。法律规范规定人们可以做什么（权利），应该做什么（义务），禁止做什么（责任），从而成为评价人们行为合法不合法的标准，法律规范既是指引人的行为并预测未来行为及其后果的尺度，也是警戒和制裁违法行为的根据。法律正是通过"可以、应该、禁止"这三种规范来调整人的行为和各种社会关系。

2. 教育法律的内涵

教育法律是国家最高权力机关——全国人大及其常委会制定的教育规范性文件，其效力仅次于宪法。教育法律又分为两种形式：基本法和单行法。

基本法律一般由全国人大制定，它比较全面地规定和调整某一方面带根本性、普遍性的社会关系。1995 年 3 月 18 日通过、1995 年 9 月 1 日起开始施行的《中华人民共和国教育法》是我国的教育基本法，它主要调整教育关系中的基本且主要的方面，它是由全国人民代表大会指定的关于教育方面的基本法律，也可以看作教育领域的母法。

单行法律由全国人民代表大会常务委员会制定，它调整的是某一方面的社会关系，是某个部类或者教育所涉及的某个方面的单行法律。但 1986 年《中华人民共和国义务教育法》（以下简称《义务教育法》）是个例外，由全国人大制定，全国人大常委会 2006 年修订。其余单行法有《中华人民共和国学位条例》（1980 年 2 月 12 日通过，1981 年 1 月 1 日起施行，以下简称《学位条例》）、《中华人民共和国教师法》（1993 年 10 月 31 日通过，1994 年 1 月 1 日起施行，以下简称《教师法》）、《中华人民共和国职业教育法》（1996 年 5 月 15 日通过，1996 年 9 月 1 日起施行，以下简称《职业教育法》）、《中华人民共和国高等教育法》（1998 年 8 月 29 日通过，1999 年 1 月 1 日起施行，以下简称《高等教育法》）、《中华人民共和国民办教育促进法》（2002 年 12 月 28 日通过，2003 年 9 月 1 日起施行，以下简称《民办教育促进法》）。单行法如与基本法违背，则修改或撤销。

此外，全国人大或其常委会发布的关于教育的具有规范性内容的决议和决定，也属于教育法律的范畴，与教育法律有同等效力，如 1985 年 1 月 21 日第六届全国人大常委会第九次会议通过的《关于教师节的决定》就属于此类。

《预防未成年人犯罪法》《未成年人保护法》由于和教育密切相关，法律效力相当于教育单行法。

3. 教育法律的特点

（1）具有鲜明的国家意志

教育活动规范可以出自教育行政部门，也可以出自学校或教师，但其对教育活动的制约有限，不具有国家意志。而教育法律则是由国家权力机关制定，用来明确教育活动的方式，如可以这样行为、应该这样行为、不应该这样行为等，并用强制力来保障实施的效果。如义务教育法规定接受教育是一项义务，其典型特征是免费与强制，这并非教育本身的特点，而是法律所赋予的。

（2）由国家强制力保证实施

国家强制力是一种外在的强制，是有组织的强制，它由整个国家机器，特别是由行政机构、警察、监狱直至军队而保障实现的强制，因而具有强大的威慑力。教育法律强制一方面表明作为整个社会正式代表的国家对于违法行为的否定性评价，另一方面还具有特殊的组织性和保障性。也因为慑于法的制裁，有犯罪未遂、中止等行为，反面的有伪证、假口供、推卸责任等行为。

（3）围绕权利和义务展开

从内容上看，任何法律规范都直接或间接地规定社会成员的权利和义务，从而实现统治阶级的意志。一般来说，教育法律规定的权利体现着主体为了实现自身的利益可以采取的行为；义务体现着主体为满足他人或社会利益必须做或不做的行为。法律的核心内容就是有关主体权利和义务的规定。尽管教育法律中的许多规范本身并没有直接规定主体的权利和义务，但它们最终都是围绕着权利和义务展开，并为了实现权利和义务而设置的。

（4）内容上兼具稳定性与发展性

教育法律的内容涉及以权利和义务为核心的教育行政活动，包括学校管理活动、教师教学活动等，明确了政府、学校、社会、教师、学生以及家长等多方利益之间的关系，因此具有一定的稳定性。但同时，教育是与时俱进的，不同时期教育的目标不同，教育的内容也就有所差异，如原来强调教师是绝对的主体和权威，教师是知识的传播者，而现在却强调师幼互动，强调教师是研究者、引导者，学生是学习的主体等。

（二）教育法规的基本内涵与特点

1. 教育法规的内涵

教育法规是通过一定的国家机关依照法定程序制定的、调整有关法律主体在教育活动中所发生的社会关系的法律规范体系的总和。

《宪法》第八十九条规定，国务院有"根据宪法和法律，规定行政措施，发布决定和命令"的权力。《幼儿园管理条例》《幼儿园工作规程》《幼儿园教育指导纲要（试行）》和《关于当前发展学前教育的若干意见》《关于学前教育深化改革规范发展的若干意见》《国务院办公厅关于促进3岁以下婴幼儿照护服务发展的指导意见》都属于教育法规。

2. 教育法规的特点

（1）原则性与灵活性相结合

其原因在于：第一，一些重大问题，必然要深思熟虑从长远出发，至于一些具体的阶段性目标，可以具有灵活性；第二，教育作为一个复杂的系统，涉及面非常广泛，要协调各方利益，在某些问题上，既要讲原则，又要灵活变通。如《民办教育促进法》中规定可以收取合理回报；第三，我国幅员辽阔，发展不平衡，这都需要原则性与灵活性相结合。

（2）针对性与操作性相结合

教育法规调整教育主体关系、规范教育活动，教育法规的作用决定了其具有针对性，而且还必须具体明确。一旦情况发生改变，应当及时废止或修改原有教育法规，以反映新情况、确定新规则。

（3）立法自主与择优借鉴相结合

我国的教育法规应当借鉴世界各国的教育立法经验及教育法规中的某些内容，但同时这种借鉴是有选择的，我国的教育法规既要符合中国实际，也要表现出较高的国际水准，使得教育现代化的趋势在教育法规中得到反映。

（三）教育政策的基本内涵与特点

1. 教育政策的内涵

教育政策是政党、政府等政治实体在一定历史时期，为了实现一定的教育目标和任务而协调教育系统内外关系所规定的行动依据和准则。

不同性质的政党或国家有不同的教育政策。作为政党和国家基本政策的重要组成部分，教育政策是依据政党和国家在一定历史时期的基本任务、基本方针，由政党和国家制定的，而不是由个人制定的。教育政策是一定历史时期的产物，是一种行为准则，它决定着政党和国家在教育方面的工作方向和措施。具体来说，教育政策是政党和国家关于教育的方向、方针、任务、目标、原则、体制、内容、途径和基本措施等方面的指导准则。

从本质上说，教育政策是政党和国家意志在教育中的反映，即政党和国家在很大程度上是通过制定和执行教育政策来对教育事业进行调控，使其按照预定的方向发展。教育政策的制定是一种特殊的重大决策形式。它是决策者以一定的理论原理和价值观为指导，为实现所追求的目标，对社会上不同阶级、阶层和群体的利益进行分析、综合、选择和确认，加以科学策划、统筹兼顾、适当安排，并使其转化为行为规范的过程。教育政策是党和国家的教育管理行为中最为重要的一项活动，是党的教育工作的出发点，并且贯穿教育工作的全过程。可以说，党的教育政策就是教育工作的生命线，是党领导教育事业的体现，是教育工作的基本依据。

我国的教育政策通常体现在党和政府做出的决议、决定、纲领、通知、报告、号召、口号等政策性文件中，或者以党报、党刊、社论等形式发布。我国教育政策性文件的种类、内容极为丰富，它可以是党和国家在教育问题上的大政方针的表述，也可以是某一事件或某一现象的处理性文件。

2. 教育政策的特点

（1）目的性与可行性

制定教育政策，就行动做出设计和谋划，是为了解决某些问题，达到某种目的。明确的目的性是教育政策的基本特征。2010年中共中央、国务院印发的《国家中长期教育改革和发展规划纲要（2010—2020年）》（以下简称《教育规划纲要》）。这一纲领性文件的目的就是"促进教育事业科学发展，全面提高国民素质，加快社会主义现代化进程"。教育政策的目的性特点要求教育政策的内容必须具有很强的针对性，即围绕教育政策所要解决的问题和实现的目标，有针对性地提出解决问题的规划和步骤，力避泛泛而论。

为了实现教育政策的目的，就要同时考虑教育政策的可行性，这就要求在制定教育政策时把目的性和可行性有机地结合起来。因此，全面理解教育政策的目的所包含的内容和相关的因素，以及详细了解实现目的所必备的相关条件、手段和可行性至关重要。

（2）全面性与广泛性

教育政策一般是指党和国家为实现教育目标和任务，协调教育内外关系而做出的战略性规定。因此，教育政策具有全面性与广泛性的特点。

教育与外部的关系包括教育与工业、农业、商业等的关系，教育工作与其他工作的关系和教育人员与其他人员的关系；教育内部的关系包括各级教育（学前教育、初等教育、中等教育、高等教育）之间的关系，各类教育（青少年教育和成人教育、普通教育和职业教育、公办教育和民办教育、全日制教育和非全日制教育）之间的关系，各种教育工作（教育、教学、管理）之间的关系，各类教育人员（教师、教辅人员、管理干部、工勤人员）之间的关系以及他们同受教育者之间的关系等。

（3）科学性与实用性

教育政策是以人们对教育内外诸关系的认识为基础而制定的解决问题的原则，它的正确与否要看它是否正确地反映了这些关系的本质联系。因此，教育政策的制定要实事求是，使教育政策切实建立在科学的基础上。

教育政策的科学性在实践中表现为很强的实践性，即实用性。教育政策与教育理论不同，它不是概念、范畴、体系的组合，而是连接理论与实践的中介。教育政策的各项内容不是以抽象的理论形式出现的，而是以具体的行为准则形式出现的，它明确地告诉人们应该怎样做，不应该怎样做，而不仅仅是做一些理论上的论证、解释和说明。

（4）系统性与多功能性

任何教育政策都是在与其他政策相互作用的过程中发挥功能的，它既是一般政策体系中的有机组成部分，同时自身又组成一个相对独立的体系。从横向上看，教育政策的系统性表现为与其他公共政策相互支持、相互制约，组成了有关社会发展的整体政策；其自身又形成了一个结构严谨的国家基本教育政策体系。从纵向上看，教育政策的系统性表现为空间和时间两方面，前者是中央的教育政策与地方的教育政策，后者是过去、现在和未来的教育政策等。

教育政策的系统性决定了教育政策所指引的行动必然要牵涉到教育事业的各个方面，从而决定了教育政策的功能必定是多方面的，而不是单一的、零散的。实践证明，教育政策的功能无论在性质上还是在具体内容上，都是丰富多样的，诸如育人、导向、协调、控制等功能都是十分突出的。

（5）严肃性与灵活性

教育政策同其他政策一样，具有严肃性、稳定性，一经制定公布，在一定时期内就不能随意变动，应坚决贯彻执行；否则，就会失去其功能或作用，影响人们对教育政策的信任程度和执行政策的坚定性。但是，教育政策的严肃性、稳定性只是相对的，随着外部环境的变化以及教育自身因素的变化，在执行教育政策的过程中，必须根据实际情况做出相应的调整和改革。即任何政策的形成都是有一个过程的，不可能一蹴而就，也不可能毫无基础，政策的制定是有周期性的。比如幼儿园教育指导纲要的制定，中华人民共和国成立初期国家就制定了1952年纲要，后来1981年也出台纲要，而2001年纲要正是在这些已有经验的基础上修改完善的。所以，教育政策又具有灵活性与可变性，这主要是由教育事业本身的发展所决定的。我们应将教育政策这两方面的特性有机地统一起来，使教育政策在不断变化、修改、调整中走向成熟和完善。

二、教育法律、法规、政策的区别与联系

（一）三者的主要联系

1. 目的一致性

三者都是调整教育关系和规范教育秩序的行为准则，都以宪法为依据，是国家和政党在教育方面意志的表现，都是上层建筑的重要组成部分，都是教育规律的反映。其作为调整教育关系和规范教育秩序的规范，指明了教育的方向、程序标准和条件，从根本上是一致的。

2. 形成的连续性

教育法律、法规都是建立在相对稳定有效的政策基础上的。教育政策是制定法律法规的依据，法律法规是政策的具体化、条文化和定型化。教育法律法规是在教育实践中，通过总结成熟经验和认识而形成的，都是从那些具有长期稳定性、对全局具有重要意义的教育政策，以及实践获得巨大成功的教育政策基础上发展起来的，因此法律法规是政策的定型化。

3. 内在的约束力

教育法律一旦形成，就成为法规政策的基本依据和准则。教育法律法规一旦形成，又对政策产生影响和制约。政策不仅不能与法律相抵触，而且还要有利于法律法规的实施，当两者发生矛盾时应以法律为准绳。

（二）三者的主要区别（见表1-1）

表1-1 教育法律、法规、政策的主要区别

类别	制定主体	执行方式	效力等级	适用范围	表现形式	稳定程度	举例
教育法律	立法机关、最高权力机关，全国人大及其常委会	依靠国家强制力实施，严格执行，不容更改	最具强制力，违反要承担法律责任，受到法律制裁	全国范围，最为广泛	法律条文，必须公开	稳定	《教育法》《教师法》《义务教育法》《高等教育法》
教育法规	国务院及其各部门、直属机构，各级人大和人民政府	依靠国家强制力实施，规定更为具体、细致、可操作性强	具有较强强制力，有国家意志为后盾，违反要承受行政制裁	全国范围，或仅地方范围有约束力	条例、章程等，必须公开	稳定	《幼儿园工作规程》
教育政策	政党、各级国家机关和政府部门	依靠行政力量或党的纪律，允许实施时具有灵活性	强制力比法律法规弱，违反要承担行政与党规上的责任	全国范围，或仅地方范围有约束力	决议、决定、纲领、通知以及其他文件形式，公开或者内部发布	灵活	《中共中央关于教育体制改革的决定》

三、教育法律法规政策体系

第一层次是宪法中关于教育的条款。

宪法是我国法律体系的主导法律部门，它规定了我国的社会制度、国家制度、公民的基本权利和义务以及国家机关的组织与活动的基本原则。宪法性规范不涉及国家和社会生活的某一具体方面，而是涉及社会生活中的根本问题。宪法具有最高法律效力。

第二层次是教育法。

教育法规定了我国教育的基本性质、地位、任务、基本法律原则和基本教育制度等。教育法是全部教育法规的母法，处于第一层次。

第三层次是由全国人大常委会制定的教育部门法。

教育部门法主要协调各个教育部门的内外部关系，根据规范内容的不同以及我国的具体国情和实际需要，目前主要有《义务教育法》《职业教育法》《高等教育法》《成人教育法》《教师法》《民办教育促进法》。从学制上看，唯独缺乏学前教育法。

第四层次由国务院制定的教育行政法规。

其主要是为实行教育法和各个单行法而制定的规范性文件，此外，也用于解决较为具体的教育法和单行法没有规范的问题，并有相应的宪法和法律授权，也可以由行政法加以调整。属于这一层次的主要由国务院制定和发布，如《国务院关于当前发展学前教育的若干意见》，又称《国十条》。

第五层次是由省市自治区的权力机关及其常委会制定的地方性法规、自治条例、单行条例、政府规章一类的地方性教育法规。

其主要是根据本行政区内的实际需要而制定的规范性文件。如我国各地都有其地域内的多种学前教育政策规定。

第六层次是由国务院各部委制定的政府规章——教育规章。

其主要依照法律和行政法规，并且可因实际工作的需要而决定其内容。如教育部门颁布的禁止开办学前班、兴趣班的相关规定等。

四、教育法的渊源

教育法的渊源就是指国家根据法定的职权和程序制定的关于教育方面的规范性文件，主要有宪法、教育法律、教育行政法规、部委教育规章、地方性教育法规、地方性教育规章、教育国际条约和协议。

（一）宪法中有关教育的条款

宪法是国家的根本大法，在我国法的渊源体系中占据首要地位，具有最高的法律效力，是我国全部立法工作的基础和根据，一切规范性文件皆不能与宪法相抵触。只有全国人大有宪法的制定和修改权。宪法作为教育法的渊源，其第十九条、二十四条、四十六条、八十九条、一百零七条、一百一十九条等，规定了我国教育的社会性质、目的任务、结构系统、办学体制、管理体制，规定了公民有受教育的权利和义务，规定了对少数民族、妇女和有残疾的公民在教育方面予以帮助，规定了对未成年人的保护，规定了学校的教学用语，规定了宗教与教育的关系，这些都是各种形式和层级的教育立法的主要依据和最高依据。任何形式的教育法都不得与宪法相抵触，否则便是违宪。

(二)教育法律

教育法律是国家最高权力机关——全国人大及其常委会制定的教育规范性文件，其效力仅次于宪法。教育法律又分为两种形式：基本法和单行法。

基本法律一般由全国人大制定，它比较全面地规定和调整某一方面带根本性、普遍性的社会关系。《教育法》即为教育基本法律，是教育工作的根本法。

单行法一般由全国人大常委会制定，它是调整某类教育关系或规定某一具体教育问题的法律，有《学位条例》《义务教育法》《教师法》《职业教育法》等。

(三)教育行政法规

教育行政法规是由国家最高行政机关即国务院制定的关于教育的规范性文件，针对某一类教育管理事务发布的行为规范，而不是针对具体事件和具体问题做出的决定。其效力仅次于宪法和教育法律。

教育行政法规一般有两种发布方式：一是由国务院直接发布，如《残疾人教育条例》《教师资格条例》都是由国务院直接发布的；二是由国务院批准、国家教委发布，如《义务教育法实施细则》就是经国务院批准、由国家教委发布的，《学校体育工作条例》《学校卫生工作条例》《幼儿园管理条例》等也是这样发布的。教育行政法规不论采取哪种发布形式，其效力都是一样的。

(四)部委教育规章

部委教育规章是指国务院各部委（主要是国家教委）根据法律和行政法规在本部门权限内所制定的关于教育的规范性文件。相对于教育法律和教育行政法规而言，部委教育规章的数量是很大的，三者在数量上相比呈金字塔状。《学生伤害事故处理办法》《中学生日常行为规范》均属于此类。

(五)地方性教育法规

地方性教育法规是由地方人大或其常委会制定的关于教育的规范性文件。依宪法和《地方各级人代会和地方各级人民政府组织法》的规定，地方各级人代会在本行政区域内，有权依照法律规定的权限通过和发布决议。省、自治区、直辖市的人大及其常委会，在不与宪法、法律、行政法规相抵触的前提下，可以制定地方性法规，报全国人大常委会备案。省、自治区人民政府所在地的市和经国务院批准的较大的市的人大常委会，可以拟定本市需要的地方性法规草案，提请省、自治区人大常委会审议制定，并报全国人大常委会和国务院备案。由此可见，并不是所有的地方人大及其常委会皆有权制定地方性教育法规。这类教育法规如《辽宁省九年制义务教育条例》《澳门教育制度纲要法》。

地方性教育法规具有如下特点：从属性，不得与法律和行政法规相抵触；区域性，仅在本行政区域生效，无域外效力；操作性，据实按需立制，调整的法律关系更明确、更具体，实践性和操作性更强。

(六)地方性教育规章

也称政府教育规章，由地方政府制定。有关法律规定，省、自治区、直辖市以及省、自治区人民政府所在地的市和经国务院批准的较大的市的人民政府，可以根据法律和行政法规制定规章。地方性教育规章的效力低于同级的地方性教育法规的效力。如辽宁省人民政府发布的《辽宁省教育督导规定》。

（七）教育国际条约和协议

教育国际条约和协议是由我国政府与外国政府或国际组织签订的有关教育问题的条约、协定、议定书等规范性文件，及我国宣布加入的国际公约。经最高国家权力机关批准后，在中外双边、多边或国际间建立法定的教育权利和义务关系，这些国际条约和协议对国内机关、团体单位公民个人也具有法律约束力。如《亚洲和太平洋地区承认高等教育学历、文凭与学位的地区公约》《儿童权利公约》《儿童生存、保护和发展世界宣言》等。在与国内法不一致时，除声明保留的外，一般优先适用国际条约和协议。

以上所列是我国教育立法的几种主要表现形式，所讲的教育法是广义的，它不仅指1995年通过的《教育法》，也指一个庞大的、包括不同层级在内的法律体系。这个体系中，既有中央所立的法，亦有地方所立的法；既有立法机构（人大及其常委会）所立的法，也有行政机构（国务院、部委、地方政府）所立的法。

五、教育法律责任

（一）教育法律责任的含义

法律责任包含两层含义：一是指法律上的责任关系，这是指一个主体对另一个主体的义务关系，表明一个人在法律上对另一个人负责；二是指责任方式，这是指一个人在法律上要对一定行为负责。如果做出相反的行为，这个人则应受到制裁，受到制裁则是一种责任方式。因此，教育法律责任可以定义为：根据教育法律上特定的责任关系并由一定的法律事实引起的，应当由行为人依法承担的惩罚性的法律后果。由于行为人违反教育法律规范的程度不同，其所应该承担的教育法律责任在程度和性质上也会有所不同。

对这一含义可以从以下几个方面理解：

第一，教育法律上特定的责任关系是指教育法律所规定的主体 A 对主体 B 的责任关系，这种责任关系是法律责任存在的依据，没有这种责任关系，就不会产生法律责任。

第二，法律事实是引起教育法律责任的前提，没有相应的法律事实（包括法律事件和法律行为），就不会产生教育法律责任。

第三，不利后果是义务主体的责任与行为的因果联系，它通常以予以补偿或受到制裁等方式反映其责任方式。

（二）教育法律责任的类型

教育法律责任的类型是指承担教育法律责任方式的类别。《教育法》根据违法主体的法律地位和违法行为的性质，规定了承担教育法律责任的三种方式：教育行政法律责任、教育民事法律责任和教育刑事法律责任。

1. 教育行政法律责任

教育行政法律责任是指教育行政法律关系主体违反了行政法律规范而应当依法承担的行政法律后果。行政责任应由国家机关依照相关行政法规定的条件和程序予以追究。人民法院或有关行政机关依法拥有此项权力。对违反教育法规的行为的行政责任追究，在《教育行政处罚实施暂行办法》和《国家教育考试违规处理办法》中有明确规定。依据《教育法》的规定，承担教育行政法律责任的方式主要包括行政处分和行政处罚。

（1）行政处分

行政处分是根据法律或国家机关、企事业单位的规章制度，由国家机关企事业单位给予有违法失职行为或违反内部纪律的所属人员的一种制裁。根据《国家公务员暂行条例》的规定，行政处分的种类有六种：警告、记过、记大过、降级、撤职、开除。

（2）行政处罚

行政处罚是国家行政机关依法对违反行政法律规范的组织或个人进行惩戒、制裁的具体行政行为。根据《教育行政处罚暂行实施办法》（国家教育委员会令第27号，1998年3月6日国家教委发布并施行）的规定，教育行政处罚的种类有：①警告；②罚款；③没收违法所得，没收违法颁发、印制的学历证书、学位证书及其他学业证书；④撤销违法举办的学校和其他教育机构；⑤取消颁发学历、学位和其他学业证书的资格；⑥撤销教师资格；⑦停考，停止申请认定资格；⑧责令停止招生；⑨吊销办学许可证；⑩法律、法规规定的其他教育行政处罚。

2. 教育民事法律责任

教育民事法律责任是指教育民事法律关系主体违反了民事法律规范而应当依法承担的民事法律后果。民事责任基于民事违法行为而产生，这主要包括违反合同的民事责任和侵权的民事责任。违反合同的民事责任是指合同当事人违反合同的规定而应承担的财产责任。侵权的民事责任，是指行为人因侵害他人合法财产权利或人身权利而应承担的财产责任或其他责任。教育民事法律关系是建立在平等主体之间的人身关系或财产关系之上的。这种法律关系存在于公民之间、法人之间、公民与法人之间。

《教育法》第七十二条第二款规定："侵占学校及其他教育机构的校舍、场地及其他财产的，依法承担民事责任。"第八十一条规定："违反本法规定，侵犯教师、受教育者、学校或者其他教育机构的合法权益，造成损失、损害的，应当依法承担民事责任。"

依据《中华人民共和国民法通则》（以下简称《民法通则》）第一百三十四条的规定，承担民事责任的方式主要有：① 停止侵害；② 排除妨碍；③ 消除危险；④ 返还财产；⑤ 恢复原状；⑥ 修理、重作、更换；⑦ 赔偿损失；⑧ 支付违约金；⑨ 消除影响、恢复名誉；⑩ 赔礼道歉。

以上承担民事责任的方式可以单独适用，也可以合并适用。人民法院审理民事案件，除适用上述规定外，还可以予以训诫、责令具结悔过、收缴进行非法活动的财物和非法所得，并依照法律规定处以罚款、拘留。

3. 教育刑事法律责任

教育刑事法律责任是指教育刑事法律关系主体违反了刑事法律规范而应当承担的刑事法律后果。刑事制裁是最严厉的法律责任形式。一般来说，只有当违法人实施了《刑法》所禁止的行为，也就是实施了犯罪行为才会受到刑事制裁。需要指出的是，很多人知道违反教育法律法规要承担行政的、民事的法律责任，但对于教育中的违法违规需要承担刑事法律责任的情况则不够了解。其实，《教育法》《义务教育法》《义务教育法实施细则》《教师法》等教育法律法规，对需要承担刑事法律责任的情况都有十分明确的规定。一般说来，在教育活动中需要承担刑事法律责任的情况包括：

侵占、克扣、挪用教育经费或义务教育经费的；

扰乱学校教学秩序，情节严重的；

侵占或者破坏学校校舍、场地和设备情节严重的；

侮辱、殴打教师、学生情节严重的；

体罚学生情节严重的；

玩忽职守致使校舍倒塌，造成师生伤亡事故情节严重的；

招生中徇私舞弊的。

当然，对以上的各种违法行为，大部分都以情节严重作为追究刑事责任的必要条件。不过，不同行为中"情节严重"的含义是有所不同的。比如，体罚学生情节严重是指体罚学生的手段恶劣，或者致学生重伤等情况。又如，玩忽职守致使校舍倒塌，造成师生伤亡事故的"情节严重"，是指明知是危险校舍而不向上级报告或不采取措施处理而致使校舍倒塌，造成死亡1人以上或者重伤3人以上等情况。

刑罚是承担刑事责任的方式。依据《刑法》第三十二条、三十三条、三十四条的规定，刑罚分主刑和附加刑。主刑的种类有：① 管制；② 拘役；③ 有期徒刑；④ 无期徒刑；⑤ 死刑。附加刑的种类有：① 罚金；② 剥夺政治权利；③ 没收财产。

（三）教育法律责任的构成要件及归责原则

1. 教育法律责任的构成要件

所谓归责，是指法律责任的归结。它要解决的是法律责任应该由谁来承担的问题。

教育法律关系主体只有具备以下四个归责要件，才被认为是教育法律责任主体，才应该承担相应的法律后果。

（1）有损害事实

即行为人有侵害教育管理、教学秩序及从事教育教学活动的公民、法人和其他组织的合法权益的客观事实存在。这是构成教育法律责任的前提条件。

违法对社会所造成的损害有两种情况：一种是造成了实际的损害，如体罚学生致学生身体受到伤害；另一种是虽未实际造成损害，但已存在这种可能性，如有关部门明知学校房屋有倒塌的危险，却拒不拨款维修。

违法行为造成的损害后果，表现为物质性的后果和非物质性的后果。物质性的后果具体、有形、能够计量。如挪用学校建设经费，其数额可以计算。非物质性的后果抽象、无形、难以计量。如教师侮辱学生，造成学生精神上、心理上长期的伤害，则无法计量。

（2）有违法行为

即行为人实施了违反法律、法规的行为。假若行为人的行为没有违法，他就不应承担法律责任。行为违法也是构成教育法律责任的前提条件。这个条件包含两个方面的含义：一方面是指行为的违法性。只有行为违反了现行法律的规定才是违法行为。这种违法行为可以是积极的作为，如考试作弊，殴打、侮辱教师，侵占学校财产；也可以是消极不作为，如不及时维修危房、拖欠教师的工资等。另一方面，违法行为必须是一种行为。人的行为虽然受思想支配，但是如果思想不表现为行为，则并不构成违法。内在的思想，只有表现为外在的行为时，才可能构成违法。

（3）行为人主观上有过错

所谓过错，是指行为人在实施行为时，具有主观上的故意或过失的心理状态。所谓故意的心理状态，是指行为人明知自己的行为会发生危害社会的结果，但仍放任这种结果的发生。例如，招生办公室主任收受贿赂后，有意招收分数低的学生，不招收分数高的学生，致使分数高的学生落榜。所谓过失的心理状态，是指行为人本应避免危害的发生，但由于疏忽大意或者过于自信而没有避免，以致产生危害结果。例如，教师教育方式不当，在对学生进行人格侮辱后，学生因不堪忍受而自杀。该教师的行为有过失的因素。

（4）违法行为与损害事实之间有因果关系

即违法行为是导致损害事实发生的原因，损害事实是违法行为造成的必然结果，二者之间存在着内在的必然联系。前者决定后者的发生，后者是前者的必然结果。因果关系是承担法律责任的重要条件之一。

2. 教育法律责任的归责原则

法律责任的归责原则是指确认和承担法律责任时必须依照相应的标准和原则。学校教育活动所产生的法律责任绝大多数情况下都是侵权导致的民事法律责任，根据《中华人民共和国民法通则》（以下简称《民法通则》）的规定，这种民事法律责任的追究，主要适用过错责任原则、过错推定原则、公平责任原则和无过错责任原则。

（1）过错责任原则

所谓过错责任，是指以过错作为归责的构成要件和最终要件，同时，以过错作为确定行为人的责任范围。《民法通则》第一百零六条第二款规定："公民、法人由于过错侵害国家的、集体的财产，侵害他人财产、人身的，应当承担民事责任。"这一规定表明我国民事立法已将过错责任原则以法律形式固定下来，确认了它作为一般归责原则的法律地位。

（2）过错推定原则

推定，是指根据已知的事实所进行的推断和判定。过错推定，也称为过失推定，是指如果原告能证明其所受的损害是由被告所致，而被告不能证明自己没有过错，则应推定被告有过错并应承担民事责任。《民法通则》第一百二十六条规定："建筑物或者其他设施以及建筑物上的搁置物、悬挂物发生倒塌、脱落、坠落造成他人损害的，它的所有人或者管理人应当承担民事责任，但能够证明自己没有过错的除外。"这一规定以立法的形式确认了过错推定原则的合法地位。

（3）公平责任原则

公平责任是指当事人双方在造成损害时均没有过错的情况下，由人民法院根据公平的原则，来判定当事人对受害人的财产损失应给予的补偿。《民法通则》第一百三十二条规定："当事人对造成损害都没有过错的，可以根据实际情况，由当事人分担民事责任。"这一规定明确了公平责任原则的法律地位。此外，《民法通则》在多个条文中都规定了公平责任，从而使公平责任上升为一项归责原则。

（4）无过错责任原则

无过错责任，也称为无过失责任，是指当损害事实发生后，当事人无过错也要承担责任的一种法定责任形式，其目的在于补偿受害人所受到的损失。《民法通则》第一百零六条第三款规定："没有过错，但法律规定应当承担民事责任的，应当承担民事责任。"这一规定明确了无过错责任原则的法律地位。

追究法律责任只有遵循上述原则，严格依据法律规定，使违法者得到相应的法律制裁，才能真正有效地规范教育活动，减少违法行为的发生。教育法律责任是教育法律关系主体因实施了违反教育法律的行为而依法承担的强制性的法律后果。

复习与思考

1. 请简述教育法律、教育法规、教育政策三者之间的关系。
2. 请简述我国现行的教育法律体系的构成。
3. 请简述教育法律责任的构成要件和归责原则。

第二章

学前教育法律法规政策的历史沿革

学习导航

通过本章学习，了解学前教育法律法规政策自中华人民共和国成立以来的历史沿革。了解每一个历史时期的社会背景，重点把握每个历史时期的学前教育法律法规政策，尤其是2010年至今的各项法律法规政策。掌握《幼儿园工作规程》《3～6岁儿童学习与发展指南》《幼儿园教育指导纲要》《幼儿园教师专业标准》《国家中长期教育改革与发展规划纲要（2010—2020年）》等法律法规政策的颁布和实施时间。

一、中华人民共和国成立初期：百废待兴（1949—1956年）

（一）社会背景

中华人民共和国成立后，中国的学前教育从根本上改变了旧中国半殖民地半封建的性质，发生了革命性和历史性的变化，成为人民大众的文化教育事业的重要组成部分。为了让工农群众集中精力搞建设，解决工农群众后顾之忧，举办大批托儿所、幼儿园成为当务之急。主要有以下主要特征：

一是改造旧幼教。基于当时基本情况，根据《共同纲领》和第一次全国教育会议精神，中央教育部幼儿教育处认为当时的幼稚园一般是"旧社会的遗产"，应该"有计划有步骤地进行改造"。

二是建设新幼教、学习苏联经验。1949年12月第一次全国教育会议上明确，教育工作总方针是："以老解放区新教育经验为基础，吸收旧教育某些有用的经验，特别要借助苏联教育建设的先进经验，建设新民主主义幼教。"相继接受外国在我国设立的两百余所婴幼儿慈善机构，指定北京市六一幼儿园、北海幼儿园以及分司厅幼儿园为学习苏联的实验基地，第二年又新增了中央军委保育院和北师大二附小幼儿园等。苏联专家每周一次轮流到这些幼儿园观摩和分析教育活动，全国派人进行参观学习，以此取代之前的美国模式。

三是明确提出为工农服务。第一次全国教育会议上，确定"教育必须为国家建设服务，教育必须向工农开放"。1952年新中国幼儿教育处第一任处长张逸园在全国初等教育及师范教育会议上提出了学前教育方针，即"发展重点，首先应放在工业地区企业部门，其次是机关、学校及郊区农村，主要是解决工农劳动妇女对幼儿的教养问题"。

（二）核心举措与主要政策

1. 设置专门机构领导幼儿教育事业

1949年11月，中央人民政府教育部成立，在初等教育司内设置幼儿教育处。1952年11月，中央教育部机构调整，幼儿教育处由原来的司属处调整为部的一个直属单位，幼儿教育事业在中央教育部领导下迅速发展。

2. 明确学前教育任务

1952年《幼儿园暂行规程》与《幼儿园暂行教学纲要》提出了新民主主义幼教的主要任务，是"全面发展"，"是培养学龄前儿童在生理上、意识上、行动上得到正确的成长、发展和变化，使得他们的身体、智力、道德习惯及爱美观点得到全面发展"。

3. 明确两条腿走路的方针

1956年，三部委联合颁布《教育部、卫生部、内务部关于托儿所幼儿园几个问题的联合通知》，明确指出了发展方针，"目前托儿所、幼儿园的办理，仍可采用多种多样的方法，不必过早强调统一，也不应有过高过多的要求"，"鼓励私人办幼儿园并加强领导，做到公私兼顾的原则。必须依靠群众团体——如妇联、工会、青年团、救济会等来推动和开展学前教育"。1955年1月，国务院发布《教育部关于工矿企业自办中、小学和幼儿园的规定》，明确提出各工矿企业"根据需要和可能原则，独立或联合创办职工子女中、小学和幼儿园"；1956年，教育部、卫生部、内务部在《联合通知》中指出，"托儿所、幼儿园的发展，必须更好地依靠群众，配合群众团体——妇联、工会，动员多方面的人力物力来进行"。

二、社会主义建设时期：全面跃进（1956—1966年）

（一）社会背景

当时的社会用几个词来概括就是：人民公社、大炼钢铁、赶英超美。随着国家工业生产大跃进，幼儿教育一度出现发展失控现象。尤其在农村更为突出。1958年9月，中共中央国务院在《关于教育工作的指示》中提出全国应在3～5年的时间基本完成"使学龄前儿童大多数都能入托儿所幼儿园的任务"，并提出应当由公社完成，且公社必须要培养大量合格的保育员和教养员。在强调数量的形势下，"三天托儿化""一夜托儿化""实行寄宿制""消灭三大差别"等口号在农村纷纷出现。只顾要求全村幼儿集中同吃同住，不顾中央的质量要求。1957年全国幼教机构有16 400处，1958年猛增至695 300处，1960年又增至785 000处，入园幼儿猛增至29 331 000人。这样的发展大大超越了我国当时的农村经济发展水平和客观规律。

（二）核心举措与主要政策

一是全国幼儿教育领导力量被削弱。由于教育部精简机构，幼儿教育处被撤销，仅保留1名干部在普通教育司综合处处理日常事务。在此后相当长的一段时间内，教育部基本上没有对幼儿教育工作下发文件指示。

二是 1958 年《关于教育工作的指示》《关于人民公社若干问题的决议》，促成了全国的大跃进。

三是 1956 年，教育部颁发《关于幼儿园幼儿的作息制度和各项活动的规定》，要求幼儿园严格执行。但是，由于当时将作业理解为在同一时间内对全班幼儿进行教学或复习，较少注重因儿童个体差异施以不同的教学组织形式，以至于出现偏重课堂教学和千园一面的现象。

四是 1961 年，中共八届九中全会决定对国民经济实行"调整、巩固、充实、提高"的方针，幼儿教育机构根据经济、师资等实际条件采取了保留、撤销、充实等手段，朝着巩固和提高的目标恢复了正常的发展秩序。

三、纳入政府议事日程：拨乱反正（1978—1986 年）

（一）社会背景

十一届三中全会的召开，改革开放给中国的学前教育带来了百花齐放的春天。在邓小平教育理论、三个面向、科教兴国战略方针指引下，随着经济和社会的发展，广大城乡人民对发展学前教育提出了新的要求。显著的特点为：党中央国务院将学前教育列入重要发展规划并提到了议事日程。1979 年，五届人大二次会议通过的政府工作报告指出，"要十分重视发展托儿所、幼儿园，加强学前教育"。同年 7 月，国务院召开全国托幼工作会议，探讨了当前形势下迫切需要解决的问题。在此背景下，政府颁布了一系列法规政策，1979 年，全国幼儿园 16.65 万所，在园幼儿 879.23 万，教职工总数 53.27 万，比 1965 年分别增长了 8.7 倍、5.1 倍、3.3 倍。

（二）核心举措与主要政策

1. 成立了最高层级的学前教育领导机构

由国务院设立托幼工作领导小组，国务院副总理陈慕华任组长，并由 13 个部门组成领导小组成员，由教育部牵头，办事机构设在全国妇联。这是我国有史以来最高层次和级别的学前教育领导机构。该机构在成立大会上，还对学前教育事业的地位进行了论述，指出幼儿教育是国家的财富，投资学前教育是对国家未来的投资，是一项重要的国家战略事业。这一看法即便是在今天，也是非常前沿和准确的。但可惜的是，该领导小组于 1979 年成立但并没有真正发挥作用，在 1982 年国务院政府机构改革时就被撤销了。

2. 颁布一系列政策

1979 年 11 月教育部颁布了《城市幼儿园工作条例》，该文件对学前教育发展方针、教育目标、内容和管理制度做出了详尽的规定，帮助学前教育迅速脱离了"四人帮"造成的混乱无序状态。1981 年 10 月教育部发出《关于试行幼儿园教育纲要的通知》，这是我国改革开放以来第一个幼儿园课程标准。这一通知继承了 20 世纪 50 年代的幼儿园暂行规程、幼儿园暂行教学纲要，吸取了国内外幼儿生理学心理学的理论，更为科学合理。此外，卫生部还颁布了《三岁前小儿教养大纲》，这是中华人民共和国成立后首次就 0~3 儿童的集体教育工作做出明确规范。1983 年，教育部发布《关于发展农村幼儿教育的几点意见》，提出必须坚持两条腿走路的方针，积极恢复和发展教育部门在农村办的幼儿园。此外，在农村随着经济体制和教育体制的逐步放开，广大农村学前班发展很快，逐步成为学前教育主要办学形式。1986年国家教委颁布《关于进一步办好幼儿园学前班的意见》，指出在我国大部分地区学前教育尚不够发达的情况下，开办学前班是农村学前教育的重要途径，也是城镇地区满足群众需要的教育形式。政策对学前班的指导思想、教育活动的内容与组织、教师培训等方面做出了规定。时至今日，学前班在农村仍然大量存在。

3. 学前教育正规研究机构成立

1979年，中国教育学会学前教育研究会在南京成立，陈鹤琴为名誉理事长。各省相继成立了学前教育研究会，开展群众性的教育科研活动，在探索学前教育发展规律、促进学前教育数量质量提升方面发挥了重要作用。

四、学前教育驶入快车道：依法治教（1987—1995年）

（一）社会背景

20世纪80年代后期，随着改革开放的不断扩展，一部分人先富起来，使得很多人淘到了下海的第一桶金。在物质富裕的同时，人们也开始追求精神生活，比如90年代首届上海艺术双年展开幕。但同时我们也可以看到，一部分人先富起来也导致了贫富差距日益扩大的趋势，而这一贫富差距体现在诸多方面，在教育领域更体现为城乡差别。

在这一经济社会发展背景下，教育体制进行重大改革，学前教育的管理体制进行了重大变革，并带动了学前教育的极大发展。学前教育重新纳入国家教育行政管理体制，国家为此制定了一系列相关法规政策。这一时期，我国学前教育持续快速发展。1995年全国幼儿园18.04万所，在园幼儿2 711.2万人，教职工116万，比1986年分别增长了1.04倍、1.66倍、1.32倍。

（二）核心举措与主要政策

1. 三个面向的工作指示

邓小平教育要面向未来（三个面向，指面向现代化、面向世界、面向未来）的指示，为学前教育改革指引了方向，未来社会不仅需要体力、智力充分发展的人，更需要能合作、能交往、有主动性、创造性的个性发展好的人。

2. 学前教育纳入各地区经济和社会发展规划纲要

针对1982年机构改革中全国托幼工作领导小组被撤并，1987年国务院召开全国学前教育工作会，决定由国务院办公厅转发国家教委等9部门《关于明确幼儿教育事业领导管理职责分工的请示》，确定了学前教育实行地方负责、分级管理和各有关部门分工负责的管理体制，并沿用至今。学前教育自此纳入各地区经济和社会发展规划纲要，大多数省市设立了学前教育专门管理机构，各级教育行政部门配备了专职人员。

3. 中央和地方开始制定学前教育相关政策法规

1989年新中国第一个学前教育行政法规——《幼儿园管理条例》颁布，在规范学前教育事业发展方面具有至关重要的意义。同年，国家教委颁布《幼儿园工作规程》，规定了国家对幼儿园的基本要求和管理的基本原则，全面、系统地对幼儿园的各项保教工作做出了规定。以上两个文件，标志着我国学前教育迈向法制化的新里程，推动了学前教育的全面改革。与此同时，地方政府也加强了立法工作，如1986年江苏省颁布《江苏省幼儿教育暂行条例》，青岛市、北京市等也推出相应的管理条例，对新时期学前教育立法工作至关重要。

4. 在儿童观方面出现了新的变化

在规程新教育观的推动下，引发了各地幼儿园课程和教学改革，逐渐转向遵循幼儿身心发展的规律，注重个性差异，因人施教，引导幼儿个体健康发展的轨道上来。同时，更正之前的作业课形式，明确学前教育与中小学教育区别，着力推动教师观念改变。

但值得注意的是，1995年9月，为适应我国经济体制改革的日益深入和社会主义市场经济体制的建立，学前教育工作面临一些新情况和新问题。特别在企业转制过程中，国家教委等8个部门颁布《关于企业办幼儿园的若干意见》，提出要坚持依靠社会力量发展学前教育的方针，有条件的企业继续办好幼儿园，深化改革，积极稳妥地推进学前教育逐步走向社会化。这一方向为后面"九五"时期学前教育改制方向的偏颇和事业的滑坡埋下伏笔。

五、社会变革中艰难试水：举步维艰（1996—2000年）

（一）社会背景

这一阶段正值我国全面改革开放、摸着石头过河的攻坚期。在国际上，影响最为严重的一次亚洲金融危机爆发，国内1998年发生了史上最为严重的一次洪涝灾害，国家改革处于艰难之中。而最为艰难的可以说是国有企业改革。而国有企业改革一个最大的问题是企业办社会的问题，所有的国企当时都承载着社会功能，一应俱全而导致尾大难掉。因此，当时政府做出了重要决策，即要求国企逐步脱离办社会的职能，进行改制。这一政策本身没有错，但问题是什么样的包袱该甩，什么样的包袱不该甩，如学前教育这样如此有公益性的"包袱"在甩掉之后由谁接着，这些问题都没有搞清楚。

为贯彻各项法规政策，"九五"期间国家教委下发了《全国幼儿教育事业"九五"发展目标实施意见》，提出了这一时期的主要目标和发展路径。但由于这一时期恰逢学前教育逐步适应、不断深入的社会主义市场经济改革阶段，且全国上下正处于加大经济体制、政治体制改革力度和社会变革的重要时期，特别是国企事业单位剥离教育职能，城市和农村学前教育在发展过程中遇到一些新困难和新问题，导致"九五"目标不但没有实现，反而出现了大踏步倒退。主要体现在，幼儿入园率呈现平稳态势，但2001年仍有所下降；教育部门办园和民办园有所增加，而其他部门办园和集体办园下降数量最大，且减少最多的集中在经济相对发达的地区。

（二）核心举措与主要政策

主要论及改革发展导致的事业倒退原因。在社会经济体制改革时期，幼儿园数量减少似乎是不可避免的。虽然1995年《关于企业办幼儿园的若干意见》，目的是为了稳定企事业单位办园和集体办园，但是面对企事业单位剥离教育职能的转制改革，该文件一方面缺乏约束力，另一方面缺乏支持这些单位继续办园的优惠政策措施，如减少税收、政府退税、政府补贴等，导致国有企事业单位缺乏继续办园的积极性，使得中华人民共和国成立以来积累了大量优质学前教育资源的企事业单位幼儿园被迫停办变卖。

同一时期，城区改造工作推进步伐加快，而很多地方政府在改造过程中，没有将幼儿园的发展纳入规划中，这些为一般人民大众服务的集体办园或被撤销，或自然消亡。而新建的小区配套幼儿园大多数为收费较高的民办园，因此带来下岗职工子女、广大低收入家庭子女和外来务工人员子女的入园困难问题。一些不具备办园资质、未经教育部门审批的黑园应运而生，靠低廉的收费吸引生源，给学前教育质量和幼儿园安全带来了很多隐患。

六、改革深化中逐渐恢复：曲折前进（2001—2009年）

（一）社会背景

进入新世纪，国家在改革过程中不断调整，胡锦涛总书记提出科学发展观，正是对之前一段时间的发展进行反思之后的调整。在城市中，我们面临着建设工业社会的盲目重复建设问题，大兴土木；而在农村，越来越多的现代机械代替了日出而作、日落而息的传统，解放了大量的农村剩余劳动力。在此背景下，出现了外媒所称的中国21世纪最大规模的人口迁徙——那就是农民工入城，成为所谓的城市人，而与此同时，带来了诸多问题。反映在我们的教育上，留守儿童的增多，农村小学、初中的集中，致使非常多的儿童年幼时期缺少父母的关爱，不得不步行数十里进入寄宿学校等。布局调整带来了前所未有的冲击。

从教育发展历程看，教育发展也进入"十五"和"十一五"阶段，国家继续深入推行经济和管理体制改革，加快推行农村教育管理体制改革、中小学教育资源调整、国有企事业单位教育职能剥离等教育改革，而与社会转型相适应的学前教育发展的新体制尚在建立之中，事业发展仍然受到强烈冲击，并面临前所未有的困难与挑战。由于各级政府对公办幼儿园的经费投入大幅度削减，私立幼儿园在此期间迅速发展，几近占据中国学前教育的大半壁江山。十一届三中全会以后，我国学前教育管理体制逐渐理顺，学前教育资源和普及水平有所提升。随着20世纪90年代中期我国企事业单位的改革，学前教育开始了社会化探索的历程，学前教育在曲折中发展，学前教育资源和普及水平有所下降。

（二）核心举措与主要政策

1."十三号文件"的出台为新世纪学前教育领航

2001年，国家教育部在青岛召开全国学前教育工作座谈会，就当前存在的问题，以及"十五"期间发展思路、政府投入等方面提出了重大的、具有突破性的改革建议。其后在2003年通过政策的形式予以颁布，这就是《关于幼儿教育改革与发展的指导意见》，又称"十三号文件"。其最为突出的贡献是再次强调并明确我国学前教育管理体制，以及各级政府、各个部门的管理责任，建立新的学前教育发展模式，以及如何保护国有资产不流失，如不准出售或变相出售公办园和乡镇中心园，已经出售的要限期收回。这一规定对全国肆意开展的变卖幼儿园的风潮是个重要的制止措施。此外，政策还规定要发挥示范园的作用，保障教师合法权益，推进均衡发展，首次在各级政府中建立学前教育评价制度等。但这一政策在表述中提到"以公办园为示范，以社会力量办园为主体"的提法，仍然无益于转制风潮。这一时期，全国仍然有很多地方政府将幼儿园进行变卖，或转制，关停并转风潮仍然存在。

2.《幼儿园教育指导纲要（试行）》的出台为新世纪学前教育课程改革方向领航

随着新世纪基础教育新一轮课程改革的不断推进，学前教育的发展方向也被提了出来。在1981年纲要基础上，2001年7月，教育部印发了《幼儿园教育指导纲要（试行）》（教基〔2001〕20号）。新时期纲要在充分调研、充分论证、充分结合国内外先进经验的基础上，旗帜鲜明地提出了我国新时期的幼儿教育应当坚持以幼儿为本、回归教育的基本元素，唱响主旋律，回归核心价值。纲要颁布十多年来，通过几轮改革试验，在很大程度上从实际上改变了教师的教育观、儿童观，为今后的质量提升提供了重要前提。

但"十五"期间仍然存在诸多问题：办园格局发生重大变化，集体办园和其他部门办园大大减少，教育部门办园和社会力量办园增长幅度大；区域发展不均衡凸显，城乡差距拉大；幼儿园办学条件仍然没有得到根本改善；教师质量得到一定提升，但关系教师核心利益的问题仍然进展不大。

七、改革进入崭新阶段：跨越式发展（2010年至今）

（一）社会背景

"十二五"以及"十三五"时期，我国的综合国力得到迅速增强，改革已见相当成效，执政党从科学发展观、构建和谐社会到中国梦的提出，政府正向着公共服务型政府的方向迈进，这也就意味着政府将更加清晰地界定自己的职能范围，公共服务型政府的责任更多是掌舵，而不是划桨。在此背景下，在社会各界、学界等多方努力下，学前教育受到了极大重视。

"十二五"以来，我国学前教育在改革创新中不断前进，展现出强劲势头，城镇学前教育事业得到一定发展，农村学前教育下滑的情况得到了控制。2010年《教育规划纲要》实施以来，多个文件组合再次明确了学前教育的基本性质，强化了公益性这一核心属性，明确了公益普惠的发展方向。党的十九大强调优先发展教育事业、办好人民满意的教育，首次提出实现"幼有所育"。"幼有所育"，即让所有0～6岁的适龄儿童得到更好的养育、教育，其包含0～3岁婴幼儿的教育。自2010年以来国家对于幼教行业的重视程度加码，大力助推幼教产业发展，除了法律法规紧密出台外，幼儿教育经费投入迅速增加便是另一个重要推动因素。尤其是新修订的《教育法》明确提出，国家财政性教育经费支出占国民生产总值的比例应当随着国民经济发展和财政收入的增长逐步提高。根据教育部的数据显示，随着国家对于教育事业的重视程度的提高，教育经费以及国家财政性教育经费支出稳定增长。学前教育事业呈现出非常好的发展态势。2018年全国学前教育事业发展有关数据显示，2018年全国学前教育事业继续较快发展，普惠性幼儿园快速增加。学前教育毛入学率81.7%，比上年提高2.1个百分点。2018年，全国共有幼儿园26.67万所，比上年增长4.6%，其中，普惠性幼儿园18.29万所，比上年增长11.14%，普惠性幼儿园占全国幼儿园的比重为68.57%。全国共有入园儿童1 863.91万人，比上年下降3.82%。在园幼儿4 656.42万人，比上年增长1.22%。其中，普惠性幼儿园在园幼儿3 402.23万人，比上年增长4.72%，占全国在园幼儿的比重为73.07%。其中，民办幼儿园16.58万所，比上年增加5 407所，占全国比例为62.16%。在园幼儿2 639.78万人，比上年增长2.62%，占全国在园幼儿的比重为56.69%。全国幼儿园共有专任教师258.14万人，比上年增长6.14%。其中，专任教师接受过学前教育专业的比例为70.94%。

这些数据充分体现了学前教育事业迎来了跨越式发展的新时期。

（二）核心举措与主要政策

1. 加强学前教育发展的顶层设计

2010年7月29日，《国家中长期教育改革和发展规划纲要（2010—2020年）》（以下简称《纲要》）正式颁布。该纲要将学前教育专章陈述，明确提出到2020年的发展目标。

为贯彻落实《纲要》精神，2010年11月21日国务院出台了《关于当前发展学前教育的若干意见》。该意见就学前教育体制、经费投入与管理、幼儿园管理与安全监管、统筹规划等做出了部署，成为新时期发展学前教育的总纲领，也拉开了我国学前教育政策法规密集出台的序幕。

2. 聚焦学前教育质量发展

在当前质量成为学前教育发展主旋律的背景下，政府出台了多项政策。

2010年9月6日，卫生部、教育部出台了《托儿所幼儿园卫生保健管理办法》（卫生部教育部令第76号）。

2011年9月5日，财政部、教育部印发了《关于加大财政投入支持学前教育发展的通知》（财教〔2011〕405号），"十二五"期间中央财政安排500亿元，实施4大类7个重点项目，支持中西部地区和东部困难地区发展农村学前教育。

2011年12月31日，国家发展改革委员会、教育部、财政部联合颁发《幼儿园收费管理暂行办法》（发改价格〔2011〕3207号）。

2012年2月10日，教育部印发了《幼儿园教师专业标准（试行）》（教师〔2012〕1号），致力于儿童观、教育观、教师观的转变，从幼儿发展出发实现课程的范式改革，具有重要的示范性意义。

2012年10月9日教育部印发《3~6岁儿童学习与发展指南》（教基二〔2012〕4号）。

2012年11月8日，教育部、中央编办、财政部和人力资源社会保障部联合出台《关于加强幼儿园教师队伍建设的意见》（教师〔2012〕11号）。

2013年1月8日，教育部出台《幼儿园教职工配备标准（暂行）》（教师〔2013〕1号）。

2015年1月10日，教育部印发《幼儿园园长专业标准》（教师〔2015〕2号）。

2015年7月1日，财政部和教育部发布《中央财政支持学前教育发展资金管理办法》。

2016年1月5日，教育部出台修订后的《幼儿园工作规程》（教育部令第39号）。2016年3月1日起施行，增加反家暴内容，强调禁止虐童。

2016年11月2日，住房城乡建设部、国家发展改革委员会批准发布《幼儿园建设标准》。

2018年1月31日，中共中央、国务院印发《关于全面深化新时代教师队伍建设改革的意见》，对新时代教师队伍建设做出顶层设计。

2018年7月4日，教育部办公厅颁布《关于开展幼儿园"小学化"专项治理工作的通知》（教基厅函〔2018〕57号）。

2018年11月15日，《中共中央国务院关于学前教育深化改革规范发展的若干意见》发布，政策明确：禁止民办幼儿园上市，上市公司不得买营利性幼儿园。

2018年，中共中央、国务院印发了《关于全面深化新时代教师队伍建设改革的意见》，为建设新时代高素质的幼儿教师队伍提供了行动指南。

2019年3月11日，由教育部、国家市场监督管理总局、国家卫生健康委员会等部门制定的《学校食品安全与营养健康管理规定》公布。《规定》明确，中小学、幼儿园一般不得在校内设置小卖部、超市等食品经营场所，自2019年4月1日起施行。《规定》明确，中小学、幼儿园应当建立集中用餐陪餐制度，每餐均应当有学校相关负责人与学生共同用餐，做好陪餐记录，及时发现和解决集中用餐过程中存在的问题。

2019年5月9日，国务院办公厅印发《关于促进3岁以下婴幼儿照护服务发展的指导意见》（国办发〔2019〕15号，以下简称《意见》）。《意见》提出了三方面的任务举措：一是加强对家庭婴幼儿照护的支持和指导；二是加大对社区婴幼儿照护服务的支持力度；三是规范发展多种形式的婴幼儿照护服务机构。

该时期的学前教育政策法规具有如下特点：一是文件出台的密度大，数量多。二是政策文件的针对性和全面性强。文件内容涉及教育教学类、幼儿师资和学前教师教育、经费投入、园所设施与标准类、卫生安全管理等。三是学前教育发展的外部法制环境进一步完善。在同时期内，2012年4月5日，国务院发布《校车安全管理条例》。2012年9月9日，国务院发布《教育督导条例》（国务院令第624号）。2015年12月27日，第二次修正《教育法》。2015年12月27日，国家出台《反家庭暴力法》。2016年11月7日，国家出台新修订的《民办教育促进法》及相关配套办法。

更让人欣喜的是，学前教育立法的进程在飞速发展。2017年，在十二届全国人大常委会第三十一次会议第四次全体会议上表决通过的《全国人民代表大会教育科学文化卫生委员会关于第十二届全国人民代表大会第五次会议主席团交付审议的代表提出的议案审议结果的报告》显示，学前教育立法已列入十二届全国人大常委会立法规划或年度立法计划，进入全国人大立法视野。2018年9月7日，公布的十三届全国人大常委会立法规划中，学前教育法纳入全国人大常委会立法规划的一类立法项目，拟在十三届全国人大常委会任期内提请审议。

复习与思考

1. 请比较1996年和2016年颁布的《幼儿园工作规程》的不同点。

2. 简述我国学前教育法律法规政策经历了哪几个时期，每个时期都有哪些推动学前教育事业发展的政策法规。

第三章

学前教育基本法律法规

学习导航

了解国家主要的教育法律法规，掌握国家教师资格证统一考试要求的主要法律法规考点，有针对性地加以学习。如《中华人民共和国教育法》《中华人民共和国义务教育法》《中华人民共和国教师法》《中华人民共和国未成年人保护法》《幼儿园工作规程》《儿童权利公约》的相关内容。同时能依据国家教育法律法规，分析评价幼儿教育工作中的实际问题。

第一节 中华人民共和国教育法

《中华人民共和国教育法》于1995年3月18日由第八届全国人民代表大会第三次会议通过，于1995年9月1日起施行。根据2009年8月27日第十一届全国人民代表大会常务委员会第十次会议《关于修改部分法律的决定》第一次修正。根据2015年12月27日第十二届全国人民代表大会常务委员会第十八次会议关于修改《中华人民共和国教育法》的决定第二次修正。

一、《教育法》的地位

①《教育法》是中国教育工作的根本大法，是依法治教的根本大法。是由全国人民代表大会审议通过的，是位于国家根本大法《中华人民共和国宪法》之下的国家基本法律之一，与《刑法》《民法》等国家基本法律处于同等的法律地位。

②《教育法》在整个教育法律体系中处于"母法"和"根本大法"的地位，具有最高的法律权威。

二、《教育法》的意义

①《教育法》的颁布是关系中国教育改革与发展和社会主义现代化建设全局的一件大

事，对落实教育优先发展的战略地位，促进教育的改革与发展，建立具有中国特色的社会主义现代化教育制度，维护教育关系主体的合法权益，加速教育法制建设，提供了根本的法律保障。

②《教育法》从中国的社会主义初级阶段的基本国情出发，立足国内教育实际，对我国教育事业的改革与发展，以及社会主义物质文明和精神文明建设将产生重大而深远的影响。

③《教育法》的颁布实施有助于民族的振兴和国家的兴旺发达。"二战"以后，日本和德国在废墟上的迅速崛起，充分证明了教育对国家综合实力提升所发挥的巨大作用。从这个意义上说，谁掌握了21世纪的教育，谁就能在未来的国际竞争中取胜。我国人口众多，但受教育程度却普遍偏低，这种现实状况严重制约了我国经济的发展。要将人口压力转化为人才优势，就需要制定教育法，发展教育事业，从法律上保障公民的受教育权利和义务，提高民族素质。

三、2015 年《中华人民共和国教育法》的修正内容

2015 年 12 月 27 日第十二届全国人民代表大会常务委员会第十八次会议对《中华人民共和国教育法》第二次修正，体现了时代对法律的新要求。

1）将第五条修改为："教育必须为社会主义现代化建设服务、为人民服务，必须与生产劳动和社会实践相结合，培养德、智、体、美等方面全面发展的社会主义建设者和接班人。"

2）将第六条修改为："教育应当坚持立德树人，对受教育者加强社会主义核心价值观教育，增强受教育者的社会责任感、创新精神和实践能力。"

"国家在受教育者中进行爱国主义、集体主义、中国特色社会主义的教育，进行理想、道德、纪律、法治、国防和民族团结的教育。"

3）将第十一条第一款修改为："国家适应社会主义市场经济发展和社会进步的需要，推进教育改革，推动各级各类教育协调发展、衔接融通，完善现代国民教育体系，健全终身教育体系，提高教育现代化水平。"

增加一款，作为第二款："国家采取措施促进教育公平，推动教育均衡发展。"

4）将第十二条修改为："国家通用语言文字为学校及其他教育机构的基本教育教学语言文字，学校及其他教育机构应当使用国家通用语言文字进行教育教学。"

"民族自治地方以少数民族学生为主的学校及其他教育机构，从实际出发，使用国家通用语言文字和本民族或者当地民族通用的语言文字实施双语教育。"

"国家采取措施，为少数民族学生为主的学校及其他教育机构实施双语教育提供条件和支持。"

5）增加一条，作为第十八条："国家制定学前教育标准，加快普及学前教育，构建覆盖城乡，特别是农村的学前教育公共服务体系。

"各级人民政府应当采取措施，为适龄儿童接受学前教育提供条件和支持。"

6）将第十九条改为第二十条，修改为："国家实行职业教育制度和继续教育制度。

"各级人民政府、有关行政部门和行业组织以及企业事业组织应当采取措施，发展并保障公民接受职业学校教育或者各种形式的职业培训。

"国家鼓励发展多种形式的继续教育，使公民接受适当形式的政治、经济、文化、科学、技术、业务等方面的教育，促进不同类型学习成果的互认和衔接，推动全民终身学习。"

7）将第二十五条改为第二十六条，增加一款，作为第三款："国家举办学校及其他教育机构，应当坚持勤俭节约的原则。"

将第三款改为第四款，修改为："以财政性经费、捐赠资产举办或者参与举办的学校及其他教育机构不得设立为营利性组织。"

8）将第六十六条修改为："国家推进教育信息化，加快教育信息基础设施建设，利用信息技术促进优质教育资源普及共享，提高教育教学水平和教育管理水平。

"县级以上人民政府及其有关部门应当发展教育信息技术和其他现代化教学方式，有关行政部门应当优先安排，给予扶持。

"国家鼓励学校及其他教育机构推广运用现代化教学方式。"

9）将第六十七条第一款修改为："国家鼓励开展教育对外交流与合作，支持学校及其他教育机构引进优质教育资源，依法开展中外合作办学，发展国际教育服务，培养国际化人才。"

10）将第七十六条修改为："学校或者其他教育机构违反国家有关规定招收学生的，由教育行政部门或者其他有关行政部门责令退回招收的学生，退还所收费用；对学校、其他教育机构给予警告，可以处违法所得五倍以下罚款；情节严重的，责令停止相关招生资格一年以上三年以下，直至撤销招生资格、吊销办学许可证；对直接负责的主管人员和其他直接责任人员，依法给予处分；构成犯罪的，依法追究刑事责任。"

11）将第七十九条改为三条，作为第七十九条、第八十条、第八十一条，修改为：

第七十九条 考生在国家教育考试中有下列行为之一的，由组织考试的教育考试机构工作人员在考试现场采取必要措施予以制止并终止其继续参加考试；组织考试的教育考试机构可以取消其相关考试资格或者考试成绩；情节严重的，由教育行政部门责令停止参加相关国家教育考试一年以上三年以下；构成违反治安管理行为的，由公安机关依法给予治安管理处罚；构成犯罪的，依法追究刑事责任：

① 非法获取考试试题或者答案的；
② 携带或者使用考试作弊器材、资料的；
③ 抄袭他人答案的；
④ 让他人代替自己参加考试的；
⑤ 其他以不正当手段获得考试成绩的作弊行为。

第八十条 任何组织或者个人在国家教育考试中有下列行为之一，有违法所得的，由公安机关没收违法所得，并处违法所得一倍以上五倍以下罚款；情节严重的，处五日以上十五日以下拘留；构成犯罪的，依法追究刑事责任；属于国家机关工作人员的，还应当依法给予处分：

① 组织作弊的；
② 通过提供考试作弊器材等方式为作弊提供帮助或者便利的；
③ 代替他人参加考试的；
④ 在考试结束前泄露、传播考试试题或者答案的；
⑤ 其他扰乱考试秩序的行为。

第八十一条 举办国家教育考试，教育行政部门、教育考试机构疏于管理，造成考场秩序混乱、作弊情况严重的，对直接负责的主管人员和其他直接责任人员，依法给予处分；构成犯罪的，依法追究刑事责任。

12）将第八十条改为第八十二条，修改为："学校或者其他教育机构违反本法规定，颁发学位证书、学历证书或者其他学业证书的，由教育行政部门或者其他有关行政部门宣布证书无效，责令收回或者予以没收；有违法所得的，没收违法所得；情节严重的，责令停止相关招生资格一年以上三年以下，直至撤销招生资格、颁发证书资格；对直接负责的主管人员和其他直接责任人员，依法给予处分。"

"前款规定以外的任何组织或者个人制造、销售、颁发假冒学位证书、学历证书或者其他学业证书，构成违反治安管理行为的，由公安机关依法给予治安管理处罚；构成犯罪的，依法追究刑事责任。"

"以作弊、剽窃、抄袭等欺诈行为或者其他不正当手段获得学位证书、学历证书或者其他学业证书的，由颁发机构撤销相关证书。购买、使用假冒学位证书、学历证书或者其他学业证书，构成违反治安管理行为的，由公安机关依法给予治安管理处罚。"

13）将第七十一条、第七十四条、第七十五条、第七十七条、第七十八条中的"行政处分"修改为"处分"，将第七十五条、第七十七条、第七十八条中的"教育行政部门"修改为"教育行政部门或者其他有关行政部门"。

本决定自 2016 年 6 月 1 日起施行。

四、《教育法》的结构、主要内容

《教育法》共十章包括：总则；教育基本制度；学校及其他教育机构；教师和其他教育工作者；受教育者；教育与社会；教育投入与条件保障；教育对外交流与合作；法律责任；附则。

（一）适用范围

在中华人民共和国境内的各级各类教育，适用本法。军事学校教育由中央军事委员会根据本法的原则规定。宗教学校教育由国务院另行规定。

（二）教育方针

《教育法》总则又明确规定了我国的教育方针："教育必须为社会主义现代化建设服务，必须与生产劳动相结合，培养德、智、体等全面发展的社会主义事业的建设者和接班人。"

（三）教育的基本原则

① 对受教育者进行政治思想道德教育的原则。
② 继承和吸收优秀文化成果的原则。
③ 教育公益性原则。
④ 教育与宗教相分离原则。
⑤ 受教育机会平等原则。
⑥ 帮助特殊地区和保护弱势群体的原则。
⑦ 建立和完善终身教育体系原则。

⑧ 鼓励教育科学研究原则。
⑨ 推广普通话原则。
⑩ 奖励突出贡献原则。

（四）教育管理体制

《教育法》总则第十四条明确规定："国务院和地方各级人民政府根据分级管理、分工负责的原则，领导和管理教育工作，中等及中等以下教育在国务院领导下，由地方人民政府管理。高等教育由国务院和省、自治区、直辖市人民政府管理。"这是我国现行教育分级管理的基本体制。

（五）教育基本制度

① 学校教育制度。
② 义务教育制度。
③ 职业教育制度。
④ 成人教育制度。
⑤ 国家教育考试制度。
⑥ 学业证书制度和学位制度。
⑦ 扫除文盲教育制度。
⑧ 教育督导制度。
⑨ 教育机构教育评估制度。

（六）《教育法》关于法律责任的认定

① 违反国家有关规定，不按照预算核拨教育经费的；违反国家财政制度、财务制度，挪用、克扣教育经费的。
② 扰乱学校及其他教育机构教育教学秩序或者破坏校舍、场地及其他财产的。
③ 明知校舍或者教育教学设施有危险，而不采取措施，造成人员伤亡或者重大财产损失的。
④ 违反国家有关规定，向学校或者其他教育机构收取费用的。
⑤ 违反国家有关规定，举办学校或者其他教育机构的。
⑥ 学校或者其他教育机构违反国家有关规定招收学生的。在招收学生工作中徇私舞弊的。
⑦ 学校及其他教育机构违反国家有关规定向受教育者收取费用的。
⑧ 考生在国家教育考试中的违纪行为、作弊行为及任何组织或者个人在国家教育考试中违纪违法的行为。
⑨ 举办国家教育考试，教育行政部门、教育考试机构疏于管理，造成考场秩序混乱、作弊情况严重的。
⑩ 学校或者其他教育机构违反规定，颁发学位证书、学历证书或者其他学业证书的；制造、销售、颁发假冒学位证书、学历证书或者其他学业证书，构成违反治安管理行为的；以作弊、剽窃、抄袭等欺诈行为或者其他不正当手段获得学位证书、学历证书或者其他学业证书的。

⑪ 违反本法规定，侵犯教师、受教育者、学校或者其他教育机构的合法权益，造成损失、损害的，应当依法承担民事责任。

附：《中华人民共和国教育法》（全文）

中华人民共和国教育法

（1995年3月18日第八届全国人民代表大会第三次会议通过）

根据2009年8月27日第十一届全国人民代表大会常务委员会第十次会议《关于修改部分法律的决定》第一次修正。根据2015年12月27日第十二届全国人民代表大会常务委员会第十八次会议关于修改《中华人民共和国教育法》的决定第二次修正。

目　录

第一章　总则
第二章　教育基本制度
第三章　学校及其他教育机构
第四章　教师和其他教育工作者
第五章　受教育者
第六章　教育与社会
第七章　教育投入与条件保障
第八章　教育对外交流与合作
第九章　法律责任
第十章　附则

第一章　总　　则

第一条　为了发展教育事业，提高全民族的素质，促进社会主义物质文明和精神文明建设，根据宪法，制定本法。

第二条　在中华人民共和国境内的各级各类教育，适用本法。

第三条　国家坚持以马克思列宁主义、毛泽东思想和建设有中国特色社会主义理论为指导，遵循宪法确定的基本原则，发展社会主义的教育事业。

第四条　教育是社会主义现代化建设的基础，国家保障教育事业优先发展。

全社会应当关心和支持教育事业的发展。

全社会应当尊重教师。

第五条　教育必须为社会主义现代化建设服务、为人民服务，必须与生产劳动和社会实践相结合，培养德、智、体、美等方面全面发展的社会主义建设者和接班人。

第六条　教育应当坚持立德树人，对受教育者加强社会主义核心价值观教育，增强受教育者的社会责任感、创新精神和实践能力。

国家在受教育者中进行爱国主义、集体主义、中国特色社会主义的教育，进行理想、道德、纪律、法治、国防和民族团结的教育。

第七条　教育应当继承和弘扬中华民族优秀的历史文化传统，吸收人类文明发展的一切优秀成果。

第八条　教育活动必须符合国家和社会公共利益。

国家实行教育与宗教相分离。任何组织和个人不得利用宗教进行妨碍国家教育制度的活动。

第九条 中华人民共和国公民有受教育的权利和义务。

公民不分民族、种族、性别、职业、财产状况、宗教信仰等，依法享有平等的受教育机会。

第十条 国家根据各少数民族的特点和需要，帮助各少数民族地区发展教育事业。

国家扶持边远贫困地区发展教育事业。

国家扶持和发展残疾人教育事业。

第十一条 国家适应社会主义市场经济发展和社会进步的需要，推进教育改革，推动各级各类教育协调发展、衔接融通，完善现代国民教育体系，健全终身教育体系，提高教育现代化水平。

国家采取措施促进教育公平，推动教育均衡发展。

国家支持、鼓励和组织教育科学研究，推广教育科学研究成果，促进教育质量提高。

第十二条 国家通用语言文字为学校及其他教育机构的基本教育教学语言文字，学校及其他教育机构应当使用国家通用语言文字进行教育教学。

民族自治地方以少数民族学生为主的学校及其他教育机构，从实际出发，使用国家通用语言文字和本民族或者当地民族通用的语言文字实施双语教育。

国家采取措施，为少数民族学生为主的学校及其他教育机构实施双语教育提供条件和支持。

第十三条 国家对发展教育事业做出突出贡献的组织和个人，给予奖励。

第十四条 国务院和地方各级人民政府根据分级管理、分工负责的原则，领导和管理教育工作。

中等及中等以下教育在国务院领导下，由地方人民政府管理。

高等教育由国务院和省、自治区、直辖市人民政府管理。

第十五条 国务院教育行政部门主管全国教育工作，统筹规划、协调管理全国的教育事业。

县级以上地方各级人民政府教育行政部门主管本行政区域内的教育工作。

县级以上各级人民政府其他有关部门在各自的职责范围内，负责有关的教育工作。

第十六条 国务院和县级以上地方各级人民政府应当向本级人民代表大会或者其常务委员会报告教育工作和教育经费预算、决算情况，接受监督。

第二章 教育基本制度

第十七条 国家实行学前教育、初等教育、中等教育、高等教育的学校教育制度。

国家建立科学的学制系统。学制系统内的学校和其他教育机构的设置、教育形式、修业年限、招生对象、培养目标等，由国务院或者由国务院授权教育行政部门规定。

第十八条 国家制定学前教育标准，加快普及学前教育，构建覆盖城乡，特别是农村的学前教育公共服务体系。

各级人民政府应当采取措施，为适龄儿童接受学前教育提供条件和支持。

第十九条 国家实行九年制义务教育制度。

各级人民政府采取各种措施保障适龄儿童、少年就学。

适龄儿童、少年的父母或者其他监护人以及有关社会组织和个人有义务使适龄儿童、少年接受并完成规定年限的义务教育。

第二十条　国家实行职业教育制度和继续教育制度。

各级人民政府、有关行政部门和行业组织以及企业事业组织应当采取措施，发展并保障公民接受职业学校教育或者各种形式的职业培训。

国家鼓励发展多种形式的继续教育，使公民接受适当形式的政治、经济、文化、科学、技术、业务等方面的教育，促进不同类型学习成果的互认和衔接，推动全民终身学习。

第二十一条　国家实行国家教育考试制度。

国家教育考试由国务院教育行政部门确定种类，并由国家批准的实施教育考试的机构承办。

第二十二条　国家实行学业证书制度。

经国家批准设立或者认可的学校及其他教育机构按照国家有关规定，颁发学历证书或者其他学业证书。

第二十三条　国家实行学位制度。

学位授予单位依法对达到一定学术水平或者专业技术水平的人员授予相应的学位，颁发学位证书。

第二十四条　各级人民政府、基层群众性自治组织和企业事业组织应当采取各种措施，开展扫除文盲的教育工作。

按照国家规定具有接受扫除文盲教育能力的公民，应当接受扫除文盲的教育。

第二十五条　国家实行教育督导制度和学校及其他教育机构教育评估制度。

第三章　学校及其他教育机构

第二十六条　国家制定教育发展规划，并举办学校及其他教育机构。

国家鼓励企业事业组织、社会团体、其他社会组织及公民个人依法举办学校及其他教育机构。

国家举办学校及其他教育机构，应当坚持勤俭节约的原则。

以财政性经费、捐赠资产举办或者参与举办的学校及其他教育机构不得设立为营利性组织。

第二十七条　设立学校及其他教育机构，必须具备下列基本条件：

（一）有组织机构和章程；

（二）有合格的教师；

（三）有符合规定标准的教学场所及设施、设备等；

（四）有必备的办学资金和稳定的经费来源。

第二十八条　学校及其他教育机构的设立、变更和终止，应当按国家有关规定办理审核、批准、注册或者备案手续。

第二十九条　学校及其他教育机构行使下列权利：

（一）按照章程自主管理；

（二）组织实施教育教学活动；

（三）招收学生或者其他受教育者；

（四）对受教育者进行学籍管理，实施奖励或者处分；

（五）对受教育者颁发相应的学业证书；
（六）聘任教师及其他职工，实施奖励或者处分；
（七）管理、使用本单位的设施和经费；
（八）拒绝任何组织和个人对教育教学活动的非法干涉；
（九）法律、法规规定的其他权利。

国家保护学校及其他教育机构的合法权益不受侵犯。

第三十条　学校及其他教育机构应当履行下列义务：
（一）遵守法律、法规；
（二）贯彻国家的教育方针，执行国家教育教学标准，保证教育教学质量；
（三）维护受教育者、教师及其他职工的合法权益；
（四）以适当方式为受教育者及其监护人了解受教育者的学业成绩及其他有关情况提供便利；
（五）遵照国家有关规定收取费用并公开收费项目；
（六）依法接受监督。

第三十一条　学校及其他教育机构的举办者按照国家有关规定，确定其所举办的学校或者其他教育机构的管理体制。

学校及其他教育机构的校长或者主要行政负责人必须由具有中华人民共和国国籍、在中国境内定居、并具备国家规定任职条件的公民担任，其任免按照国家有关规定办理。学校的教学及其他行政管理，由校长负责。

学校及其他教育机构应当按照国家有关规定，通过以教师为主体的教职工代表大会等组织形式，保障教职工参与民主管理和监督。

第三十二条　学校及其他教育机构具备法人条件的，自批准设立或者登记注册之日起取得法人资格。

学校及其他教育机构在民事活动中依法享有民事权利，承担民事责任。

学校及其他教育机构中的国有资产属于国家所有。

学校及其他教育机构兴办的校办产业独立承担民事责任。

第四章　教师和其他教育工作者

第三十三条　教师享有法律规定的权利，履行法律规定的义务，忠诚于人民的教育事业。

第三十四条　国家保护教师的合法权益，改善教师的工作条件和生活条件，提高教师的社会地位。

教师的工资报酬、福利待遇，依照法律、法规的规定办理。

第三十五条　国家实行教师资格、职务、聘任制度，通过考核、奖励、培养和培训，提高教师素质，加强教师队伍建设。

第三十六条　学校及其他教育机构中的管理人员，实行教育职员制度。

学校及其他教育机构中的教学辅助人员和其他专业技术人员，实行专业技术职务聘任制度。

第五章　受 教 育 者

第三十七条　受教育者在入学、升学、就业等方面依法享有平等权利。

学校和有关行政部门应当按照国家有关规定，保障女子在入学、升学、就业、授予学位、派出留学等方面享有同男子平等的权利。

第三十八条　国家、社会对符合入学条件、家庭经济困难的儿童、少年、青年，提供各种形式的资助。

第三十九条　国家、社会、学校及其他教育机构应当根据残疾人身心特性和需要实施教育，并为其提供帮助和便利。

第四十条　国家、社会、家庭、学校及其他教育机构应当为有违法犯罪行为的未成年人接受教育创造条件。

第四十一条　从业人员有依法接受职业培训和继续教育的权利和义务。

国家机关、企业事业组织和其他社会组织，应当为本单位职工的学习和培训提供条件和便利。

第四十二条　国家鼓励学校及其他教育机构、社会组织采取措施，为公民接受终身教育创造条件。

第四十三条　受教育者享有下列权利：

（一）参加教育教学计划安排的各种活动，使用教育教学设施、设备、图书资料；

（二）按照国家有关规定获得奖学金、贷学金、助学金；

（三）在学业成绩和品行上获得公正评价，完成规定的学业后获得相应的学业证书、学位证书；

（四）对学校给予的处分不服向有关部门提出申诉，对学校、教师侵犯其人身权、财产权等合法权益，提出申诉或者依法提起诉讼；

（五）法律、法规规定的其他权利。

第四十四条　受教育者应当履行下列义务：

（一）遵守法律、法规；

（二）遵守学生行为规范，尊敬师长，养成良好的思想品德和行为习惯；

（三）努力学习，完成规定的学习任务；

（四）遵守所在学校或者其他教育机构的管理制度。

第四十五条　教育、体育、卫生行政部门和学校及其他教育机构应当完善体育、卫生保健设施，保护学生的身心健康。

第六章　教育与社会

第四十六条　国家机关、军队、企业事业组织、社会团体及其他社会组织和个人，应当依法为儿童、少年、青年学生的身心健康成长创造良好的社会环境。

第四十七条　国家鼓励企业事业组织、社会团体及其他社会组织同高等学校、中等职业学校在教学、科研、技术开发和推广等方面进行多种形式的合作。

企业事业组织、社会团体及其他社会组织和个人，可以通过适当形式，支持学校的建设，参与学校管理。

第四十八条　国家机关、军队、企业事业组织及其他社会组织应当为学校组织的学生实习、社会实践活动提供帮助和便利。

第四十九条　学校及其他教育机构在不影响正常教育教学活动的前提下，应当积极参加当地的社会公益活动。

第五十条　未成年人的父母或者其他监护人应当为其未成年子女或者其他被监护人受教

育提供必要条件。

未成年人的父母或者其他监护人应当配合学校及其他教育机构,对其未成年子女或者其他被监护人进行教育。

学校、教师可以对学生家长提供家庭教育指导。

第五十一条 图书馆、博物馆、科技馆、文化馆、美术馆、体育馆(场)等社会公共文化体育设施,以及历史文化古迹和革命纪念馆(地),应当对教师、学生实行优待,为受教育者接受教育提供便利。

广播、电视台(站)应当开设教育节目,促进受教育者思想品德、文化和科学技术素质的提高。

第五十二条 国家、社会建立和发展对未成年人进行校外教育的设施。

学校及其他教育机构应当同基层群众性自治组织、企业事业组织、社会团体相互配合,加强对未成年人的校外教育工作。

第五十三条 国家鼓励社会团体、社会文化机构及其他社会组织和个人开展有益于受教育者身心健康的社会文化教育活动。

第七章 教育投入与条件保障

第五十四条 国家建立以财政拨款为主、其他多种渠道筹措教育经费为辅的体制,逐步增加对教育的投入,保证国家举办的学校教育经费的稳定来源。

企业事业组织、社会团体及其他社会组织和个人依法举办的学校及其他教育机构,办学经费由举办者负责筹措,各级人民政府可以给予适当支持。

第五十五条 国家财政性教育经费支出占国民生产总值的比例应当随着国民经济的发展和财政收入的增长逐步提高。具体比例和实施步骤由国务院规定。

全国各级财政支出总额中教育经费所占比例应当随着国民经济的发展逐步提高。

第五十六条 各级人民政府的教育经费支出,按照事权和财权相统一的原则,在财政预算中单独列项。

各级人民政府教育财政拨款的增长应当高于财政经常性收入的增长,并使按在校学生人数平均的教育费用逐步增长,保证教师工资和学生人均公用经费逐步增长。

第五十七条 国务院及县级以上地方各级人民政府应当设立教育专项资金,重点扶持边远贫困地区、少数民族地区实施义务教育。

第五十八条 税务机关依法足额征收教育费附加,由教育行政部门统筹管理,主要用于实施义务教育。

省、自治区、直辖市人民政府根据国务院的有关规定,可以决定开征用于教育的地方附加费,专款专用。

第五十九条 国家采取优惠措施,鼓励和扶持学校在不影响正常教育教学的前提下开展勤工俭学和社会服务,兴办校办产业。

第六十条 国家鼓励境内、境外社会组织和个人捐资助学。

第六十一条 国家财政性教育经费、社会组织和个人对教育的捐赠,必须用于教育,不得挪用、克扣。

第六十二条 国家鼓励运用金融、信贷手段,支持教育事业的发展。

第六十三条 各级人民政府及其教育行政部门应当加强对学校及其他教育机构教育经费

的监督管理，提高教育投资效益。

第六十四条　地方各级人民政府及其有关行政部门必须把学校的基本建设纳入城乡建设规划，统筹安排学校的基本建设用地及所需物资，按照国家有关规定实行优先、优惠政策。

第六十五条　各级人民政府对教科书及教学用图书资料的出版发行，对教学仪器、设备的生产和供应，对用于学校教育教学和科学研究的图书资料、教学仪器、设备的进口，按照国家有关规定实行优先、优惠政策。

第六十六条　国家推进教育信息化，加快教育信息基础设施建设，利用信息技术促进优质教育资源普及共享，提高教育教学水平和教育管理水平。

县级以上人民政府及其有关部门应当发展教育信息技术和其他现代化教学方式，有关行政部门应当优先安排，给予扶持。

国家鼓励学校及其他教育机构推广运用现代化教学方式。

第八章　教育对外交流与合作

第六十七条　国家鼓励开展教育对外交流与合作，支持学校及其他教育机构引进优质教育资源，依法开展中外合作办学，发展国际教育服务，培养国际化人才。

教育对外交流与合作坚持独立自主、平等互利、相互尊重的原则，不得违反中国法律，不得损害国家主权、安全和社会公共利益。

第六十八条　中国境内公民出国留学、研究、进行学术交流或者任教，依照国家有关规定办理。

第六十九条　中国境外个人符合国家规定的条件并办理有关手续后，可以进入中国境内学校及其他教育机构学习、研究、进行学术交流或者任教，其合法权益受国家保护。

第七十条　中国对境外教育机构颁发的学位证书、学历证书及其他学业证书的承认，依照中华人民共和国缔结或者加入的国际条约办理，或者按照国家有关规定办理。

第九章　法律责任

第七十一条　违反国家有关规定，不按照预算核拨教育经费的，由同级人民政府限期核拨；情节严重的，对直接负责的主管人员和其他直接责任人员，依法给予处分。

违反国家财政制度、财务制度，挪用、克扣教育经费的，由上级机关责令限期归还被挪用、克扣的经费，并对直接负责的主管人员和其他直接责任人员，依法给予处分；构成犯罪的，依法追究刑事责任。

第七十二条　结伙斗殴、寻衅滋事，扰乱学校及其他教育机构教育教学秩序或者破坏校舍、场地及其他财产的，由公安机关给予治安管理处罚；构成犯罪的，依法追究刑事责任。

侵占学校及其他教育机构的校舍、场地及其他财产的，依法承担民事责任。

第七十三条　明知校舍或者教育教学设施有危险，而不采取措施，造成人员伤亡或者重大财产损失的，对直接负责的主管人员和其他直接责任人员，依法追究刑事责任。

第七十四条　违反国家有关规定，向学校或者其他教育机构收取费用的，由政府责令退还所收费用；对直接负责的主管人员和其他直接责任人员，依法给予处分。

第七十五条　违反国家有关规定，举办学校或者其他教育机构的，由教育行政部门或者其他有关行政部门予以撤销；有违法所得的，没收违法所得；对直接负责的主管人员和其他直接责任人员，依法给予处分。

第七十六条　学校或者其他教育机构违反国家有关规定招收学生的,由教育行政部门或者其他有关行政部门责令退回招收的学生,退还所收费用;对学校、其他教育机构给予警告,可以处违法所得五倍以下罚款;情节严重的,责令停止相关招生资格一年以上三年以下,直至撤销招生资格、吊销办学许可证;对直接负责的主管人员和其他直接责任人员,依法给予处分;构成犯罪的,依法追究刑事责任。

第七十七条　在招收学生工作中徇私舞弊的,由教育行政部门或者其他有关行政部门责令退回招收的人员;对直接负责的主管人员和其他直接责任人员,依法给予处分;构成犯罪的,依法追究刑事责任。

第七十八条　学校及其他教育机构违反国家有关规定向受教育者收取费用的,由教育行政部门或者其他有关行政部门责令退还所收费用;对直接负责的主管人员和其他直接责任人员,依法给予处分。

第七十九条　考生在国家教育考试中有下列行为之一的,由组织考试的教育考试机构工作人员在考试现场采取必要措施予以制止并终止其继续参加考试;组织考试的教育考试机构可以取消其相关考试资格或者考试成绩;情节严重的,由教育行政部门责令停止参加相关国家教育考试一年以上三年以下;构成违反治安管理行为的,由公安机关依法给予治安管理处罚;构成犯罪的,依法追究刑事责任:

(一)非法获取考试试题或者答案的;
(二)携带或者使用考试作弊器材、资料的;
(三)抄袭他人答案的;
(四)让他人代替自己参加考试的;
(五)其他以不正当手段获得考试成绩的作弊行为。

第八十条　任何组织或者个人在国家教育考试中有下列行为之一,有违法所得的,由公安机关没收违法所得,并处违法所得一倍以上五倍以下罚款;情节严重的,处五日以上十五日以下拘留;构成犯罪的,依法追究刑事责任;属于国家机关工作人员的,还应当依法给予处分:

(一)组织作弊的;
(二)通过提供考试作弊器材等方式为作弊提供帮助或者便利的;
(三)代替他人参加考试的;
(四)在考试结束前泄露、传播考试试题或者答案的;
(五)其他扰乱考试秩序的行为。

第八十一条　举办国家教育考试,教育行政部门、教育考试机构疏于管理,造成考场秩序混乱、作弊情况严重的,对直接负责的主管人员和其他直接责任人员,依法给予处分;构成犯罪的,依法追究刑事责任。

第八十二条　学校或者其他教育机构违反本法规定,颁发学位证书、学历证书或者其他学业证书的,由教育行政部门或者其他有关行政部门宣布证书无效,责令收回或者予以没收;有违法所得的,没收违法所得;情节严重的,责令停止相关招生资格一年以上三年以下,直至撤销招生资格、颁发证书资格;对直接负责的主管人员和其他直接责任人员,依法给予处分。

前款规定以外的任何组织或者个人制造、销售、颁发假冒学位证书、学历证书或者其他学业证书，构成违反治安管理行为的，由公安机关依法给予治安管理处罚；构成犯罪的，依法追究刑事责任。

以作弊、剽窃、抄袭等欺诈行为或者其他不正当手段获得学位证书、学历证书或者其他学业证书的，由颁发机构撤销相关证书。购买、使用假冒学位证书、学历证书或者其他学业证书，构成违反治安管理行为的，由公安机关依法给予治安管理处罚。

第八十三条　违反本法规定，侵犯教师、受教育者、学校或者其他教育机构的合法权益，造成损失、损害的，应当依法承担民事责任。

第十章　附　则

第八十四条　军事学校教育由中央军事委员会根据本法的原则规定。

宗教学校教育由国务院另行规定。

第八十五条　境外的组织和个人在中国境内办学和合作办学的办法，由国务院规定。

第八十六条　本法自 1995 年 9 月 1 日起施行。

第二节　中华人民共和国义务教育法

一、《义务教育法》的修订过程

1986 年 4 月 12 日，第六届全国人民代表大会第四次会议审议通过了《中华人民共和国义务教育法》，共十八条。2006 年 6 月 29 日第十届全国人民代表大会常务委员会第二十二次会议通过新修订的《义务教育法》共八章六十三条，自 2006 年 9 月 1 日起施行。

义务教育是国家统一实施的所有适龄儿童、少年必须接受的教育，是国家必须予以保障的公益性事业。实施义务教育，不收学费、杂费。国家建立义务教育经费机制，保证义务教育制度实施。

二、《义务教育法》的地位、意义

《中华人民共和国义务教育法》是为了保障适龄儿童、少年接受义务教育的权利，保证义务教育的实施，提高全民族素质，根据宪法和教育法而制定的法律。明确我国义务教育的强制性、免费性、义务性、公益性和平等性，同时对关于解决增加教育投入、实现教育均衡、免收学杂费、教育乱收费等热点问题进行了说明。

《中华人民共和国义务教育法》是国家实行九年制义务教育制度的根本大法。从 1986 年的十八条到 2006 年的六十三条，新的《义务教育法》体现了我国教育立法水平、立法技术和立法质量质的飞跃。体现了时代对法律变革的要求，为解决新时期教育的新矛盾提供了法律支持，对整个教育事业的发展具有奠基性意义和深远的历史作用。

三、《义务教育法》的基本性质

（一）强制性

适龄儿童及其监护人必须遵守《义务教育法》，同时新义务教育法规定了学校和教师必须遵守义务教育法，对违反义务教育法规定的，必须承担相应的法律责任。

（二）公益性

所谓公益性，就是明确规定"不收学费、杂费"。公益性和免费性是联系在一起的。对农村而言，从2006年到2007年全部免除学费、杂费；对城市而言，从2008年秋季学期开始，在全国范围内全部免除城市义务教育阶段学生学杂费。

（三）统一性

统一性是指在全国范围内实行统一的义务教育，这个统一包括要制定统一的义务教育阶段教科书设置标准、教学标准、经费标准、建设标准、学生公用经费的标准等。这些与统一相关的内容以不同的形式反映到法律的修改中来。

（四）义务性

让适龄儿童、少年接受义务教育是学校、家长和社会的义务。谁违反这个义务，谁就要受到法律的规范。家长不送学生上学，家长要承担责任；学校不接受适龄儿童、少年上学，学校要承担责任；学校不提供相应的条件，也要受到法律的规范。

（五）平等性

无论种族、民族、地区，在《义务教育法》实施过程中，具有平等的权利和义务。

四、《义务教育法》的结构、特点

新《义务教育法》共分八章六十三条：第一章总则、第二章学生、第三章学校、第四章教师、第五章教育教学、第六章经费、第七章法律责任、第八章附则。

（一）"素质教育"首次写入义务教育法

义务教育必须贯彻国家的教育方针，实施素质教育，教育教学工作应当符合教育规律和学生身心发展特点，面向全体学生，教书育人，将德育、智育、体育、美育等有机统一在教育教学活动中，注重培养学生的独立思考能力、创新能力和实践能力，促进学生全面发展。

（二）强调义务教育的公益性

义务教育是国家统一实施的所有适龄儿童、少年必须接受的教育，是国家必须予以保障的公益性事业。实施义务教育，不收学费、杂费。

（三）"以学生为本"的法律理念

针对校园重大突发事件致使学生伤亡的事件时有发生的状况，新义务教育法对校园安全问题予以规定。

法律规定，学校建设，应当符合国家规定的选址要求和建设标准，确保学生和教职工安全；学校应当建立、健全安全制度和应急机制，对学生进行安全教育，加强管理，及时消除隐患，预防发生事故。

法律还对教师的行为给予规定：教师在教育教学中应当平等对待学生，关注学生的个体差异，因材施教，促进学生的充分发展。教师应当尊重学生的人格，不得歧视学生，不得对学生实施体罚、变相体罚或者其他侮辱人格尊严的行为，不得侵犯学生的合法权益。

（四）关于教师权利义务的新规定

新义务教育法规定，各级人民政府要提高教师工资福利和社会保险待遇，改善教师工作和生活条件，特别强调要"完善农村教师工资经费机制"。新义务教育法规定，义务教育教师的平均工资水平应当不低于当地公务员的平均工资水平。这一规定，避免了由于高校教师平均工资水平较高而掩盖了中小学教师工资较低的实际情况，将有效保障义务教育教师的工资水平。

新义务教育法规定了学校和教师必须遵守义务教育法，对违反义务教育法规定的，必须承担相应的法律责任。

（五）公平均衡的义务教育

新义务教育法针对近年来义务教育发展中出现的"择校热"等问题做出有针对性规定，"不得将学校分为重点学校和非重点学校"，"学校不得分设重点班和非重点班"，以促进义务教育均衡发展。

法律规定，县级以上人民政府及其教育行政部门应当促进学校均衡发展，缩小学校之间办学条件的差距，不得将学校分为重点学校和非重点学校。学校不得分设重点班和非重点班。

附：《中华人民共和国义务教育法》（全文）

中华人民共和国义务教育法

（1986年4月12日第六届全国人民代表大会第四次会议通过 2006年6月29日第十届全国人民代表大会常务委员会第二十二次会议修订）

目 录

第一章 总则

第二章 学生

第三章 学校

第四章 教师

第五章 教育教学

第六章 经费保障

第七章 法律责任

第八章 附则

第一章 总 则

第一条 为了保障适龄儿童、少年接受义务教育的权利，保证义务教育的实施，提高全民族素质，根据宪法和教育法，制定本法。

第二条 国家实行九年义务教育制度。

义务教育是国家统一实施的所有适龄儿童、少年必须接受的教育，是国家必须予以保障的公益性事业。

实施义务教育，不收学费、杂费。

国家建立义务教育经费保障机制，保证义务教育制度实施。

第三条 义务教育必须贯彻国家的教育方针,实施素质教育,提高教育质量,使适龄儿童、少年在品德、智力、体质等方面全面发展,为培养有理想、有道德、有文化、有纪律的社会主义建设者和接班人奠定基础。

第四条 凡具有中华人民共和国国籍的适龄儿童、少年,不分性别、民族、种族、家庭财产状况、宗教信仰等,依法享有平等接受义务教育的权利,并履行接受义务教育的义务。

第五条 各级人民政府及其有关部门应当履行本法规定的各项职责,保障适龄儿童、少年接受义务教育的权利。

适龄儿童、少年的父母或者其他法定监护人应当依法保证其按时入学接受并完成义务教育。

依法实施义务教育的学校应当按照规定标准完成教育教学任务,保证教育教学质量。

社会组织和个人应当为适龄儿童、少年接受义务教育创造良好的环境。

第六条 国务院和县级以上地方人民政府应当合理配置教育资源,促进义务教育均衡发展,改善薄弱学校的办学条件,并采取措施,保障农村地区、民族地区实施义务教育,保障家庭经济困难的和残疾的适龄儿童、少年接受义务教育。

国家组织和鼓励经济发达地区支援经济欠发达地区实施义务教育。

第七条 义务教育实行国务院领导,省、自治区、直辖市人民政府统筹规划实施,县级人民政府为主管理的体制。

县级以上人民政府教育行政部门具体负责义务教育实施工作;县级以上人民政府其他有关部门在各自的职责范围内负责义务教育实施工作。

第八条 人民政府教育督导机构对义务教育工作执行法律法规情况、教育教学质量以及义务教育均衡发展状况等进行督导,督导报告向社会公布。

第九条 任何社会组织或者个人有权对违反本法的行为向有关国家机关提出检举或者控告。

发生违反本法的重大事件,妨碍义务教育实施,造成重大社会影响的,负有领导责任的人民政府或者人民政府教育行政部门负责人应当引咎辞职。

第十条 对在义务教育实施工作中做出突出贡献的社会组织和个人,各级人民政府及其有关部门按照有关规定给予表彰、奖励。

第二章 学 生

第十一条 凡年满六周岁的儿童,其父母或者其他法定监护人应当送其入学接受并完成义务教育;条件不具备的地区的儿童,可以推迟到七周岁。

适龄儿童、少年因身体状况需要延缓入学或者休学的,其父母或者其他法定监护人应当提出申请,由当地乡镇人民政府或者县级人民政府教育行政部门批准。

第十二条 适龄儿童、少年免试入学。地方各级人民政府应当保障适龄儿童、少年在户籍所在地学校就近入学。

父母或者其他法定监护人在非户籍所在地工作或者居住的适龄儿童、少年,在其父母或者其他法定监护人工作或者居住地接受义务教育的,当地人民政府应当为其提供平等接受义务教育的条件。具体办法由省、自治区、直辖市规定。

县级人民政府教育行政部门对本行政区域内的军人子女接受义务教育予以保障。

第十三条 县级人民政府教育行政部门和乡镇人民政府组织和督促适龄儿童、少年入学，帮助解决适龄儿童、少年接受义务教育的困难，采取措施防止适龄儿童、少年辍学。

居民委员会和村民委员会协助政府做好工作，督促适龄儿童、少年入学。

第十四条 禁止用人单位招用应当接受义务教育的适龄儿童、少年。

根据国家有关规定经批准招收适龄儿童、少年进行文艺、体育等专业训练的社会组织，应当保证所招收的适龄儿童、少年接受义务教育；自行实施义务教育的，应当经县级人民政府教育行政部门批准。

第三章 学 校

第十五条 县级以上地方人民政府根据本行政区域内居住的适龄儿童、少年的数量和分布状况等因素，按照国家有关规定，制定、调整学校设置规划。新建居民区需要设置学校的，应当与居民区的建设同步进行。

第十六条 学校建设，应当符合国家规定的办学标准，适应教育教学需要；应当符合国家规定的选址要求和建设标准，确保学生和教职工安全。

第十七条 县级人民政府根据需要设置寄宿制学校，保障居住分散的适龄儿童、少年入学接受义务教育。

第十八条 国务院教育行政部门和省、自治区、直辖市人民政府根据需要，在经济发达地区设置接收少数民族适龄儿童、少年的学校（班）。

第十九条 县级以上地方人民政府根据需要设置相应的实施特殊教育的学校（班），对视力残疾、听力语言残疾和智力残疾的适龄儿童、少年实施义务教育。特殊教育学校（班）应当具备适应残疾儿童、少年学习、康复、生活特点的场所和设施。

普通学校应当接收具有接受普通教育能力的残疾适龄儿童、少年随班就读，并为其学习、康复提供帮助。

第二十条 县级以上地方人民政府根据需要，为具有预防未成年人犯罪法规定的严重不良行为的适龄少年设置专门的学校实施义务教育。

第二十一条 对未完成义务教育的未成年犯和被采取强制性教育措施的未成年人应当进行义务教育，所需经费由人民政府予以保障。

第二十二条 县级以上人民政府及其教育行政部门应当促进学校均衡发展，缩小学校之间办学条件的差距，不得将学校分为重点学校和非重点学校。学校不得分设重点班和非重点班。

县级以上人民政府及其教育行政部门不得以任何名义改变或者变相改变公办学校的性质。

第二十三条 各级人民政府及其有关部门依法维护学校周边秩序，保护学生、教师、学校的合法权益，为学校提供安全保障。

第二十四条 学校应当建立、健全安全制度和应急机制，对学生进行安全教育，加强管理，及时消除隐患，预防发生事故。

县级以上地方人民政府定期对学校校舍安全进行检查；对需要维修、改造的，及时予以维修、改造。

学校不得聘用曾经因故意犯罪被依法剥夺政治权利或者其他不适合从事义务教育工作的

人担任工作人员。

第二十五条 学校不得违反国家规定收取费用，不得以向学生推销或者变相推销商品、服务等方式谋取利益。

第二十六条 学校实行校长负责制。校长应当符合国家规定的任职条件。校长由县级人民政府教育行政部门依法聘任。

第二十七条 对违反学校管理制度的学生，学校应当予以批评教育，不得开除。

第四章 教 师

第二十八条 教师享有法律规定的权利，履行法律规定的义务，应当为人师表，忠诚于人民的教育事业。

全社会应当尊重教师。

第二十九条 教师在教育教学中应当平等对待学生，关注学生的个体差异，因材施教，促进学生的充分发展。

教师应当尊重学生的人格，不得歧视学生，不得对学生实施体罚、变相体罚或者其他侮辱人格尊严的行为，不得侵犯学生合法权益。

第三十条 教师应当取得国家规定的教师资格。

国家建立统一的义务教育教师职务制度。教师职务分为初级职务、中级职务和高级职务。

第三十一条 各级人民政府保障教师工资福利和社会保险待遇，改善教师工作和生活条件；完善农村教师工资经费保障机制。

教师的平均工资水平应当不低于当地公务员的平均工资水平。

特殊教育教师享有特殊岗位补助津贴。在民族地区和边远贫困地区工作的教师享有艰苦贫困地区补助津贴。

第三十二条 县级以上人民政府应当加强教师培养工作，采取措施发展教师教育。

县级人民政府教育行政部门应当均衡配置本行政区域内学校师资力量，组织校长、教师的培训和流动，加强对薄弱学校的建设。

第三十三条 国务院和地方各级人民政府鼓励和支持城市学校教师和高等学校毕业生到农村地区、民族地区从事义务教育工作。

国家鼓励高等学校毕业生以志愿者的方式到农村地区、民族地区缺乏教师的学校任教。县级人民政府教育行政部门依法认定其教师资格，其任教时间计入工龄。

第五章 教 育 教 学

第三十四条 教育教学工作应当符合教育规律和学生身心发展特点，面向全体学生，教书育人，将德育、智育、体育、美育等有机统一在教育教学活动中，注重培养学生独立思考能力、创新能力和实践能力，促进学生全面发展。

第三十五条 国务院教育行政部门根据适龄儿童、少年身心发展的状况和实际情况，确定教学制度、教育教学内容和课程设置，改革考试制度，并改进高级中等学校招生办法，推进实施素质教育。

学校和教师按照确定的教育教学内容和课程设置开展教育教学活动，保证达到国家规定的基本质量要求。

国家鼓励学校和教师采用启发式教育等教育教学方法，提高教育教学质量。

第三十六条 学校应当把德育放在首位,寓德育于教育教学之中,开展与学生年龄相适应的社会实践活动,形成学校、家庭、社会相互配合的思想道德教育体系,促进学生养成良好的思想品德和行为习惯。

第三十七条 学校应当保证学生的课外活动时间,组织开展文化娱乐等课外活动。社会公共文化体育设施应当为学校开展课外活动提供便利。

第三十八条 教科书根据国家教育方针和课程标准编写,内容力求精简,精选必备的基础知识、基本技能,经济实用,保证质量。

国家机关工作人员和教科书审查人员,不得参与或者变相参与教科书的编写工作。

第三十九条 国家实行教科书审定制度。教科书的审定办法由国务院教育行政部门规定。

未经审定的教科书,不得出版、选用。

第四十条 教科书由国务院价格行政部门会同出版行政部门按照微利原则确定基准价。省、自治区、直辖市人民政府价格行政部门会同出版行政部门按照基准价确定零售价。

第四十一条 国家鼓励教科书循环使用。

第六章 经 费 保 障

第四十二条 国家将义务教育全面纳入财政保障范围,义务教育经费由国务院和地方各级人民政府依照本法规定予以保障。

国务院和地方各级人民政府将义务教育经费纳入财政预算,按照教职工编制标准、工资标准和学校建设标准、学生人均公用经费标准等,及时足额拨付义务教育经费,确保学校的正常运转和校舍安全,确保教职工工资按照规定发放。

国务院和地方各级人民政府用于实施义务教育财政拨款的增长比例应当高于财政经常性收入的增长比例,保证按照在校学生人数平均的义务教育费用逐步增长,保证教职工工资和学生人均公用经费逐步增长。

第四十三条 学校的学生人均公用经费基本标准由国务院财政部门会同教育行政部门制定,并根据经济和社会发展状况适时调整。制定、调整学生人均公用经费基本标准,应当满足教育教学基本需要。

省、自治区、直辖市人民政府可以根据本行政区域的实际情况,制定不低于国家标准的学校学生人均公用经费标准。

特殊教育学校(班)学生人均公用经费标准应当高于普通学校学生人均公用经费标准。

第四十四条 义务教育经费投入实行国务院和地方各级人民政府根据职责共同负担,省、自治区、直辖市人民政府负责统筹落实的体制。农村义务教育所需经费,由各级人民政府根据国务院的规定分项目、按比例分担。

各级人民政府对家庭经济困难的适龄儿童、少年免费提供教科书并补助寄宿生生活费。

义务教育经费保障的具体办法由国务院规定。

第四十五条 地方各级人民政府在财政预算中将义务教育经费单列。

县级人民政府编制预算,除向农村地区学校和薄弱学校倾斜外,应当均衡安排义务教育经费。

第四十六条 国务院和省、自治区、直辖市人民政府规范财政转移支付制度,加大一般性转移支付规模和规范义务教育专项转移支付,支持和引导地方各级人民政府增加对义务教育的投入。地方各级人民政府确保将上级人民政府的义务教育转移支付资金按照规定用于义务教育。

第四十七条 国务院和县级以上地方人民政府根据实际需要，设立专项资金，扶持农村地区、民族地区实施义务教育。

第四十八条 国家鼓励社会组织和个人向义务教育捐赠，鼓励按照国家有关基金会管理的规定设立义务教育基金。

第四十九条 义务教育经费严格按照预算规定用于义务教育；任何组织和个人不得侵占、挪用义务教育经费，不得向学校非法收取或者摊派费用。

第五十条 县级以上人民政府建立健全义务教育经费的审计监督和统计公告制度。

第七章 法律责任

第五十一条 国务院有关部门和地方各级人民政府违反本法第六章的规定，未履行对义务教育经费保障职责的，由国务院或者上级地方人民政府责令限期改正；情节严重的，对直接负责的主管人员和其他直接责任人员依法给予行政处分。

第五十二条 县级以上地方人民政府有下列情形之一的，由上级人民政府责令限期改正；情节严重的，对直接负责的主管人员和其他直接责任人员依法给予行政处分：

（一）未按照国家有关规定制定、调整学校的设置规划的；

（二）学校建设不符合国家规定的办学标准、选址要求和建设标准的；

（三）未定期对学校校舍安全进行检查，并及时维修、改造的；

（四）未依照本法规定均衡安排义务教育经费的。

第五十三条 县级以上人民政府或者其教育行政部门有下列情形之一的，由上级人民政府或者其教育行政部门责令限期改正、通报批评；情节严重的，对直接负责的主管人员和其他直接责任人员依法给予行政处分：

（一）将学校分为重点学校和非重点学校的；

（二）改变或者变相改变公办学校性质的。

县级人民政府教育行政部门或者乡镇人民政府未采取措施组织适龄儿童、少年入学或者防止辍学的，依照前款规定追究法律责任。

第五十四条 有下列情形之一的，由上级人民政府或者上级人民政府教育行政部门、财政部门、价格行政部门和审计机关根据职责分工责令限期改正；情节严重的，对直接负责的主管人员和其他直接责任人员依法给予处分：

（一）侵占、挪用义务教育经费的；

（二）向学校非法收取或者摊派费用的。

第五十五条 学校或者教师在义务教育工作中违反教育法、教师法规定的，依照教育法、教师法的有关规定处罚。

第五十六条 学校违反国家规定收取费用的，由县级人民政府教育行政部门责令退还所收费用；对直接负责的主管人员和其他直接责任人员依法给予处分。

学校以向学生推销或者变相推销商品、服务等方式谋取利益的，由县级人民政府教育行政部门给予通报批评；有违法所得的，没收违法所得；对直接负责的主管人员和其他直接责任人员依法给予处分。

国家机关工作人员和教科书审查人员参与或者变相参与教科书编写的，由县级以上人民政府或者其教育行政部门根据职责权限责令限期改正，依法给予行政处分；有违法所得的，没收违法所得。

第五十七条　学校有下列情形之一的，由县级人民政府教育行政部门责令限期改正；情节严重的，对直接负责的主管人员和其他直接责任人员依法给予处分：

（一）拒绝接收具有接受普通教育能力的残疾适龄儿童、少年随班就读的；

（二）分设重点班和非重点班的；

（三）违反本法规定开除学生的；

（四）选用未经审定的教科书的。

第五十八条　适龄儿童、少年的父母或者其他法定监护人无正当理由未依照本法规定送适龄儿童、少年入学接受义务教育的，由当地乡镇人民政府或者县级人民政府教育行政部门给予批评教育，责令限期改正。

第五十九条　有下列情形之一的，依照有关法律、行政法规的规定予以处罚：

（一）胁迫或者诱骗应当接受义务教育的适龄儿童、少年失学、辍学的；

（二）非法招用应当接受义务教育的适龄儿童、少年的；

（三）出版未经依法审定的教科书的。

第六十条　违反本法规定，构成犯罪的，依法追究刑事责任。

第八章　附　　则

第六十一条　对接受义务教育的适龄儿童、少年不收杂费的实施步骤，由国务院规定。

第六十二条　社会组织或者个人依法举办的民办学校实施义务教育的，依照民办教育促进法有关规定执行；民办教育促进法未做规定的，适用本法。

第六十三条　本法自 2006 年 9 月 1 日起施行。

第三节　中华人民共和国教师法

一、《教师法》的地位、意义

《教师法》是我国教育史上第一部关于教师的单行法律，它的制定和颁布体现了党和国家对人民教师的重视，有利于从根本上提高教师的社会地位，保障教师的合法权益，使教师成为社会上受人尊重的职业；有利于加强教师队伍的建设，造就一批具有高素质的教师队伍，促进社会主义教育事业的发展。

《教师法》从 1986 年开始起草，后经过八年酝酿、修改，于 1993 年 10 月 31 日经第八届全国人民代表大会常务委员会第四次会议通过，1994 年 1 月 1 日起施行。《教师法》的制定和颁布，对于提高教师的地位，保障教师的合法权益，造就一支具有良好的思想品德和业务素质的教师队伍，促进我国社会主义教育事业的发展，有着重要的意义。

二、《教师法》关于教师的权利

① 进行教育教学活动，开展教育教学改革和实验。

② 从事科学研究、学术交流，参加专业的学术团体，在学术活动中充分发表意见。

③ 指导学生的学习和发展，评定学生的品行和学业成绩。

④ 按时获取工资报酬，享受国家规定的福利待遇以及寒暑假期的带薪休假。
⑤ 对学校教育教学、管理工作和教育行政部门的工作提出意见和建议，通过教职工代表大会或者其他形式，参与学校的民主管理。
⑥ 参加进修或者其他方式的培训。

三、《教师法》关于教师的义务

① 遵守宪法、法律和职业道德，为人师表。
② 贯彻国家的教育方针，遵守规章制度，执行学校的教学计划，履行教师聘约，完成教育教学工作任务。
③ 对学生进行宪法所确定的基本原则的教育和爱国主义、民族团结的教育，法制教育以及思想品德、文化、科学技术教育，组织、带领学生开展有益的社会活动。
④ 关心、爱护全体学生，尊重学生人格，促进学生在品德、智力、体质等方面全面发展。
⑤ 制止有害于学生的行为或者其他侵犯学生合法权益的行为，批评和抵制有害于学生健康成长的现象。
⑥ 不断提高思想政治觉悟和教育教学业务水平。

四、《教师法》关于教师的资格任用、培养培训及考核待遇

（一）教师资格及任用

1. 资格

国家实行教师资格制度。中国公民凡遵守宪法和法律，热爱教育事业，具有良好的思想品德，具备本法规定的学历或者经国家教师资格考试合格，有教育教学能力，经认定合格的，可以取得教师资格。

2. 任用

学校和其他教育机构应当逐步实行教师聘任制。教师的聘任应当遵循双方地位平等的原则，由学校和教师签订聘任合同，明确规定双方的权利、义务和责任。实施教师聘任制的步骤、办法由国务院教育行政部门规定。

（二）教师的培养、培训

各级人民政府和有关部门应当办好师范教育，并采取措施，鼓励优秀青年进入各级师范学校学习。各级教师进修学校承担培训中小学教师的任务。非师范学校应当承担培养和培训中小学教师的任务。各级师范学校学生享受专业奖学金。

（三）教师的考核、待遇

1. 考核

学校或者其他教育机构应当对教师的政治思想、业务水平、工作态度和工作成绩进行考核。教育行政部门对教师的考核工作进行指导、监督。考核应当客观、公正、准确，充分地听取教师本人、其他教师以及学生的意见。教师考核结果是受聘任教、晋升工资、实施奖惩

的依据。

2. 待遇

教师的平均工资水平应当不低于或者高于国家公务员的平均工资水平，并逐步提高。建立教师正常的晋级增薪制度，具体办法由国务院规定。

五、《教师法》中关于法律责任的相关解读

（一）侵害教师合法权益的法律责任

① 侮辱、殴打教师的，根据不同情况，分别给予行政处分或者行政处罚；造成损害的，责令赔偿损失；情节严重，构成犯罪的，依法追究刑事责任。

② 对依法提出申诉、控告、检举的教师进行打击报复的，由其所在单位或者上级机关责令改正；情节严重的，可以根据具体情况给予行政处分。国家工作人员对教师打击报复构成犯罪的，依照刑法第一百四十六条的规定追究刑事责任。

③ 地方人民政府对违反本法规定，拖欠教师工资或者侵犯教师其他合法权益的，应当责令其限期改正。违反国家财政制度、财务制度，挪用国家财政用于教育的经费，严重妨碍教育教学工作，拖欠教师工资，损害教师合法权益的，由上级机关责令限期归还被挪用的经费，并对直接责任人员给予行政处分；情节严重，构成犯罪的，依法追究刑事责任。

④ 教师对学校或者其他教育机构侵犯其合法权益的，或者对学校或者其他教育机构做出的处理不服的，可以向教育行政部门提出申诉，教育行政部门应当在接到申诉的三十日内，做出处理。教师认为当地人民政府有关行政部门侵犯其根据本法规定享有的权利的，可以向同级人民政府或者上一级人民政府有关部门提出申诉，同级人民政府或者上一级人民政府有关部门应当做出处理。

（二）教师不法行为应承担的法律责任

教师有下列情形之一的，由所在学校、其他教育机构或者教育行政部门给予行政处分或者解聘：

① 故意不完成教育教学任务给教育教学工作造成损失的。

② 体罚学生，经教育不改的。

③ 品行不良、侮辱学生，影响恶劣的。

附：《中华人民共和国教师法》（全文）

中华人民共和国教师法

1993年10月31日第八届全国人民代表大会常务委员会第四次会议通过，1993年10月31日中华人民共和国主席令第15号公布，自1994年1月1日起施行。

第一章 总 则

第一条 为了保障教师的合法权益，建设具有良好思想品德修养和业务素质的教师队伍，促进社会主义教育事业的发展，制定本法。

第二条 本法适用于在各级各类学校和其他教育机构中专门从事教育教学工作的教师。

第三条 教师是履行教育教学职责的专业人员，承担教书育人，培养社会主义事业建设者和接班人、提高民族素质的使命。教师应当忠诚于人民的教育事业。

第四条 各级人民政府应当采取措施，加强教师的思想政治教育和业务培训，改善教师的工作条件和生活条件，保障教师的合法权益，提高教师的社会地位。全社会都应当尊重教师。

第五条 国务院教育行政部门主管全国的教师工作。

国务院有关部门在各自职权范围内负责有关的教师工作。

学校和其他教育机构根据国家规定，自主进行教师管理工作。

第六条 每年九月十日为教师节。

第二章 权利和义务

第七条 教师享有下列权利：

（一）进行教育教学活动，开展教育教学改革和实验；

（二）从事科学研究、学术交流，参加专业的学术团体，在学术活动中充分发表意见；

（三）指导学生的学习和发展，评定学生的品行和学业成绩；

（四）按时获取工资报酬，享受国家规定的福利待遇以及寒暑假期的带薪休假；

（五）对学校教育教学、管理工作和教育行政部门的工作提出意见和建议，通过教职工代表大会或者其他形式，参与学校的民主管理；

（六）参加进修或者其他方式的培训。

第八条 教师应当履行下列义务：

（一）遵守宪法、法律和职业道德，为人师表；

（二）贯彻国家的教育方针，遵守规章制度，执行学校的教学计划，履行教师聘约，完成教育教学工作任务；

（三）对学生进行宪法所确定的基本原则的教育和爱国主义、民族团结的教育，法制教育以及思想品德、文化、科学技术教育，组织、带领学生开展有益的社会活动；

（四）关心、爱护全体学生，尊重学生人格，促进学生在品德、智力、体质等方面全面发展；

（五）制止有害于学生的行为或者其他侵犯学生合法权益的行为，批评和抵制有害于学生健康成长的现象；

（六）不断提高思想政治觉悟和教育教学业务水平。

第九条 为保障教师完成教育教学任务，各级人民政府、教育行政部门、有关部门、学校和其他教育机构应当履行下列职责：

（一）提供符合国家安全标准的教育教学设施和设备；

（二）提供必需的图书、资料及其他教育教学用品；

（三）对教师在教育教学、科学研究中的创造性工作给以鼓励和帮助；

（四）支持教师制止有害于学生的行为或者其他侵犯学生合法权益的行为。

第三章 资格和任用

第十条 国家实行教师资格制度。

中国公民凡遵守宪法和法律，热爱教育事业，具有良好的思想品德，具备本法规定的学历或者经国家教师资格考试合格，有教育教学能力，经认定合格的，可以取得教师资格。

第十一条 取得教师资格应当具备的相应学历是：

（一）取得幼儿园教师资格，应当具备幼儿师范学校毕业及其以上学历；

（二）取得小学教师资格，应当具备中等师范学校毕业及其以上学历；

（三）取得初级中学教师、初级职业学校文化、专业课教师资格，应当具备高等师范专科学校或者其他大学专科毕业及其以上学历；

（四）取得高级中学教师资格和中等专业学校、技工学校、职业高中文化课、专业课教师资格，应当具备高等师范院校本科或者其他大学本科毕业及其以上学历；取得中等专业学校、技工学校和职业高中学生实习指导教师资格应当具备的学历，由国务院教育行政部门规定；

（五）取得高等学校教师资格，应当具备研究生或者大学本科毕业学历；

（六）取得成人教育教师资格，应当按照成人教育的层次、类别，分别具备高等、中等学校毕业及其以上学历。不具备本法规定的教师资格学历的公民，申请获取教师资格，必须通过国家教师资格考试。国家教师资格考试制度由国务院规定。

第十二条 本法实施前已经在学校或者其他教育机构中任教的教师，未具备本法规定学历的，由国务院教育行政部门规定教师资格过渡办法。

第十三条 中小学教师资格由县级以上地方人民政府教育行政部门认定。中等专业学校、技工学校的教师资格由县级以上地方人民政府教育行政部门组织有关主管部门认定。普通高等学校的教师资格由国务院或者省、自治区、直辖市教育行政部门或者由其委托的学校认定。具备本法规定的学历或者经国家教师资格考试合格的公民，要求有关部门认定其教师资格的，有关部门应当依照本法规定的条件予以认定。取得教师资格的人员首次任教时，应当有试用期。

第十四条 受到剥夺政治权利或者故意犯罪受到有期徒刑以上刑事处罚的，不能取得教师资格；已经取得教师资格的，丧失教师资格。

第十五条 各级师范学校毕业生，应当按照国家有关规定从事教育教学工作。国家鼓励非师范高等学校毕业生到中小学或者职业学校任教。

第十六条 国家实行教师职务制度，具体办法由国务院规定。

第十七条 学校和其他教育机构应当逐步实行教师聘任制。教师的聘任应当遵循双方地位平等的原则，由学校和教师签订聘任合同，明确规定双方的权利、义务和责任。实施教师聘任制的步骤、办法由国务院教育行政部门规定。

第四章　培养和培训

第十八条 各级人民政府和有关部门应当办好师范教育，并采取措施，鼓励优秀青年进入各级师范学校学习。各级教师进修学校承担培训中小学教师的任务。非师范学校应当承担培养和培训中小学教师的任务。各级师范学校学生享受专业奖学金。

第十九条 各级人民政府教育行政部门、学校主管部门和学校应当制定教师培训规划，对教师进行多种形式的思想政治、业务培训。

第二十条 国家机关、企业事业单位和其他社会组织应当为教师的社会调查和社会实践提供方便，给予协助。

第二十一条　各级人民政府应当采取措施，为少数民族地区和边远贫困地区培养、培训教师。

第五章　考　核

第二十二条　学校或者其他教育机构应当对教师的政治思想、业务水平、工作态度和工作成绩进行考核。教育行政部门对教师的考核工作进行指导、监督。

第二十三条　考核应当客观、公正、准确，充分听取教师本人、其他教师以及学生的意见。

第二十四条　教师考核结果是受聘任教、晋升工资、实施奖惩的依据。

第六章　待　遇

第二十五条　教师的平均工资水平应当不低于或者高于国家公务员的平均工资水平，并逐步提高。建立正常晋级增薪制度，具体办法由国务院规定。

第二十六条　中小学教师和职业学校教师享受教龄津贴和其他津贴，具体办法由国务院教育行政部门会同有关部门制定。

第二十七条　地方各级人民政府对教师以及具有中专以上学历的毕业生到少数民族地区和边远贫困地区从事教育教学工作的，应当予以补贴。

第二十八条　地方各级人民政府和国务院有关部门，对城市教师住房的建设、租赁、出售实行优先、优惠。县、乡两级人民政府应当为农村中小学教师解决住房提供方便。

第二十九条　教师的医疗同当地国家公务员享受同等的待遇；定期对教师进行身体健康检查，并因地制宜安排教师进行休养。医疗机构应当对当地教师的医疗提供方便。

第三十条　教师退休或者退职后，享受国家规定的退休或者退职待遇。县级以上地方人民政府可以适当提高长期从事教育教学工作的中小学退休教师的退休金比例。

第三十一条　各级人民政府应当采取措施，改善国家补助、集体支付工资的中小学教师的待遇，逐步做到在工资收入上与国家支付工资的教师同工同酬，具体办法由地方各级人民政府根据本地区的实际情况规定。

第三十二条　社会力量所办学校的教师的待遇，由举办者自行确定并予以保障。

第七章　奖　励

第三十三条　教师在教育教学、培养人才、科学研究、教学改革、学校建设、社会服务、勤工俭学等方面成绩优异的，由所在学校予以表彰、奖励。国务院和地方各级人民政府及其有关部门对有突出贡献的教师，应当予以表彰、奖励。对有重大贡献的教师，依照国家有关规定授予荣誉称号。

第三十四条　国家支持和鼓励社会组织或者个人向依法成立的奖励教师的基金组织捐助资金，对教师进行奖励。

第八章　法律责任

第三十五条　侮辱、殴打教师的，根据不同情况，分别给予行政处分或者行政处罚；造成损害的，责令赔偿损失；情节严重，构成犯罪的，依法追究刑事责任。

第三十六条　对依法提出申诉、控告、检举的教师进行打击报复的，由其所在单位或者上级机关责令改正；情节严重的，可以根据具体情况给予行政处分。国家工作人员对教师打击报复构成犯罪的，依照刑法第一百四十六条的规定追究刑事责任。

第三十七条 教师有下列情形之一的，由所在学校、其他教育机构或者教育行政部门给予行政处分或者解聘：

（一）故意不完成教育教学任务给教育教学工作造成损失的；

（二）体罚学生，经教育不改的；

（三）品行不良、侮辱学生，影响恶劣的。

教师有前款第（二）项、第（三）项所列情形之一，情节严重，构成犯罪的，依法追究刑事责任。

第三十八条 地方人民政府对违反本法规定，拖欠教师工资或者侵犯教师其他合法权益的，应当责令其限期改正。违反国家财政制度、财务制度，挪用国家财政用于教育的经费，严重妨碍教育教学工作，拖欠教师工资，损害教师合法权益的，由上级机关责令限期归还被挪用的经费，并对直接责任人员给予行政处分；情节严重，构成犯罪的，依法追究刑事责任。

第三十九条 教师对学校或者其他教育机构侵犯其合法权益的，或者对学校或者其他教育机构做出的处理不服的，可以向教育行政部门提出申诉，教育行政部门应当在接到申诉的三十日内，做出处理。教师认为当地人民政府有关行政部门侵犯其根据本法规定享有的权利的，可以向同级人民政府或者上一级人民政府有关部门提出申诉，同级人民政府或者上一级人民政府有关部门应当做出处理。

第九章 附 则

第四十条 本法下列用语的含义是：

（一）各级各类学校，是指实施学前教育、普通初等教育、普通中等教育、职业教育、普通高等教育以及特殊教育、成人教育的学校。

（二）其他教育机构，是指少年宫以及地方教研室、电化教育机构等。

（三）中小学教师，是指幼儿园、特殊教育机构、普通中小学、成人初等中等教育机构、职业中学以及其他教育机构的教师。

第四十一条 学校和其他教育机构中的教育教学辅助人员，其他类型的学校的教师和教育教学辅助人员，可以根据实际情况参照本法的有关规定执行。军队所属院校的教师和教育教学辅助人员，由中央军事委员会依照本法制定有关规定。

第四十二条 外籍教师的聘任办法由国务院教育行政部门规定。

第四节 中华人民共和国未成年人保护法

一、《未成年人保护法》地位和意义

《未成年人保护法》是我国第一部保护未成年人合法权益的专门法律，是为了保护未成年人的身心健康，保障未成年人的合法权益，促进未成年人在品德、智力、体质等方面全面发展，培养有理想、有道德、有文化、有纪律的社会主义建设者和接班人。《未成年人保护法》符合时代对法律完善的要求，对社会"弱势群体"——未成年人的保护，对整个社会发展具有极为重要的意义。

二、《未成年人保护法》应遵循的原则

（一）尊重未成年人的人格尊严

① 父母或者其他监护人禁止对未成年人实施家庭暴力，禁止虐待、遗弃未成年人，禁止溺婴和其他残害婴儿的行为，不得歧视女性未成年人或者有残疾的未成年人。父母或者其他监护人应当根据未成年人的年龄和智力发展状况，在做出与未成年人权益有关的决定时告知其本人，并听取他们的意见。

② 学校、幼儿园、托儿所的教职员工应当尊重未成年人的人格尊严，不得对未成年人实施体罚、变相体罚或者其他侮辱人格尊严的行为。

③ 全社会应当树立尊重、保护、教育未成年人的良好风尚，关心、爱护未成年人。任何组织或者个人不得披露未成年人的个人隐私。

④ 公安机关、人民检察院、人民法院办理未成年人犯罪案件和涉及未成年人权益保护案件，应当照顾未成年人身心发展特点，尊重他们的人格尊严，保障他们的合法权益，并根据需要设立专门机构或者指定专人办理。

（二）适应未成年人身心发展、品德、智力、体质的规律和特点

① 父母或者其他监护人应当关注未成年人的生理、心理状况和行为习惯，以健康的思想、良好的品行和适当的方法教育和影响未成年人，引导未成年人进行有益身心健康的活动。

② 学校应当根据未成年学生身心发展的特点，对他们进行社会生活指导、心理健康辅导和青春期教育。

③ 各级人民政府应当建立和改善适合未成年人文化生活需要的活动场所和设施，鼓励社会力量兴办适合未成年人的活动场所，并加强管理。

④ 未成年人的合法权益受到侵害，依法向人民法院提起诉讼的，人民法院应当依法及时审理，并适应未成年人生理、心理特点和健康成长的需要，保障未成年人的合法权益。

（三）教育与保护相结合

① 父母或者其他监护人应当学习家庭教育知识，正确履行监护职责，抚养教育未成年人。

② 学校应当尊重未成年学生受教育的权利，关心、爱护学生，对品行有缺点、学习有困难的学生，应当耐心教育、帮助，不得歧视，不得违反法律和国家规定开除未成年学生。

③ 各级人民政府应当保障未成年人受教育的权利，并采取措施保障家庭经济困难的、残疾的和流动人口中的未成年人等接受义务教育。各级人民政府应当建立和改善适合未成年人文化生活需要的活动场所和设施，鼓励社会力量兴办适合未成年人的活动场所，并加强管理。

④ 对违法犯罪的未成年人，实行教育、感化、挽救的方针，坚持教育为主、惩罚为辅的原则。在司法活动中对需要法律援助或者司法救助的未成年人，法律援助机构或者人民法院应当给予帮助，依法为其提供法律援助或者司法救助。

三、《未成年人保护法》四大保护内容

（一）家庭保护

① 履行监护人的监护职责。

② 对未成年人受教育权的保护。父母或者其他监护人对未成年人受教育权的保护主要体现在使适龄未成年人按照规定接受义务教育；不得使在校接受义务教育的未成年人辍学。

（二）学校保护

学校保护是指各级各类学校在其自身的职责范围内，依照法律法规的规定，对在校的未成年学生进行教育并对他们的身心健康和合法权益所实施的保护，主要表现在以下几方面：

① 学校对未成年人受教育权的保护。
② 教职员对未成年人人格尊严的尊重。
③ 学校对未成年学生人身安全、健康的保护，等等。

（三）社会保护

社会保护是指在社会生活环境中对未成年人实行的保护：未成年人不宜进入的场所不得允许未成年人进入；未成年人隐私权的保护；未成年人通信自由的保护，等等。

（四）司法保护

司法保护是指公安机关、人民检察院、人民法院及监狱、少年犯管教所等劳动改造执行机关，依法行使权力履行职责，对未成年人实施的专门保护活动。如：对违法犯罪的未成年人，实行教育、感化、挽救的方针，坚持教育为主，惩罚为辅的原则；办理未成年人犯罪案件过程中对未成年人的保护；对违法犯罪的未成年人依法从轻、减轻或免除处罚；对未成年人继承权和受抚养权的司法保护；等等。

四、《未成年人保护法》2012年修订的内容

（一）父母监护人不得使接受义务教育的未成年人辍学

全国人大常委会新修订的未成年人保护法规定，父母或者其他监护人应当尊重未成年人受教育的权利，必须使适龄未成年人依法入学接受并完成义务教育，不得使接受义务教育的未成年人辍学。对于在学校接受教育的有严重不良行为的未成年学生，法律规定：学校和父母或者其他监护人应当互相配合加以管教；无力管教或者管教无效的，可以按照有关规定将其送专门学校继续接受教育。对羁押、服刑的未成年人的受教育权，法律也给予了充分保障。法律明确规定，对羁押、服刑的未成年人没有完成义务教育的，应当对其进行义务教育。解除羁押、服刑期满的未成年人的复学、升学、就业不受歧视。

（二）向未成年人出售烟酒将被处罚

对经营者向未成年人出售烟酒做出了禁止性规定。

（三）我国立法禁止学校教职员工对未成年人变相体罚

学校、幼儿园、托儿所的教职工应当尊重未成年人的人格尊严，不得对未成年人实施体罚、变相体罚或者其他侮辱人格尊严的行为。

（四）中小学周边禁开歌厅网吧

中小学校园周边不得设置营业性歌舞娱乐场所、互联网上网服务营业场所等不适宜未成

年人活动的场所。

（五）学校和公共场所等发生突发事件应先救未成年人

学校、幼儿园、托儿所和公共场所发生突发事件时，应当优先救护未成年人。

附：《中华人民共和国未成年人保护法》（全文）

中华人民共和国未成年人保护法

（1991年9月4日第七届全国人民代表大会常务委员会第二十一次会议通过 2006年12月29日第十届全国人民代表大会常务委员会第二十五次会议第一次修订，根据2012年10月26日第十一届全国人民代表大会常务委员会第二十九次会议《全国人民代表大会常务委员会关于修改〈中华人民共和国未成年人保护法〉的决定》第二次修订，自2013年1月1日起施行。）

第一章 总 则

第一条 为了保护未成年人的身心健康，保障未成年人的合法权益，促进未成年人在品德、智力、体质等方面全面发展，培养有理想、有道德、有文化、有纪律的社会主义建设者和接班人，根据宪法，制定本法。

第二条 本法所称未成年人是指未满十八周岁的公民。

第三条 未成年人享有生存权、发展权、受保护权、参与权等权利，国家根据未成年人身心发展特点给予特殊、优先保护，保障未成年人的合法权益不受侵犯。

未成年人享有受教育权，国家、社会、学校和家庭尊重和保障未成年人的受教育权。

未成年人不分性别、民族、种族、家庭财产状况、宗教信仰等，依法平等地享有权利。

第四条 国家、社会、学校和家庭对未成年人进行理想教育、道德教育、文化教育、纪律和法制教育，进行爱国主义、集体主义和社会主义的教育，提倡爱祖国、爱人民、爱劳动、爱科学、爱社会主义的公德，反对资本主义的、封建主义的和其他的腐朽思想的侵蚀。

第五条 保护未成年人的工作，应当遵循下列原则：

（一）尊重未成年人的人格尊严；

（二）适应未成年人身心发展的规律和特点；

（三）教育与保护相结合。

第六条 保护未成年人，是国家机关、武装力量、政党、社会团体、企业事业组织、城乡基层群众性自治组织、未成年人的监护人和其他成年公民的共同责任。

对侵犯未成年人合法权益的行为，任何组织和个人都有权予以劝阻、制止或者向有关部门提出检举或者控告。

国家、社会、学校和家庭应当教育和帮助未成年人维护自己的合法权益，增强自我保护的意识和能力，增强社会责任感。

第七条 中央和地方各级国家机关应当在各自的职责范围内做好未成年人保护工作。

国务院和地方各级人民政府领导有关部门做好未成年人保护工作；将未成年人保护工作纳入国民经济和社会发展规划以及年度计划，相关经费纳入本级政府预算。

国务院和省、自治区、直辖市人民政府采取组织措施，协调有关部门做好未成年人保护工作。具体机构由国务院和省、自治区、直辖市人民政府规定。

第八条 共产主义青年团、妇女联合会、工会、青年联合会、学生联合会、少年先锋队以及其他有关社会团体，协助各级人民政府做好未成年人保护工作，维护未成年人的合法权益。

第九条 各级人民政府和有关部门对保护未成年人有显著成绩的组织和个人，给予表彰和奖励。

第二章 家 庭 保 护

第十条 父母或者其他监护人应当创造良好、和睦的家庭环境，依法履行对未成年人的监护职责和抚养义务。

禁止对未成年人实施家庭暴力，禁止虐待、遗弃未成年人，禁止溺婴和其他残害婴儿的行为，不得歧视女性未成年人或者有残疾的未成年人。

第十一条 父母或者其他监护人应当关注未成年人的生理、心理状况和行为习惯，以健康的思想、良好的品行和适当的方法教育和影响未成年人，引导未成年人进行有益身心健康的活动，预防和制止未成年人吸烟、酗酒、流浪、沉迷网络以及赌博、吸毒、卖淫等行为。

第十二条 父母或者其他监护人应当学习家庭教育知识，正确履行监护职责，抚养教育未成年人。

有关国家机关和社会组织应当为未成年人的父母或者其他监护人提供家庭教育指导。

第十三条 父母或者其他监护人应当尊重未成年人受教育的权利，必须使适龄未成年人依法入学接受并完成义务教育，不得使接受义务教育的未成年人辍学。

第十四条 父母或者其他监护人应当根据未成年人的年龄和智力发展状况，在做出与未成年人权益有关的决定时告知其本人，并听取他们的意见。

第十五条 父母或者其他监护人不得允许或者迫使未成年人结婚，不得为未成年人订立婚约。

第十六条 父母因外出务工或者其他原因不能履行对未成年人监护职责的，应当委托有监护能力的其他成年人代为监护。

第三章 学 校 保 护

第十七条 学校应当全面贯彻国家的教育方针，实施素质教育，提高教育质量，注重培养未成年学生独立思考能力、创新能力和实践能力，促进未成年学生全面发展。

第十八条 学校应当尊重未成年学生受教育的权利，关心、爱护学生，对品行有缺点、学习有困难的学生，应当耐心教育、帮助，不得歧视，不得违反法律和国家规定开除未成年学生。

第十九条 学校应当根据未成年学生身心发展的特点，对他们进行社会生活指导、心理健康辅导和青春期教育。

第二十条 学校应当与未成年学生的父母或者其他监护人互相配合，保证未成年学生的睡眠、娱乐和体育锻炼时间，不得加重其学习负担。

第二十一条 学校、幼儿园、托儿所的教职员工应当尊重未成年人的人格尊严，不得对未成年人实施体罚、变相体罚或者其他侮辱人格尊严的行为。

第二十二条 学校、幼儿园、托儿所应当建立安全制度，加强对未成年人的安全教育，采取措施保障未成年人的人身安全。

学校、幼儿园、托儿所不得在危及未成年人人身安全、健康的校舍和其他设施、场所中进行教育教学活动。

学校、幼儿园安排未成年人参加集会、文化娱乐、社会实践等集体活动，应当有利于未成年人的健康成长，防止发生人身安全事故。

第二十三条　教育行政等部门和学校、幼儿园、托儿所应当根据需要，制定应对各种灾害、传染性疾病、食物中毒、意外伤害等突发事件的预案，配备相应设施并进行必要的演练，增强未成年人的自我保护意识和能力。

第二十四条　学校对未成年学生在校内或者本校组织的校外活动中发生人身伤害事故的，应当及时救护，妥善处理，并及时向有关主管部门报告。

第二十五条　对于在学校接受教育的有严重不良行为的未成年学生，学校和父母或者其他监护人应当互相配合加以管教；无力管教或者管教无效的，可以按照有关规定将其送专门学校继续接受教育。

依法设置专门学校的地方人民政府应当保障专门学校的办学条件，教育行政部门应当加强对专门学校的管理和指导，有关部门应当给予协助和配合。

专门学校应当对在校就读的未成年学生进行思想教育、文化教育、纪律和法制教育、劳动技术教育和职业教育。

专门学校的教职员工应当关心、爱护、尊重学生，不得歧视、厌弃。

第二十六条　幼儿园应当做好保育、教育工作，促进幼儿在体质、智力、品德等方面和谐发展。

第四章　社会保护

第二十七条　全社会应当树立尊重、保护、教育未成年人的良好风尚，关心、爱护未成年人。

国家鼓励社会团体、企业事业组织以及其他组织和个人，开展多种形式的有利于未成年人健康成长的社会活动。

第二十八条　各级人民政府应当保障未成年人受教育的权利，并采取措施保障家庭经济困难的、残疾的和流动人口中的未成年人等接受义务教育。

第二十九条　各级人民政府应当建立和改善适合未成年人文化生活需要的活动场所和设施，鼓励社会力量兴办适合未成年人的活动场所，并加强管理。

第三十条　爱国主义教育基地、图书馆、青少年宫、儿童活动中心应当对未成年人免费开放；博物馆、纪念馆、科技馆、展览馆、美术馆、文化馆以及影剧院、体育场馆、动物园、公园等场所，应当按照有关规定对未成年人免费或者优惠开放。

第三十一条　县级以上人民政府及其教育行政部门应当采取措施，鼓励和支持中小学校在节假日期间将文化体育设施对未成年人免费或者优惠开放。

社区中的公益性互联网上网服务设施，应当对未成年人免费或者优惠开放，为未成年人提供安全、健康的上网服务。

第三十二条　国家鼓励新闻、出版、信息产业、广播、电影、电视、文艺等单位和作家、艺术家、科学家以及其他公民，创作或者提供有利于未成年人健康成长的作品。出版、制作和传播专门以未成年人为对象的内容健康的图书、报刊、音像制品、电子出版物以及网络信息等，国家给予扶持。

国家鼓励科研机构和科技团体对未成年人开展科学知识普及活动。

第三十三条 国家采取措施，预防未成年人沉迷网络。

国家鼓励研究开发有利于未成年人健康成长的网络产品，推广用于阻止未成年人沉迷网络的新技术。

第三十四条 禁止任何组织、个人制作或者向未成年人出售、出租或者以其他方式传播淫秽、暴力、凶杀、恐怖、赌博等毒害未成年人的图书、报刊、音像制品、电子出版物以及网络信息等。

第三十五条 生产、销售用于未成年人的食品、药品、玩具、用具和游乐设施等，应当符合国家标准或者行业标准，不得有害于未成年人的安全和健康；需要标明注意事项的，应当在显著位置标明。

第三十六条 中小学校园周边不得设置营业性歌舞娱乐场所、互联网上网服务营业场所等不适宜未成年人活动的场所。

营业性歌舞娱乐场所、互联网上网服务营业场所等不适宜未成年人活动的场所，不得允许未成年人进入，经营者应当在显著位置设置未成年人禁入标志；对难以判明是否已成年的，应当要求其出示身份证件。

第三十七条 禁止向未成年人出售烟酒，经营者应当在显著位置设置不向未成年人出售烟酒的标志；对难以判明是否已成年的，应当要求其出示身份证件。

任何人不得在中小学校、幼儿园、托儿所的教室、寝室、活动室和其他未成年人集中活动的场所吸烟、饮酒。

第三十八条 任何组织或者个人不得招用未满十六周岁的未成年人，国家另有规定的除外。

任何组织或者个人按照国家有关规定招用已满十六周岁未满十八周岁的未成年人的，应当执行国家在工种、劳动时间、劳动强度和保护措施等方面的规定，不得安排其从事过重、有毒、有害等危害未成年人身心健康的劳动或者危险作业。

第三十九条 任何组织或者个人不得披露未成年人的个人隐私。

对未成年人的信件、日记、电子邮件，任何组织或者个人不得隐匿、毁弃；除因追查犯罪的需要，由公安机关或者人民检察院依法进行检查，或者对无行为能力的未成年人的信件、日记、电子邮件由其父母或者其他监护人代为开拆、查阅外，任何组织或者个人不得开拆、查阅。

第四十条 学校、幼儿园、托儿所和公共场所发生突发事件时，应当优先救护未成年人。

第四十一条 禁止拐卖、绑架、虐待未成年人，禁止对未成年人实施性侵害。

禁止胁迫、诱骗、利用未成年人乞讨或者组织未成年人进行有害其身心健康的表演等活动。

第四十二条 公安机关应当采取有力措施，依法维护校园周边的治安和交通秩序，预防和制止侵害未成年人合法权益的违法犯罪行为。

任何组织或者个人不得扰乱教学秩序，不得侵占、破坏学校、幼儿园、托儿所的场地、房屋和设施。

第四十三条 县级以上人民政府及其民政部门应当根据需要设立救助场所，对流浪乞讨等生活无着未成年人实施救助,承担临时监护责任;公安部门或者其他有关部门应当护送流浪乞讨或者离家出走的未成年人到救助场所,由救助场所予以救助和妥善照顾,并及时通知其父母或者其他监护人领回。

对孤儿、无法查明其父母或者其他监护人的以及其他生活无着的未成年人,由民政部门设立的儿童福利机构收留抚养。

未成年人救助机构、儿童福利机构及其工作人员应当依法履行职责,不得虐待、歧视未成年人;不得在办理收留抚养工作中牟取利益。

第四十四条 卫生部门和学校应当对未成年人进行卫生保健和营养指导,提供必要的卫生保健条件,做好疾病预防工作。

卫生部门应当做好对儿童的预防接种工作,国家免疫规划项目的预防接种实行免费;积极防治儿童常见病、多发病,加强对传染病防治工作的监督管理,加强对幼儿园、托儿所卫生保健的业务指导和监督检查。

第四十五条 地方各级人民政府应当积极发展托幼事业,办好托儿所、幼儿园,支持社会组织和个人依法兴办哺乳室、托儿所、幼儿园。

各级人民政府和有关部门应当采取多种形式,培养和训练幼儿园、托儿所的保教人员,提高其职业道德素质和业务能力。

第四十六条 国家依法保护未成年人的智力成果和荣誉权不受侵犯。

第四十七条 未成年人已经完成规定年限的义务教育不再升学的,政府有关部门和社会团体、企业事业组织应当根据实际情况,对他们进行职业教育,为他们创造劳动就业条件。

第四十八条 居民委员会、村民委员会应当协助有关部门教育和挽救违法犯罪的未成年人,预防和制止侵害未成年人合法权益的违法犯罪行为。

第四十九条 未成年人的合法权益受到侵害的,被侵害人及其监护人或者其他组织和个人有权向有关部门投诉,有关部门应当依法及时处理。

第五章 司法保护

第五十条 公安机关、人民检察院、人民法院以及司法行政部门,应当依法履行职责,在司法活动中保护未成年人的合法权益。

第五十一条 未成年人的合法权益受到侵害,依法向人民法院提起诉讼的,人民法院应当依法及时审理,并适应未成年人生理、心理特点和健康成长的需要,保障未成年人的合法权益。

在司法活动中对需要法律援助或者司法救助的未成年人,法律援助机构或者人民法院应当给予帮助,依法为其提供法律援助或者司法救助。

第五十二条 人民法院审理继承案件,应当依法保护未成年人的继承权和受遗赠权。

人民法院审理离婚案件,涉及未成年子女抚养问题的,应当听取有表达意愿能力的未成年子女的意见,根据保障子女权益的原则和双方具体情况依法处理。

第五十三条 父母或者其他监护人不履行监护职责或者侵害被监护的未成年人的合法权益,经教育不改的,人民法院可以根据有关人员或者有关单位的申请,撤销其监护人的资格,依法另行指定监护人。被撤销监护资格的父母应当依法继续负担抚养费用。

第五十四条 对违法犯罪的未成年人,实行教育、感化、挽救的方针,坚持教育为主、惩罚为辅的原则。

对违法犯罪的未成年人，应当依法从轻、减轻或者免除处罚。

第五十五条 公安机关、人民检察院、人民法院办理未成年人犯罪案件和涉及未成年人权益保护案件，应当照顾未成年人身心发展特点，尊重他们的人格尊严，保障他们的合法权益，并根据需要设立专门机构或者指定专人办理。

第五十六条 公安机关、人民检察院讯问未成年犯罪嫌疑人，询问未成年证人、被害人，应当通知监护人到场。

公安机关、人民检察院、人民法院办理未成年人遭受性侵害的刑事案件，应当保护被害人的名誉。

第五十七条 对羁押、服刑的未成年人，应当与成年人分别关押。

羁押、服刑的未成年人没有完成义务教育的，应当对其进行义务教育。

解除羁押、服刑期满的未成年人的复学、升学、就业不受歧视。

第五十八条 对未成年犯罪案件，新闻报道、影视节目、公开出版物、网络等不得披露该未成年人的姓名、住所、照片、图像以及可能推断出该未成年人的资料。

第五十九条 对未成年人严重不良行为的矫治与犯罪行为的预防，依照预防未成年人犯罪法的规定执行。

第六章 法律责任

第六十条 违反本法规定，侵害未成年人的合法权益，其他法律、法规已规定行政处罚的，从其规定；造成人身财产损失或者其他损害的，依法承担民事责任；构成犯罪的，依法追究刑事责任。

第六十一条 国家机关及其工作人员不依法履行保护未成年人合法权益的责任，或者侵害未成年人合法权益，或者对提出申诉、控告、检举的人进行打击报复的，由其所在单位或者上级机关责令改正，对直接负责的主管人员和其他直接责任人员依法给予行政处分。

第六十二条 父母或者其他监护人不依法履行监护职责，或者侵害未成年人合法权益的，由其所在单位或者居民委员会、村民委员会予以劝诫、制止；构成违反治安管理行为的，由公安机关依法给予行政处罚。

第六十三条 学校、幼儿园、托儿所侵害未成年人合法权益的，由教育行政部门或者其他有关部门责令改正；情节严重的，对直接负责的主管人员和其他直接责任人员依法给予处分。

学校、幼儿园、托儿所教职员工对未成年人实施体罚、变相体罚或者其他侮辱人格行为的，由其所在单位或者上级机关责令改正；情节严重的，依法给予处分。

第六十四条 制作或者向未成年人出售、出租或者以其他方式传播淫秽、暴力、凶杀、恐怖、赌博等图书、报刊、音像制品、电子出版物以及网络信息等的，由主管部门责令改正，依法给予行政处罚。

第六十五条 生产、销售用于未成年人的食品、药品、玩具、用具和游乐设施不符合国家标准或者行业标准，或者没有在显著位置标明注意事项的，由主管部门责令改正，依法给予行政处罚。

第六十六条 在中小学校园周边设置营业性歌舞娱乐场所、互联网上网服务营业场所等不适宜未成年人活动的场所的，由主管部门予以关闭，依法给予行政处罚。

营业性歌舞娱乐场所、互联网上网服务营业场所等不适宜未成年人活动的场所允许未成年人进入，或者没有在显著位置设置未成年人禁入标志的，由主管部门责令改正，依法给予行政处罚。

第六十七条　向未成年人出售烟酒，或者没有在显著位置设置不向未成年人出售烟酒标志的，由主管部门责令改正，依法给予行政处罚。

第六十八条　非法招用未满十六周岁的未成年人，或者招用已满十六周岁的未成年人从事过重、有毒、有害等危害未成年人身心健康的劳动或者危险作业的，由劳动保障部门责令改正，处以罚款；情节严重的，由工商行政管理部门吊销营业执照。

第六十九条　侵犯未成年人隐私，构成违反治安管理行为的，由公安机关依法给予行政处罚。

第七十条　未成年人救助机构、儿童福利机构及其工作人员不依法履行对未成年人的救助保护职责，或者虐待、歧视未成年人，或者在办理收留抚养工作中牟取利益的，由主管部门责令改正，依法给予行政处分。

第七十一条　胁迫、诱骗、利用未成年人乞讨或者组织未成年人进行有害其身心健康的表演等活动的，由公安机关依法给予行政处罚。

第七章　附　　则

第七十二条　本法自 2007 年 6 月 1 日起施行。

第五节　学生伤害事故处理办法

《学生伤害事故处理办法》（以下简称《办法》）自 2002 年 9 月 1 日起实施，2010 年 12 月 13 日，根据《教育部关于修改和废止部分规章的决定》对第八条内容进行了修正。

一、《学生伤害事故处理办法》颁布的目的、意义

《办法》第一条明确了立法的目的："为积极预防、妥善处理在校学生伤害事故，保护学生、学校的合法权益，根据《教育法》《未成年人保护法》和其他相关法律、行政法规及有关规定，制定本办法。"

它是我国第一部处理在校学生伤害事故的全国性教育规章。《办法》共分为：总则、事故与责任、事故处理程序、事故损害的赔偿、事故责任者的处理以及附则等 6 章 40 条。主要目的在于指导和帮助教育行政部门、各级各类学校积极预防、妥善处理学生伤害事故。该规章的出台弥补了我国教育立法在处理学生伤害事故专项规章上的空白，为积极预防、妥善处理在校学生伤害事故，保护学生、学校的合法权益提供了重要的依据。

我国的大、中、小学共有两亿多名在校学生，是一个相当庞大的社会群体，保障在校学生的人身安全是维护学生的合法权益，保障学校教育教学正常秩序的重要方面，长期以来一直受到学校、教育部门和社会各界的关注。近年来，教育部已经相继颁布了十多项有关学校安全工作的政策、规定，此次出台的《学生伤害事故处理办法》是推动教育领域的法制建设，构建有关学校安全的法律、制度框架的重要组成部分。

二、《学生伤害事故处理办法》的适用范围

学生伤害事故是指在学校实施的教育教学活动或者学校组织的校外活动中，以及在学校

负有管理责任的校舍、场地、其他教育教学设施、生活设施内发生的，造成在校学生人身损害后果的事故。

在法律实践中，要分清楚具体事故是否属于《办法》的适用范围，学校对适用此办法的行为应负什么责任，当出现法条竞合的情况时，要根据特别法优于一般法的原则进行处理，同时还要参照《民法》中关于学生伤害处理的规定。

本办法所称学校，是指国家或者社会力量举办的全日制的中小学（含特殊教育学校）、各类中等职业学校、高等学校。本办法所称学生是指在上述学校中全日制就读的受教育者。幼儿园发生的幼儿伤害事故，应当根据幼儿为完全无行为能力人的特点，参照本办法处理。其他教育机构发生的学生伤害事故，参照本办法处理。

三、《学生伤害事故处理办法》中主要的法律关系和法律责任

（一）未成年人的监护主体

《办法》第一章第七条明确规定："学校对未成年学生不承担监护责任，但法律有规定的或者学校依法接受委托承担相应监护职责的情形除外。"《办法》明确了学校与未成年学生在监护问题上的基本法律关系，为确定事故的归责原则、赔偿原则等重要问题提供了重要的依据。

（二）学生伤害事故的适用法律

《办法》第八条规定：发生学生伤害事故，造成学生人身损害的，学校应当按照《中华人民共和国侵权责任法》及相关法律、法规的规定，承担相应的事故责任。

（三）发生学生伤害事故，学校应当依法承担相应责任的情形

① 学校的校舍、场地、其他公共设施，以及学校提供给学生使用的学具，教育教学和生活设施、设备不符合国家规定的标准，或者有明显不安全因素的。

② 学校的安全保卫、消防、设施设备管理等安全管理制度有明显疏漏，或者管理混乱，存在重大安全隐患，而未及时采取措施的。

③ 学校向学生提供的药品、食品、饮用水等不符合国家或者行业的有关标准、要求的。

④ 学校组织学生参加教育教学活动或者校外活动，未对学生进行相应的安全教育，并未在可预见的范围内采取必要的安全措施的。

⑤ 学校知道教师或者其他工作人员患有不适宜担任教育教学工作的疾病，但未采取必要措施的。

⑥ 学校违反有关规定，组织或者安排未成年学生从事不宜未成年人参加的劳动、体育运动或者其他活动的。

⑦ 学生有特异体质或者特定疾病，不宜参加某种教育教学活动，学校知道或者应当知道，但未予以必要的注意的。

⑧ 学生在校期间突发疾病或者受到伤害，学校发现，但未根据实际情况及时采取相应措施，导致不良后果加重的。

⑨ 学校教师或者其他工作人员体罚或者变相体罚学生，或者在履行职责过程中违反工作要求、操作规程、职业道德或者其他有关规定的。

⑩ 学校教师或者其他工作人员在负有组织、管理未成年学生的职责期间，发现学生行为具有危险性，但未进行必要的管理、告诫或者制止的。

⑪ 对未成年学生擅自离校等与学生人身安全直接相关的信息，学校发现或者知道，但未及时告知未成年学生的监护人，导致未成年学生因脱离监护人的保护而发生伤害的。

⑫ 学校有未依法履行职责的其他情形的。

（四）发生学生伤害事故，学生或者未成年学生监护人应当依法承担相应责任的情形

学生或者未成年学生监护人由于过错，有下列情形之一，造成学生伤害事故，应当依法承担相应的责任：

① 学生违反法律法规的规定，违反社会公共行为准则、学校的规章制度或者纪律，实施按其年龄和认知能力应当知道具有危险或者可能危及他人的行为的。

② 学生行为具有危险性，学校、教师已经告诫、纠正，但学生不听劝阻、拒不改正的。

③ 学生或者其监护人知道学生有特异体质，或者患有特定疾病，但未告知学校的。

④ 未成年学生的身体状况、行为、情绪等有异常情况，监护人知道或者已被学校告知，但未履行相应监护职责的。

⑤ 学生或者未成年学生监护人有其他过错的。

（五）在学校管理职责范围以外发生的，学校不承担事故责任的情形

学校安排学生参加活动，因提供场地、设备、交通工具、食品及其他消费与服务的经营者，或者学校以外的活动组织者的过错造成的学生伤害事故，有过错的当事人应当依法承担相应的责任。

（六）由意外因素导致的，学校不承担责任的情形

因下列情形之一造成的学生伤害事故，学校已履行了相应职责，行为并无不当的，无法律责任：

① 地震、雷击、台风、洪水等不可抗的，自然因素造成的。

② 来自学校外部的突发性、偶发性侵害造成的。

③ 学生有特异体质、特定疾病或者异常心理状态，学校不知道或者难于知道的。

④ 学生自杀、自伤的。

⑤ 在对抗性或者具有风险性的体育竞赛活动中发生意外伤害的。

⑥ 其他意外因素造成的。

（七）其他学校不承担事故责任的情形

① 在学生自行上学、放学、返校、离校途中发生的。

② 在学生自行外出或者擅自离校期间发生的。

③ 在放学后、节假日或者假期等学校工作时间以外，学生自行滞留学校或者自行到校发生的。

④ 其他在学校管理职责范围外发生的。

（八）学生伤害事故由学校教师或者其他工作人员承担的情形

因学校教师或者其他工作人员与其职务无关的个人行为，或者因学生、教师及其他个人

故意实施的违法犯罪行为,造成学生人身损害的,由致害人依法承担相应的责任。

附:《学生伤害事故处理办法》(全文)

学生伤害事故处理办法

第一章 总 则

第一条 为积极预防、妥善处理在校学生伤害事故,保护学生、学校的合法权益,根据《中华人民共和国教育法》《中华人民共和国未成年人保护法》和其他相关法律、行政法规及有关规定,制定本办法。

第二条 在学校实施的教育教学活动或者学校组织的校外活动中,以及在学校负有管理责任的校舍、场地、其他教育教学设施、生活设施内发生的,造成在校学生人身损害后果的事故的处理,适用本办法。

第三条 学生伤害事故应当遵循依法、客观公正、合理适当的原则,及时、妥善地处理。

第四条 学校的举办者应当提供符合安全标准的校舍、场地、其他教育教学设施和生活设施。

教育行政部门应当加强学校安全工作,指导学校落实预防学生伤害事故的措施,指导、协助学校妥善处理学生伤害事故,维护学校正常的教育教学秩序。

第五条 学校应当对在校学生进行必要的安全教育和自护自救教育;应当按照规定,建立健全安全制度,采取相应的管理措施,预防和消除教育教学环境中存在的安全隐患;当发生伤害事故时,应当及时采取措施救助受伤害学生。

学校对学生进行安全教育、管理和保护,应当针对学生年龄、认知能力和法律行为能力的不同,采用相应的内容和预防措施。

第六条 学生应当遵守学校的规章制度和纪律;在不同的受教育阶段,应当根据自身的年龄、认知能力和法律行为能力,避免和消除相应的危险。

第七条 未成年学生的父母或者其他监护人(以下称为"监护人")应当依法履行监护职责,配合学校对学生进行安全教育、管理和保护工作。

学校对未成年学生不承担监护职责,但法律有规定的或者学校依法接受委托承担相应监护职责的情形除外。

第二章 事故与责任

第八条 发生学生伤害事故,造成学生人身损害的,学校应当按照《中华人民共和国侵权责任法》及相关法律、法规的规定,承担相应的事故责任。

第九条 因下列情形之一造成的学生伤害事故,学校应当依法承担相应的责任:

(一)学校的校舍、场地、其他公共设施,以及学校提供给学生使用的学具、教育教学和生活设施、设备不符合国家规定的标准,或者有明显不安全因素的;

(二)学校的安全保卫、消防、设施设备管理等安全管理制度有明显疏漏,或者管理混乱,存在重大安全隐患,而未及时采取措施的;

(三)学校向学生提供的药品、食品、饮用水等不符合国家或者行业的有关标准、要求的;

（四）学校组织学生参加教育教学活动或者校外活动，未对学生进行相应的安全教育，并未在可预见的范围内采取必要的安全措施的；

（五）学校知道教师或者其他工作人员患有不适宜担任教育教学工作的疾病，但未采取必要措施的；

（六）学校违反有关规定，组织或者安排未成年学生从事不宜未成年人参加的劳动、体育运动或者其他活动的；

（七）学生有特异体质或者特定疾病，不宜参加某种教育教学活动，学校知道或者应当知道，但未予以必要的注意的；

（八）学生在校期间突发疾病或者受到伤害，学校发现，但未根据实际情况及时采取相应措施，导致不良后果加重的；

（九）学校教师或者其他工作人员体罚或者变相体罚学生，或者在履行职责过程中违反工作要求、操作规程、职业道德或者其他有关规定的；

（十）学校教师或者其他工作人员在负有组织、管理未成年学生的职责期间，发现学生行为具有危险性，但未进行必要的管理、告诫或者制止的；

（十一）对未成年学生擅自离校等与学生人身安全直接相关的信息，学校发现或者知道，但未及时告知未成年学生的监护人，导致未成年学生因脱离监护人的保护而发生伤害的；

（十二）学校有未依法履行职责的其他情形的。

第十条　学生或者未成年学生监护人由于过错，有下列情形之一，造成学生伤害事故，应当依法承担相应的责任：

（一）学生违反法律法规的规定，违反社会公共行为准则、学校的规章制度或者纪律，实施按其年龄和认知能力应当知道具有危险或者可能危及他人的行为的；

（二）学生行为具有危险性，学校、教师已经告诫、纠正，但学生不听劝阻、拒不改正的；

（三）学生或者其监护人知道学生有特异体质，或者患有特定疾病，但未告知学校的；

（四）未成年学生的身体状况、行为、情绪等有异常情况，监护人知道或者已被学校告知，但未履行相应监护职责的；

（五）学生或者未成年学生监护人有其他过错的。

第十一条　学校安排学生参加活动，因提供场地、设备、交通工具、食品及其他消费与服务的经营者，或者学校以外的活动组织者的过错造成的学生伤害事故，有过错的当事人应当依法承担相应的责任。

第十二条　因下列情形之一造成的学生伤害事故，学校已履行了相应职责，行为并无不当的，无法律责任：

（一）地震、雷击、台风、洪水等不可抗的，自然因素造成的；

（二）来自学校外部的突发性、偶发性侵害造成的；

（三）学生有特异体质、特定疾病或者异常心理状态，学校不知道或者难于知道的；

（四）学生自杀、自伤的；

（五）在对抗性或者具有风险性的体育竞赛活动中发生意外伤害的；

（六）其他意外因素造成的。

第十三条　下列情形下发生的造成学生人身损害后果的事故，学校行为并无不当的，不承担事故责任；事故责任应当按有关法律法规或者其他有关规定认定：

（一）在学生自行上学、放学、返校、离校途中发生的；

（二）在学生自行外出或者擅自离校期间发生的；

（三）在放学后、节假日或者假期等学校工作时间以外，学生自行滞留学校或者自行到校发生的；

（四）其他在学校管理职责范围外发生的。

第十四条　因学校教师或者其他工作人员与其职务无关的个人行为，或者因学生、教师及其他个人故意实施的违法犯罪行为，造成学生人身损害的，由致害人依法承担相应的责任。

第三章　事故处理程序

第十五条　发生学生伤害事故，学校应当及时救助受伤害学生，并应当及时告知未成年学生的监护人；有条件的，应当采取紧急救援等方式救助。

第十六条　发生学生伤害事故，情形严重的，学校应当及时向主管教育行政部门及有关部门报告；属于重大伤亡事故的，教育行政部门应当按照有关规定及时向同级人民政府和上一级教育行政部门报告。

第十七条　学校的主管教育行政部门应学校要求或者认为必要，可以指导、协助学校进行事故的处理工作，尽快恢复学校正常的教育教学秩序。

第十八条　发生学生伤害事故，学校与受伤害学生或者学生家长可以通过协商方式解决；双方自愿，可以书面请求主管教育行政部门进行调解。成年学生或者未成年学生的监护人也可以依法直接提起诉讼。

第十九条　教育行政部门收到调解申请，认为必要的，可以指定专门人员进行调解，并应当在受理申请之日起60日内完成调解。

第二十条　经教育行政部门调解，双方就事故处理达成一致意见的，应当在调解人员的见证下签订调解协议，结束调解；在调解期限内，双方不能达成一致意见，或者调解过程中一方提起诉讼，人民法院已经受理的，应当终止调解。调解结束或者终止，教育行政部门应当书面通知当事人。

第二十一条　对经调解达成的协议，一方当事人不履行或者反悔的，双方可以依法提起诉讼。

第二十二条　事故处理结束，学校应当将事故处理结果书面报告主管的教育行政部门；重大伤亡事故的处理结果，学校主管的教育行政部门应当向同级人民政府和上一级教育行政部门报告。

第四章　事故损害的赔偿

第二十三条　对发生学生伤害事故负有责任的组织或者个人，应当按照法律法规的有关规定，承担相应的损害赔偿责任。

第二十四条　学生伤害事故赔偿的范围与标准，按照有关行政法规、地方性法规或者最高人民法院司法解释中的有关规定确定。

教育行政部门进行调解时，认为学校有责任的，可以依照有关法律法规及国家有关规定，提出相应的调解方案。

第二十五条　对受伤害学生的伤残程度存在争议的，可以委托当地具有相应鉴定资格的医院或者有关机构，依据国家规定的人体伤残标准进行鉴定。

第二十六条　学校对学生伤害事故负有责任的，根据责任的大小，适当予以经济赔偿，但不承担解决户口、住房、就业等与救助受伤害学生、赔偿相应经济损失无直接关系的其他事项。

学校无责任的，如果有条件，可以根据实际情况，本着自愿和可能的原则，对受伤害学生给予适当的帮助。

第二十七条　因学校教师或者其他工作人员在履行职务中的故意或者重大过失造成的学生伤害事故，学校予以赔偿后，可以向有关责任人员追偿。

第二十八条　未成年学生对学生伤害事故负有责任的，由其监护人依法承担相应的赔偿责任。

学生的行为侵害学校教师及其他工作人员以及其他组织、个人的合法权益，造成损失的，成年学生或者未成年学生的监护人应当依法予以赔偿。

第二十九条　根据双方达成的协议、经调解形成的协议或者人民法院的生效判决，应当由学校负担的赔偿金，学校应当负责筹措；学校无力完全筹措的，由学校的主管部门或者举办者协助筹措。

第三十条　县级以上人民政府教育行政部门或者学校举办者有条件的，可以通过设立学生伤害赔偿准备金等多种形式，依法筹措伤害赔偿金。

第三十一条　学校有条件的，应当依据保险法的有关规定，参加学校责任保险。

教育行政部门可以根据实际情况，鼓励中小学参加学校责任保险。

提倡学生自愿参加意外伤害保险。在尊重学生意愿的前提下，学校可以为学生参加意外伤害保险创造便利条件，但不得从中收取任何费用。

第五章　事故责任者的处理

第三十二条　发生学生伤害事故，学校负有责任且情节严重的，教育行政部门应当根据有关规定，对学校的直接负责的主管人员和其他直接责任人员，分别给予相应的行政处分；有关责任人的行为触犯刑律的，应当移送司法机关依法追究刑事责任。

第三十三条　学校管理混乱，存在重大安全隐患的，主管的教育行政部门或者其他有关部门应当责令其限期整顿；对情节严重或者拒不改正的，应当依据法律法规的有关规定，给予相应的行政处罚。

第三十四条　教育行政部门未履行相应职责，对学生伤害事故的发生负有责任的，由有关部门对直接负责的主管人员和其他直接责任人员分别给予相应的行政处分；有关责任人的行为触犯刑律的，应当移送司法机关依法追究刑事责任。

第三十五条　违反学校纪律，对造成学生伤害事故负有责任的学生，学校可以给予相应的处分；触犯刑律的，由司法机关依法追究刑事责任。

第三十六条　受伤害学生的监护人、亲属或者其他有关人员，在事故处理过程中无理取闹，扰乱学校正常教育教学秩序，或者侵犯学校、学校教师或者其他工作人员的合法权益的，学校应当报告公安机关依法处理；造成损失的，可以依法要求赔偿。

第六章　附　　则

第三十七条　本办法所称学校，是指国家或者社会力量举办的全日制的中小学（含特殊教育学校）、各类中等职业学校、高等学校。本办法所称学生是指在上述学校中全日制就读的受教育者。

第三十八条　幼儿园发生的幼儿伤害事故，应当根据幼儿为完全无行为能力人的特点，参照本办法处理。

第三十九条　其他教育机构发生的学生伤害事故，参照本办法处理。

在学校注册的其他受教育者在学校管理范围内发生的伤害事故，参照本办法处理。

第四十条　本办法自 2002 年 9 月 1 日起实施，原国家教委、教育部颁布的与学生人身安全事故处理有关的规定，与本办法不符的，以本办法为准。

在本办法实施之前已处理完毕的学生伤害事故不再重新处理。

第六节　幼儿园工作规程

一、《幼儿园工作规程》概述

（一）《幼儿园工作规程》地位、作用

1996 年 3 月 9 日由原国家教育委员会令第 25 号发布的《幼儿园工作规程》（以下简称《规程》）是我国第一部规范幼儿园内部管理的规章，也是基础教育领域比较早的一部管理规章，下发 20 多年来对加强各级各类幼儿园的规范管理发挥了重要作用。

（二）《幼儿园工作规程》修订背景、意义

随着经济社会的发展，学前教育改革发展的大环境发生了巨大变化，特别是《教育规划纲要》颁布后，学前教育事业规模不断扩大，普及程度大幅提高，全国幼儿园数量已从 2009 年的 13.8 万所，增加到 2014 年的 21 万所，全国学前三年毛入园率达到了 70.5%。在推进学前教育基本普及的新形势下，修订《规程》具有重要的现实意义。新《幼儿园工作规程》已经于 2015 年 12 月 14 日第 48 次部长办公会议审议通过，自 2016 年 3 月 1 日起施行。

1. 修订《规程》是新形势下加强学前教育规范管理的需要

《规程》是基于当时幼儿园主要由企事业单位、部队、街道和农村集体举办，幼儿园的人、财、物管理由举办单位负责，教育部门主要是提供业务指导的实际而制定的。随着经济体制的改革和市场经济的推进，幼儿园的办园体制已从过去单一的以公办为主转为多元化办园的格局，民办幼儿园数量激增，占比已超过幼儿园总数的 2/3。教育部门对幼儿园的规范管理已从计划经济条件下的业务指导转向办园资质审批和全面监管，需要不断完善管理制度，强化制度管理。

2. 修订《规程》是推进幼儿园管理规范化和科学化的需要

我国在学前教育方面欠账较多，导致学前教育不能满足人民群众日益增长的教育需求。目前一些幼儿园在办园条件、安全卫生、教育教学、教职工管理等方面还存在很多不规范的行为，亟待通过健全规章制度，加强规范管理，引导幼儿园依法依规办园。

3. 修订《规程》是落实依法治教的需要

随着新时期我国人口政策和教育政策的不断调整，《规程》作为一部重要的学前教育规章，需要根据新形势、新要求进行修订和调整，来体现时代对法律法规变革的要求，促进学前教育健康可持续发展。

二、幼儿园教育的性质、任务、主要目标

（一）幼儿园教育的性质

《幼儿园工作规程》第二条指出：幼儿园是对 3 周岁以上学龄前幼儿实施保育和教育的机构，是基础教育的有机组成部分，是学校教育的基础阶段。

（二）幼儿园教育的任务

《幼儿园工作规程》第三条指出，幼儿园的任务是：贯彻国家的教育方针，按照保育与教育相结合的原则，遵循幼儿身心发展特点和规律，实施德、智、体、美等方面全面发展的教育，促进幼儿身心和谐发展。

幼儿园同时面向幼儿家长提供科学育儿指导。（2015 年修订内容）

（三）幼儿园保育和教育的主要目标

《幼儿园工作规程》第五条指出幼儿园保育和教育的主要目标：

① 促进幼儿身体正常发育和机能的协调发展，增强体质，促进心理健康，培养良好的生活习惯、卫生习惯和参加体育活动的兴趣。

② 发展幼儿智力，培养正确运用感官和运用语言交往的基本能力，增进对环境的认识，培养有益的兴趣和求知欲望，培养初步的动手探究能力。

③ 萌发幼儿爱祖国、爱家乡、爱集体、爱劳动、爱科学的情感，培养诚实、自信、友爱、勇敢、勤学、好问、爱护公物、克服困难、讲礼貌、守纪律等良好的品德行为和习惯，以及活泼开朗的性格。

④ 培养幼儿初步感受美和表现美的情趣和能力。

三、幼儿园的招生和编班

幼儿园每年秋季招生。平时如有缺额，可随时补招。

幼儿园对烈士子女、家中无人照顾的残疾人子女、孤儿、家庭经济困难幼儿、具有接受普通教育能力的残疾儿童等入园，按照国家和地方的有关规定予以照顾。

企业、事业单位和机关、团体、部队设置的幼儿园，除招收本单位工作人员的子女外，应当积极创造条件向社会开放，招收附近居民子女入园。

幼儿入园前，应当按照卫生部门制定的卫生保健制度进行健康检查，合格者方可入园。幼儿入园除进行健康检查外，禁止任何形式的考试或测查。

幼儿园规模应当有利于幼儿身心健康，便于管理，一般不超过 360 人。幼儿园每班幼儿人数一般为：小班（3 周岁至 4 周岁）25 人，中班（4 周岁至 5 周岁）30 人，大班（5 周岁至 6 周岁）35 人，混合班 30 人。寄宿制幼儿园每班幼儿人数酌减。幼儿园可以按年龄分别编班，也可以混合编班。

四、幼儿园的安全和卫生保健

（一）幼儿园卫生保健工作的任务

《规程》指出：保护幼儿的生命健康，促进其生长发育，增强其体质，为幼儿全面发展

奠定良好的基础是幼儿园卫生保健工作的任务。幼儿园卫生保健工作必须与教育相结合，培养幼儿保持和增进健康的初步能力，养成健康生活和安全生活必需的习惯与态度。

（二）卫生保健工作的内容

1. 创设良好的生活环境

幼儿园应根据各地实际和园所条件，因地制宜地为幼儿创设良好的室内外环境，使园舍、场地、设施等符合安全、卫生和教育的要求，创设净化、绿化、美化和儿童化的环境。

2. 建立科学的生活制度

教育行政部门和卫生部门应根据幼儿年龄特点，同时考虑幼儿在园时间的长短和季节特征等因素，制定适宜的生活作息制度，合理地安排幼儿一日生活中各项活动的顺序和时间。

3. 提供营养膳食

幼儿园应根据儿童生长发育的需要，制定营养平衡的幼儿食谱，定期计算幼儿进食量和营养摄取量，进行烹调指导和监督等，保证幼儿获得生长发育和活动所必需的营养。

4. 健康检查防病

幼儿园要贯彻"预防为主"的卫生工作方针，建立预防接种制度、消毒制度、隔离制度、体格检查制度、环境和个人卫生等制度，完善各种防病措施，降低发病率，提高幼儿的免疫力，保护幼儿的生命和健康。

5. 开展体格锻炼

《规程》指出：幼儿园应注意有计划、有组织地开展经常性的体育锻炼，要保证每天不少于2小时的户外活动时间，并利用自然因素（如日光、空气、水）增强幼儿体质，减少发病率，增强其对外界环境变化的适应能力，增进健康。

五、幼儿保护规范

① 尊重幼儿，尊重他们的人格尊严，不得对幼儿实施体罚、变相体罚或者其他侮辱人格尊严的行为。

② 幼儿园不得使幼儿在危及人身安全、健康的校舍和其他教育教学设施中活动。

③ 幼儿园安排幼儿参加的社会、文化娱乐等集体活动，应当有利于他们的健康成长，防止发生人身安全事故。

④ 儿童食品、玩具、用具和游乐设施，不得有害于儿童的安全和健康。

⑤ 任何人不得在幼儿的活动室、寝室和集中活动的室内吸烟。

六、新《规程》的修订内容

（一）坚持立德树人

进一步强调幼儿园要坚持国家的教育方针，遵循幼儿身心发展特点和规律，实施德、智、体、美诸方面全面发展的教育，促进其身心和谐发展。

（二）强化安全管理

专设"幼儿园的安全"一章，明确要求幼儿园要建立健全设备设施、食品药品以及与幼儿活动相关的各项安全防护和检查制度，建立安全责任制和应急预案。在"幼儿园的卫生保健"一章中，对建立与幼儿身心健康相关的一系列卫生保健制度做了明确规定。

（三）规范办园行为

新修订的《规程》对幼儿园的学制、办园规模、经费、资产、信息等方面的管理提出了明确要求。

（四）注重与法律法规及有关政策的衔接

一方面是做好与现行法律政策规定的衔接，如：与《幼儿园教育指导纲要》《3～6岁儿童学习发展指南》在幼儿园的教育目标、内容、教育活动组织等方面进行衔接。另一方面《托儿所幼儿园卫生保健管理办法》对幼儿园卫生保健工作提出了很多新要求，《规程》与之做了相应衔接；同时根据新颁布的《反家庭暴力法》，增加了幼儿园应当进行反家庭暴力教育和发现家暴情况及时报案的规定。

（五）完善幼儿园内部管理机制

要求幼儿园进一步加强科学民主管理，强化了家长委员会的职能作用，家长委员会应参与幼儿园重要决策和事关幼儿切身利益事项的管理。

附：《幼儿园工作规程》（全文）

幼儿园工作规程

第一章 总 则

第一条 为了加强幼儿园的科学管理，规范办园行为，提高保育和教育质量，促进幼儿身心健康，依据《中华人民共和国教育法》等法律法规，制定本规程。

第二条 幼儿园是对3周岁以上学龄前幼儿实施保育和教育的机构。幼儿园教育是基础教育的重要组成部分，是学校教育制度的基础阶段。

第三条 幼儿园的任务是：贯彻国家的教育方针，按照保育与教育相结合的原则，遵循幼儿身心发展特点和规律，实施德、智、体、美等方面全面发展的教育，促进幼儿身心和谐发展。

幼儿园同时面向幼儿家长提供科学育儿指导。

第四条 幼儿园适龄幼儿一般为3周岁至6周岁。

幼儿园一般为三年制。

第五条 幼儿园保育和教育的主要目标是：

（一）促进幼儿身体正常发育和机能的协调发展，增强体质，促进心理健康，培养良好的生活习惯、卫生习惯和参加体育活动的兴趣。

（二）发展幼儿智力，培养正确运用感官和运用语言交往的基本能力，增进对环境的认识，培养有益的兴趣和求知欲望，培养初步的动手探究能力。

（三）萌发幼儿爱祖国、爱家乡、爱集体、爱劳动、爱科学的情感，培养诚实、自信、友爱、勇敢、勤学、好问、爱护公物、克服困难、讲礼貌、守纪律等良好的品德行为和习惯,以及活泼开朗的性格。

(四)培养幼儿初步感受美和表现美的情趣和能力。

第六条 幼儿园教职工应当尊重、爱护幼儿,严禁虐待、歧视、体罚和变相体罚、侮辱幼儿人格等损害幼儿身心健康的行为。

第七条 幼儿园可分为全日制、半日制、定时制、季节制和寄宿制等。上述形式可分别设置,也可混合设置。

第二章 幼儿入园和编班

第八条 幼儿园每年秋季招生。平时如有缺额,可随时补招。

幼儿园对烈士子女、家中无人照顾的残疾人子女、孤儿、家庭经济困难幼儿、具有接受普通教育能力的残疾儿童等入园,按照国家和地方的有关规定予以照顾。

第九条 企业、事业单位和机关、团体、部队设置的幼儿园,除招收本单位工作人员的子女外,应当积极创造条件向社会开放,招收附近居民子女入园。

第十条 幼儿入园前,应当按照卫生部门制定的卫生保健制度进行健康检查,合格者方可入园。

幼儿入园除进行健康检查外,禁止任何形式的考试或测查。

第十一条 幼儿园规模应当有利于幼儿身心健康,便于管理,一般不超过360人。

幼儿园每班幼儿人数一般为:小班(3周岁至4周岁)25人,中班(4周岁至5周岁)30人,大班(5周岁至6周岁)35人,混合班30人。寄宿制幼儿园每班幼儿人数酌减。

幼儿园可以按年龄分别编班,也可以混合编班。

第三章 幼儿园的安全

第十二条 幼儿园应当严格执行国家和地方幼儿园安全管理的相关规定,建立健全门卫、房屋、设备、消防、交通、食品、药物、幼儿接送交接、活动组织和幼儿就寝值守等安全防护和检查制度,建立安全责任制和应急预案。

第十三条 幼儿园的园舍应当符合国家和地方的建设标准,以及相关安全、卫生等方面的规范,定期检查维护,保障安全。幼儿园不得设置在污染区和危险区,不得使用危房。

幼儿园的设备设施、装修装饰材料、用品用具和玩教具材料等,应当符合国家相关的安全质量标准和环保要求。

入园幼儿应当由监护人或者其委托的成年人接送。

第十四条 幼儿园应当严格执行国家有关食品药品安全的法律法规,保障饮食饮水卫生安全。

第十五条 幼儿园教职工必须具有安全意识,掌握基本急救常识和防范、避险、逃生、自救的基本方法,在紧急情况下应当优先保护幼儿的人身安全。

幼儿园应当把安全教育融入一日生活,并定期组织开展多种形式的安全教育和事故预防演练。

幼儿园应当结合幼儿年龄特点和接受能力开展反家庭暴力教育,发现幼儿遭受或者疑似遭受家庭暴力的,应当依法及时向公安机关报案。

第十六条 幼儿园应当投保校方责任险。

第四章　幼儿园的卫生保健

第十七条　幼儿园必须切实做好幼儿生理和心理卫生保健工作。

幼儿园应当严格执行《托儿所幼儿园卫生保健管理办法》以及其他有关卫生保健的法规、规章和制度。

第十八条　幼儿园应当制定合理的幼儿一日生活作息制度。正餐间隔时间为3.5～4小时。在正常情况下，幼儿户外活动时间（包括户外体育活动时间）每天不得少于2小时，寄宿制幼儿园不得少于3小时；高寒、高温地区可酌情增减。

第十九条　幼儿园应当建立幼儿健康检查制度和幼儿健康卡或档案。每年体检一次，每半年测身高、视力一次，每季度量体重一次；注意幼儿口腔卫生，保护幼儿视力。

幼儿园对幼儿健康发展状况定期进行分析、评价，及时向家长反馈结果。

幼儿园应当关注幼儿心理健康，注重满足幼儿的发展需要，保持幼儿积极的情绪状态，让幼儿感受到尊重和接纳。

第二十条　幼儿园应当建立卫生消毒、晨检、午检制度和病儿隔离制度，配合卫生部门做好计划免疫工作。

幼儿园应当建立传染病预防和管理制度，制定突发传染病应急预案，认真做好疾病防控工作。

幼儿园应当建立患病幼儿用药的委托交接制度，未经监护人委托或者同意，幼儿园不得给幼儿用药。幼儿园应当妥善管理药品，保证幼儿用药安全。

幼儿园内禁止吸烟、饮酒。

第二十一条　供给膳食的幼儿园应当为幼儿提供安全卫生的食品，编制营养平衡的幼儿食谱，定期计算和分析幼儿的进食量和营养素摄取量，保证幼儿合理膳食。

幼儿园应当每周向家长公示幼儿食谱，并按照相关规定进行食品留样。

第二十二条　幼儿园应当配备必要的设备设施，及时为幼儿提供安全卫生的饮用水。

幼儿园应当培养幼儿良好的大小便习惯，不得限制幼儿便溺的次数、时间等。

第二十三条　幼儿园应当积极开展适合幼儿的体育活动，充分利用日光、空气、水等自然因素以及本地自然环境，有计划地锻炼幼儿肌体，增强身体的适应和抵抗能力。正常情况下，每日户外体育活动不得少于1小时。

幼儿园在开展体育活动时，应当对体弱或有残疾的幼儿予以特殊照顾。

第二十四条　幼儿园夏季要做好防暑降温工作，冬季要做好防寒保暖工作，防止中暑和冻伤。

第五章　幼儿园的教育

第二十五条　幼儿园教育应当贯彻以下原则和要求：

（一）德、智、体、美等方面的教育应当互相渗透，有机结合。

（二）遵循幼儿身心发展规律，符合幼儿年龄特点，注重个体差异，因人施教，引导幼儿个性健康发展。

（三）面向全体幼儿，热爱幼儿，坚持积极鼓励、启发引导的正面教育。

（四）综合组织健康、语言、社会、科学、艺术各领域的教育内容，渗透于幼儿一日生活的各项活动中，充分发挥各种教育手段的交互作用。

（五）以游戏为基本活动，寓教育于各项活动之中。

（六）创设与教育相适应的良好环境，为幼儿提供活动和表现能力的机会与条件。

第二十六条　幼儿一日活动的组织应当动静交替，注重幼儿的直接感知、实际操作和亲身体验，保证幼儿愉快的、有益的自由活动。

第二十七条　幼儿园日常生活组织，应当从实际出发，建立必要、合理的常规，坚持一贯性和灵活性相结合，培养幼儿的良好习惯和初步的生活自理能力。

第二十八条　幼儿园应当为幼儿提供丰富多样的教育活动。

教育活动内容应当根据教育目标、幼儿的实际水平和兴趣确定，以循序渐进为原则，有计划地选择和组织。

教育活动的组织应当灵活地运用集体、小组和个别活动等形式，为每个幼儿提供充分参与的机会，满足幼儿多方面发展的需要，促进每个幼儿在不同水平上得到发展。

教育活动的过程应注重支持幼儿的主动探索、操作实践、合作交流和表达表现，不应片面追求活动结果。

第二十九条　幼儿园应当将游戏作为对幼儿进行全面发展教育的重要形式。

幼儿园应当因地制宜创设游戏条件，提供丰富、适宜的游戏材料，保证充足的游戏时间，开展多种游戏。

幼儿园应当根据幼儿的年龄特点指导游戏，鼓励和支持幼儿根据自身兴趣、需要和经验水平，自主选择游戏内容、游戏材料和伙伴，使幼儿在游戏过程中获得积极的情绪情感，促进幼儿能力和个性的全面发展。

第三十条　幼儿园应当将环境作为重要的教育资源，合理利用室内外环境，创设开放的、多样的区域活动空间，提供适合幼儿年龄特点的丰富的玩具、操作材料和幼儿读物，支持幼儿自主选择和主动学习，激发幼儿学习的兴趣与探究的愿望。

幼儿园应当营造尊重、接纳和关爱的氛围，建立良好的同伴和师生关系。

幼儿园应当充分利用家庭和社区的有利条件，丰富和拓展幼儿园的教育资源。

第三十一条　幼儿园的品德教育应当以情感教育和培养良好行为习惯为主，注重潜移默化的影响，并贯穿于幼儿生活以及各项活动之中。

第三十二条　幼儿园应当充分尊重幼儿的个体差异，根据幼儿不同的心理发展水平，研究有效的活动形式和方法，注重培养幼儿良好的个性心理品质。

幼儿园应当为在园残疾儿童提供更多的帮助和指导。

第三十三条　幼儿园和小学应当密切联系，互相配合，注意两个阶段教育的相互衔接。

幼儿园不得提前教授小学教育内容，不得开展任何违背幼儿身心发展规律的活动。

第六章　幼儿园的园舍、设备

第三十四条　幼儿园应当按照国家的相关规定设活动室、寝室、卫生间、保健室、综合活动室、厨房和办公用房等，并达到相应的建设标准。有条件的幼儿园应当优先扩大幼儿游戏和活动空间。

寄宿制幼儿园应当增设隔离室、浴室和教职工值班室等。

第三十五条　幼儿园应当有与其规模相适应的户外活动场地，配备必要的游戏和体育活动设施，创造条件开辟沙地、水池、种植园地等，并根据幼儿活动的需要绿化、美化园地。

第三十六条　幼儿园应当配备适合幼儿特点的桌椅、玩具架、盥洗卫生用具，以及必要的玩教具、图书和乐器等。

玩教具应当具有教育意义并符合安全、卫生要求。幼儿园应当因地制宜，就地取材，自制玩教具。

第三十七条　幼儿园的建筑规划面积、建筑设计和功能要求，以及设施设备、玩教具配备，按照国家和地方的相关规定执行。

第七章　幼儿园的教职工

第三十八条　幼儿园按照国家相关规定设园长、副园长、教师、保育员、卫生保健人员、炊事员和其他工作人员等岗位，配足配齐教职工。

第三十九条　幼儿园教职工应当贯彻国家教育方针，具有良好品德，热爱教育事业，尊重和爱护幼儿，具有专业知识和技能以及相应的文化和专业素养，为人师表，忠于职责，身心健康。

幼儿园教职工患传染病期间暂停在幼儿园的工作。有犯罪、吸毒记录和精神病史者不得在幼儿园工作。

第四十条　幼儿园园长应当符合本规程第三十九条规定，并应当具有《教师资格条例》规定的教师资格、具备大专以上学历、有三年以上幼儿园工作经历和一定的组织管理能力，并取得幼儿园园长岗位培训合格证书。

幼儿园园长由举办者任命或者聘任，并报当地主管的教育行政部门备案。

幼儿园园长负责幼儿园的全面工作，主要职责如下：

（一）贯彻执行国家的有关法律、法规、方针、政策和地方的相关规定，负责建立并组织执行幼儿园的各项规章制度；

（二）负责保育教育、卫生保健、安全保卫工作；

（三）负责按照有关规定聘任、调配教职工，指导、检查和评估教师以及其他工作人员的工作，并给予奖惩；

（四）负责教职工的思想工作，组织业务学习，并为他们的学习、进修、教育研究创造必要的条件；

（五）关心教职工的身心健康，维护他们的合法权益，改善他们的工作条件；

（六）组织管理园舍、设备和经费；

（七）组织和指导家长工作；

（八）负责与社区的联系和合作。

第四十一条　幼儿园教师必须具有《教师资格条例》规定的幼儿园教师资格，并符合本规程第三十九条规定。

幼儿园教师实行聘任制。

幼儿园教师对本班工作全面负责，其主要职责如下：

（一）观察了解幼儿，依据国家有关规定，结合本班幼儿的发展水平和兴趣需要，制订和执行教育工作计划，合理安排幼儿一日生活；

（二）创设良好的教育环境，合理组织教育内容，提供丰富的玩具和游戏材料，开展适宜的教育活动；

（三）严格执行幼儿园安全、卫生保健制度，指导并配合保育员管理本班幼儿生活，做好卫生保健工作；

（四）与家长保持经常联系，了解幼儿家庭的教育环境，商讨符合幼儿特点的教育措施，相互配合共同完成教育任务；

（五）参加业务学习和保育教育研究活动；

（六）定期总结评估保教工作实效，接受园长的指导和检查。

第四十二条　幼儿园保育员应当符合本规程第三十九条规定，并应当具备高中毕业以上学历，受过幼儿保育职业培训。

幼儿园保育员的主要职责如下：

（一）负责本班房舍、设备、环境的清洁卫生和消毒工作；

（二）在教师指导下，科学照料和管理幼儿生活，并配合本班教师组织教育活动；

（三）在卫生保健人员和本班教师指导下，严格执行幼儿园安全、卫生保健制度；

（四）妥善保管幼儿衣物和本班的设备、用具。

第四十三条　幼儿园卫生保健人员除符合本规程第三十九条规定外，医师应当取得卫生行政部门颁发的医师执业证书；护士应当取得护士执业证书；保健员应当具有高中毕业以上学历，并经过当地妇幼保健机构组织的卫生保健专业知识培训。

幼儿园卫生保健人员对全园幼儿身体健康负责，其主要职责如下：

（一）协助园长组织实施有关卫生保健方面的法规、规章和制度，并监督执行；

（二）负责指导调配幼儿膳食，检查食品、饮水和环境卫生；

（三）负责晨检、午检和健康观察，做好幼儿营养、生长发育的监测和评价；定期组织幼儿健康体检，做好幼儿健康档案管理；

（四）密切与当地卫生保健机构的联系，协助做好疾病防控和计划免疫工作；

（五）向幼儿园教职工和家长进行卫生保健宣传和指导；

（六）妥善管理医疗器械、消毒用具和药品。

第四十四条　幼儿园其他工作人员的资格和职责，按照国家和地方的有关规定执行。

第四十五条　对认真履行职责、成绩优良的幼儿园教职工，应当按照有关规定给予奖励。

对不履行职责的幼儿园教职工，应当视情节轻重，依法依规给予相应处分。

第八章　幼儿园的经费

第四十六条　幼儿园的经费由举办者依法筹措，保障有必备的办园资金和稳定的经费来源。

按照国家和地方相关规定接受财政扶持的提供普惠性服务的国有企事业单位办园、集体办园和民办园等幼儿园，应当接受财务、审计等有关部门的监督检查。

第四十七条　幼儿园收费按照国家和地方的有关规定执行。

幼儿园实行收费公示制度，收费项目和标准向家长公示，接受社会监督，不得以任何名义收取与新生入园相挂钩的赞助费。

幼儿园不得以培养幼儿某种专项技能、组织或参与竞赛等为由，另外收取费用；不得以营利为目的组织幼儿表演、竞赛等活动。

第四十八条　幼儿园的经费应当按照规定的使用范围合理开支，坚持专款专用，不得挪作他用。

第四十九条　幼儿园举办者筹措的经费，应当保证保育和教育的需要，有一定比例用于改善办园条件和开展教职工培训。

第五十条　幼儿膳食费应当实行民主管理制度，保证全部用于幼儿膳食，每月向家长公布账目。

第五十一条　幼儿园应当建立经费预算和决算审核制度，经费预算和决算应当提交园务委员会审议，并接受财务和审计部门的监督检查。

幼儿园应当依法建立资产配置、使用、处置、产权登记、信息管理等管理制度，严格执行有关财务制度。

第九章　幼儿园、家庭和社区

第五十二条　幼儿园应当主动与幼儿家庭沟通合作，为家长提供科学育儿宣传指导，帮助家长创设良好的家庭教育环境，共同担负教育幼儿的任务。

第五十三条　幼儿园应当建立幼儿园与家长联系的制度。幼儿园可采取多种形式，指导家长正确了解幼儿园保育和教育的内容、方法，定期召开家长会议，并接待家长的来访和咨询。

幼儿园应当认真分析、吸收家长对幼儿园教育与管理工作的意见与建议。

幼儿园应当建立家长开放日制度。

第五十四条　幼儿园应当成立家长委员会。

家长委员会的主要任务是：对幼儿园重要决策和事关幼儿切身利益的事项提出意见和建议；发挥家长的专业和资源优势，支持幼儿园保育教育工作；帮助家长了解幼儿园工作计划和要求，协助幼儿园开展家庭教育指导和交流。

家长委员会在幼儿园园长指导下工作。

第五十五条　幼儿园应当加强与社区的联系与合作，面向社区宣传科学育儿知识，开展灵活多样的公益性早期教育服务，争取社区对幼儿园的多方面支持。

第十章　幼儿园的管理

第五十六条　幼儿园实行园长负责制。

幼儿园应当建立园务委员会。园务委员会由园长、副园长、党组织负责人和保教、卫生保健、财会等方面工作人员的代表以及幼儿家长代表组成。园长任园务委员会主任。

园长定期召开园务委员会会议，遇重大问题可临时召集，对规章制度的建立、修改、废除，全园工作计划，工作总结，人员奖惩，财务预算和决算方案，以及其他涉及全园工作的重要问题进行审议。

第五十七条　幼儿园应当加强党组织建设，充分发挥党组织政治核心作用、战斗堡垒作用。幼儿园应当为工会、共青团等其他组织开展工作创造有利条件，充分发挥其在幼儿园工作中的作用。

第五十八条　幼儿园应当建立教职工大会制度或者教职工代表大会制度，依法加强民主管理和监督。

第五十九条　幼儿园应当建立教研制度，研究解决保教工作中的实际问题。

第六十条　幼儿园应当制订年度工作计划，定期部署、总结和报告工作。每学年年末应当向教育等行政主管部门报告工作，必要时随时报告。

第六十一条　幼儿园应当接受上级教育、卫生、公安、消防等部门的检查、监督和指导，如实报告工作和反映情况。

幼儿园应当依法接受教育督导部门的督导。

第六十二条　幼儿园应当建立业务档案、财务管理、园务会议、人员奖惩、安全管理以及与家庭、小学联系等制度。

幼儿园应当建立信息管理制度，按照规定采集、更新、报送幼儿园管理信息系统的相关信息，每年向主管教育行政部门报送统计信息。

第六十三条　幼儿园教师依法享受寒暑假期的带薪休假。幼儿园应当创造条件，在寒暑假期间，安排工作人员轮流休假。具体办法由举办者制定。

第十一章　附　　则

第六十四条　本规程适用于城乡各类幼儿园。

第六十五条　省、自治区、直辖市教育行政部门可根据本规程，制定具体实施办法。

第六十六条　本规程自2016年3月1日起施行。1996年3月9日由原国家教育委员会令第25号发布的《幼儿园工作规程》同时废止。

第七节　儿童权利公约

一、《儿童权利公约》的背景

《儿童权利公约》（以下简称《公约》）是一项关于保护儿童权利的、具有国际法约束力的国际性约定，是国际社会迄今规范儿童保护内容最丰富、最全面、最广泛认可的一项法律文书。1959年11月20日，联合国大会通过了《儿童权利宣言》，明确了各国儿童应当享有的各项基本权利。但一些儿童工作者指出，宣言不具有法律约束力，不能起到更大的作用。1978年，联大决定制定一份具有法律效力的《儿童权利公约》并成立了起草工作组。1989年11月20日，联大通过了《儿童权利公约》。1990年9月2日，《公约》在获得20个国家批准加入后正式生效。目前《公约》已获得193个国家的批准，是世界上最广为接受的公约之一。

《儿童权利公约》共有54项条款。根据《公约》，凡18周岁以下者均为儿童，除非各国或地区法律有不同的定义。《公约》规定了世界各地所有儿童应该享有的数十种权利，其中包括最基本的生存权、全面发展权、受保护权和全面参与家庭、文化和社会生活的权利。《公约》还确立了四项基本原则：无歧视、儿童利益最大化、生存和发展权以及尊重儿童的想法。

《公约》通过确立卫生保健、教育以及法律、公民和社会服务等多方面的标准来保护儿童的上述权利，明确了国际社会在儿童工作领域的目标和努力方向。《公约》指出，缔约方应确保儿童均享《公约》中规定的各项权利，不因儿童、其父母或法定监护人的种族、肤色、性别、语言、宗教、政治身份、出身、财产或残疾等不同而受到任何歧视。缔约方为确保儿童的福祉，应采取一切适当的立法和行政措施。各相关部门和机构在制定相关政策和落实政策的过程中以儿童利益最大化作为首要考虑。

1990年8月29日我国政府正式签署了联合国《儿童权利公约》；1991年12月9日全国人民代表大会常务委员会批准该公约；《儿童权利公约》于1992年4月1日正式对中国生效。这就意味着中国政府承担并认真履行公约规定的保障儿童基本人权的各项义务。

二、《儿童权利公约》规定的儿童权利及原则

《儿童权利公约》中提到的儿童权利多达几十种，但其中最基本的权利可以概括为四种，即生存权、受保护权、发展权和参与权。

《儿童权利公约》提倡的四项原则：

① 儿童最大利益原则。《儿童权利公约》确立了一个重要理念，即涉及儿童的所有行为均应以"儿童的最大利益"为首要考虑，而且把这种考虑宣布为儿童的一项权利。换言之，《儿童权利公约》特别强调的是把儿童作为个体权利主体而不是作为一个家庭或群体的成员来加以保护。涉及儿童的一切行为，必须首先考虑儿童的最大利益。

② 尊重儿童权利与尊严原则。在《儿童权利公约》关于儿童权利的各项条款中，无论是生存权、保护权、发展权、参与权，所有的权利都体现着对儿童独立人格的尊重，对儿童权利的尊重，对儿童主体性的尊重，对儿童参与的尊重。

③ 无歧视原则。每一个儿童都平等地享有公约所规定的全部权利，儿童不应因其本人及其父母的种族、肤色、性别、语言、宗教、政治观点、民族、财产状况和身体状况等受到任何歧视。

④ 尊重儿童观点的原则。任何事情涉及儿童，均应听取儿童的意见。应确保有主见能力的儿童有权对影响到其本人的一切事项自由发表自己的意见。因此，在影响儿童的任何司法和行政诉讼中，儿童能够以符合国家法律的诉讼规则方式，直接或间接地通过代表或适当机构陈述意见。

附：《儿童权利公约》（全文）

儿童权利公约

（1989年11月22日第44届联合国大会通过）

序　言

本公约缔约国，考虑到按照《联合国宪章》所宣布的原则，对人类家庭所有成员的固有尊严及其平等和不移的权利的承认，乃是世界自由、正义与和平的基础，铭记联合国人民在《宪章》中重申对基本人权和人格尊严与价值的信念，并决心促成更广泛自由中的社会进步及更高的生活水平，认识到联合国在《世界人权宣言》和关于人权的两项国际公约中宣布和同意：

人人有资格享受这些文书中所载的一切权利和自由，不因种族、肤色、性别、语言、宗教、政治或其他见解、国籍或社会出身、财产、出生或其他身份等而有任何区别。同顾联合国在《世界人权宣言》中宣布：儿童有权享受特别照料和协助，深信家庭作为社会的基本单元，作为家庭所有成员、特别是儿童的成长和幸福的自然环境，应获得必要的保护和协助，以充分负起它在社会上的责任，确认为了充分而和谐地发展其个性，应让儿童在家庭环境里，在幸福、亲爱和谅解的气氛中成长，考虑到应充分培养儿童可在社会上独立生活，并在《联合国宪章》宣布的理想的精神下，特别是在和平、尊严、宽容、自由、平等和团结的精神下，抚养他们成长。

铭记给予儿童特殊照料的需要已在1924年《日内瓦儿童权利宣言》和在大会1959

年 11 月 20 日通过的《儿童权利宣言》中予以申明,并在《世界人权宣言》、《公民权利和政治权利国际公约》(特别是第二十三和二十四条)、《经济、社会、文化权利国际公约》(特别是第十条)以及关心儿童福利的各专门结构和国际组织的章程及有关文书中得到确认。

铭记如《儿童权利宣言》所示,"儿童因身心尚未成熟,在其出生以前和以后均需要特殊的保护和照料,包括法律上的适当保护"。

回顾《关于儿童保护和儿童福利、特别是国内和国际寄养和收养办法的社会和法律原则宣言》《联合国少年司法最低限度标准规则》(北京规则)以及《在非常状态和武装冲突中保护妇女和儿童宣言》。

确认世界各国都有生活在极端困难下的儿童,对这些儿童需要给予特别的照顾。

适当考虑到每一民族的传统及文化价值对儿童的保护及和谐发展的重要性。

确认国际合作对于改善每一国家、特别是发展中国家儿童的生活条件的重要性。

兹协议如下:

第 一 部 分

第一条 为本公约之目的,儿童系指 18 岁以下的任何人,除非对其适用之法律规定成年年龄低于 18 岁。

第二条

1. 缔约国应遵守本公约所载列的权利,并确保其管辖范围内的每一儿童均享受此种权利,不因儿童或其父母或法定监护人的种族、肤色、性别、语言、宗教、政治或其他见解、民族、族裔或社会出身、财产、伤残、出生或其他身份而有任何差别。

2. 缔约国应采取一切适当措施确保儿童得到保护,不受基于儿童父母、法定监护人或家庭成员的身份、活动、所表达的观点或信仰而加诸的一切形式的歧视或惩罚。

第三条

1. 关于儿童的一切行为,不论是由公私社会福利机构、法院、行政当局或立法机构执行,均应以儿童的最大利益为一种首要考虑。

2. 缔约国承担确保儿童享有其幸福所必需的保护和照料,考虑到其父母、法定监护人、或任何对其负有法律责任的个人的权利和义务,并为此采取一切适当的立法和行政措施。

3. 缔约国应确保负责照料或保护儿童的结构、服务部门及设施符合主管当局规定的标准,尤其是安全、卫生、工作人员数目和资格以及有效监督方面的标准。

第四条 缔约国应采取一切适当的立法、行政和其他以实现本公约所确认的权利。关于经济、社会及文化权利,缔约国应根据其现有资源所允许的最大限度并视需要在国际合作范围内采取此类措施。

第五条 缔约国应尊重父母或于适用时尊重当地习俗认定的大家庭或社会成员、法定监护人或其他对儿童负有法律责任的人以下的责任、权利义务,以符合儿童不同阶段上、接受能力的方式适当指导和引导儿童行使本公约所确认的权利。

第六条

1. 缔约国确认每个儿童均有固有的生命权。

2. 缔约国应最大限度地确保儿童的存活与发展。

第七条

1. 儿童出生后应立即登记，并有自出生起获得姓名的权利，有获得国籍的权利，以及尽可能知道谁是其父母并受其父母照料的权利。

2. 缔约国应确保这些权利按照本国法律及其根据有关国际文书在这一领域承担的义务予以实施，尤应注意不如此儿童即无国籍之情形。

第八条

1. 缔约国承担尊重儿童维护其身份包括法律所承认的国籍、姓名及家庭关系而不受非法干扰的权利。

2. 如有儿童被非法剥夺其身份方面的部分或全部要素，缔约国应提供适当协助和保护，以便迅速重新确立其身份。

第九条

1. 缔约国应确保不违背儿童父母的意愿使儿童和父母分离，除非主管当局按照适用的法律和程序，经法院的审查，判定这样的分离符合儿童的最大利益而确有必要。在诸如由于父母的虐待或忽视、或父母分居而必须确定儿童居住地点的特殊情况下，这种裁决可能有必要。

2. 凡按本条第 1 款进行诉讼，均应给予所有有关方面以参加诉讼并阐明自己意见的机会。

3. 缔约国应尊重与父母一方或双方分离的儿童同父母经常保持个人关系及直接联系的权利，但违反儿童最大利益者除外。

4. 如果这种分离是因缔约国对父母一方或双方或对儿童所采取的任何行动，诸如拘留、监禁、流放、驱逐或死亡（包括该人在该国拘禁中因任何原因而死亡）所致，该缔约国应按请求将该等家庭成员下落的基本情况告知父母、儿童或适当时告知另一家庭成员，除非提供这类情况会有损儿童的福祉，缔约国还应确保有关人员不致因提出这种请求而承受不利后果。

第十条

1. 按照第九条第 1 款所规定的缔约国的义务，对于儿童或其父母要求进入或离开一缔约国以便与家人团聚的申请，缔约国应以积极的人道主义态度迅速予以办理。缔约国还应确保申请人及其家庭成员不致因提出这类请求而承受不利后果。

2. 方便居住在不同国家的儿童，除特殊情况以外，应有权同父母双方经常保持个人关系和直接关系。为此目的，并按照第九条第 1 款所规定的缔约国的义务，缔约国应尊重儿童及其父母离开包括其本国在内的任何国家和进入其本国的权利。离开任何国家的权利只应受法律所规定并为保护国家安全、公共秩序、公共卫生或道德、或他人的权利和自由所必需且与本公约所承认的其他权利不相抵触的限制约束。

第十一条

1. 缔约国应采取措施制止非法将儿童转移国外和不使返回本国的行为。

2. 为此目的，缔约国应致力缔结双边或多边协定或加入现有协定。

第十二条

1. 缔约国应确保有主见能力的儿童有权对影响到其本人的一切事项自由发表自己的意见，对儿童的意见应按照其年龄和成熟程度给以适当的看待。

2. 为此目的，儿童特别应有机会在影响到儿童的任何司法和行政诉讼中，以符合国家法律的诉讼规则的方式，直接或通过代表或适当机构陈述意见。

第十三条

1. 儿童应有自由发表言论的权利；此项权利应包括通过口头、书面或印刷、艺术形成或儿童所选择的任何其他媒介，寻求、接受和传递各种信心和思想的自由，而不论国界。

2. 此项权利的行使可受某些限制约束，但这些限制仅限于法律所规定并为以下目的所必需：

（A）尊重他人的权利和名誉；

（B）保护国家安全或公共秩序或公共卫生或道德。

第十四条

1. 缔约国应遵守儿童享有思想、信仰和宗教自由的权利。

2. 缔约国应尊重父母并于适用时尊重法定监护人以下的权利和义务，以符合儿童不同阶段接受能力的方式指导儿童行使其权利。

3. 表明个人宗教或信仰的自由，仅受法律所规定并为保护公共安全、秩序、卫生或道德或他人之基本权利和自由所必需的这类限制约束。

第十五条

1. 缔约国确认儿童享有结社自由及和平集会自由的权利。

2. 对此项权利的行使不得加以限制，除非符合法律所规定并在民主社会中为国家安全、公共秩序、保护公共卫生或道德或保护他人的权利和自由所必需。

第十六条

1. 儿童的隐私、家庭、住宅或通信不受任意或非法干涉，其荣誉和名誉不受非法攻击。

2. 儿童有权享受法律保护，以免受这类干涉或攻击。

第十七条　缔约国确认大众传播媒介的重要作用，并应确保儿童能够从多种的国家和国际来源获得信息和资料，尤其是旨在促进其社会、精神和道德福祉和身心健康的信息和资料。为此目的，缔约国应：

（A）鼓励大众传播媒介本着第二十九条的精神散播在社会和文化方面有益于儿童的信息和资料；

（B）鼓励在编制、交流和散播来自不同文化、国家和国际来源的这类信息和资料方面进行国际合作；

（C）鼓励儿童读物的著作和普及；

（D）鼓励大众传播媒介特别注意属于少数群体或土著居民的儿童在语言方面的需要；

（E）鼓励根据第十三条和第十八条的规定制定适当的准则，保护儿童不受可能损害其福祉的信息和资料之害。

第十八条

1. 缔约国应尽其最大努力，确保父母双方对儿童的养育和发展负有共同责任的原则得到确认。父母或视具体情况而定的法定监护人对儿童的养育和发展负有首要责任。儿童的最大利益将是他们主要关心的事。

2. 为保证和促进本公约所列举的权利，缔约国应在父母和法定监护人履行其抚养儿童的责任方面给予适当协助，并应确保发展育儿机构、设施和服务。

3. 缔约国应采取一切适当措施确保就业父母的子女有权享受他们有资格得到的托儿服务和设施。

第十九条

1. 缔约国应采取一切适当的立法、行政、社会和教育措施，保护儿童在受父母、法定监护人或其他任何负责照管儿童的人的照料时，不致受到任何形式的身心摧残、伤害或凌辱，忽视或照料不周，虐待或剥削，包括性侵犯。

2. 这类保护性措施应酌情包括采取有效程序以建立社会方案，向儿童和负责照管儿童的人提供必要的支助，采取其他预防形式，查明、报告、查询、调查、处理和追究前述的虐待儿童事件，以及在适当时进行司法干预。

第二十条

1. 暂时或永久脱离家庭环境的儿童，或为其最大利益不得在这种环境中继续生活的儿童，应有权得到国家的特别保护和协助。

2. 缔约国应按照本国法律确保此类儿童得到其他方式的照顾。

3. 这种照顾除其他外，包括寄养、伊斯兰法的"卡法拉"（监护）、收养或者必要时安置在适当的育儿机构中。在考虑解决办法时，应适当注意有必要使儿童的培养教育具有连续性和注意儿童的族裔、宗教、文化和语言背景。

第二十一条 凡承认和（或）许可收养制度的国家应确保以儿童的最大利益为首要考虑并应：

（A）确保只有经主管当局按照适用的法律和程序并根据所有有关可靠的资料，判定鉴于儿童有关父母、亲属和法定监护人方面的情况可允许收养，并且判定必要时有关人士已根据可能必要的辅导对收养表示知情的同意，方可批准儿童的收养；

（B）确认如果儿童不能安置于寄养或收养家庭，或不能以任何适当方式在儿童原籍国加以照料，跨国收养可视为照料儿童的一个替代办法；

（C）确保得到跨国收养的儿童享有与本国收养相当的保障和标准；

（D）采取一切适当措施确保跨国收养的安排不致使所涉人士获得不正当的财务收益；

（E）在适当时通过缔结双边或多边安排或协定促成本条的目标，并在这一范围内努力确保由主管当局或机构负责安排儿童在另一国收养的事宜。

第二十二条

1. 缔约国应采取适当措施，确保申请难民身份的儿童或按照适用的国际法或国内法及程序可视为难民的儿童，不论有无父母或其他任何人的陪同，均可得到适当的保护和人道主义援助，以享有本公约和该有关国家为其缔约国的其他国际人权和或人道主义文书所规定的可适用权利。

2. 为此目的，缔约国应对联合国和与联合国合作的其他主管的政府间组织或非政府组织所做的任何努力提供其认为适当的合作，以保护和援助这类儿童，并为只身的难民儿童追寻其父母或其他家庭成员，以获得必要的消息使其家庭团聚。在寻不着父母或其他家庭成员的情况下，也应使该儿童获得与其他任何由于任何原因而永久或暂时脱离家庭环境的儿童按照本公约的规定所得到的同样的保护。

第二十三条

1. 缔约国确认身心有残疾的儿童应能在确保其尊严、促进其自立、有利于其积极参与社会生活的条件下享有充实而适当的生活。

2. 缔约国确认残疾儿童有接受特别照顾的权利，应鼓励并确保在现有资源范围内，依据申请斟酌儿童的情况和儿童的父母或其他照料人的情况,对合格儿童及负责照料该儿童的人提供援助。

3. 鉴于残疾儿童的特殊需要,考虑到儿童的父母或其他照料人的经济情况,在可能时应免费提供按照本条第2款给予的援助,这些援助的目的应是确保残疾儿童能有效地获得和接受教育、培训、保健服务、康复服务、就业准备和娱乐机会,其方式应有助于该儿童尽可能充分地参与社会,实现个人发展,包括其文化和精神方面的发展。

4. 缔约国应本着国际合作精神,在预防保健以及残疾儿童的医疗、心理治疗和功能治疗领域促进交换适当资料,包括散播和获得有关康复教育方法和职业服务方面的资料,以期使缔约国能够在这些领域提高其能力和技术并扩大其经验。在这方面,应特别考虑到发展中国家的需要。

第二十四条

1. 缔约国确认儿童有权享有可达到的最高标准的健康,并享有医疗和康复设施;缔约国应努力确保没有任何儿童被剥夺获得这种保健服务的权利。

2. 缔约国应致力充分实现这一权利,特别是应采取适当措施,以

(A) 降低婴幼儿死亡率;

(B) 确保向所有儿童提供必要的医疗援助和保健,侧重发展初级保健;

(C) 消除疾病和营养不良现象,包括在初级保健范围内利用现有可得的技术和提供充足的营养食品和清洁饮水,要考虑到环境污染的危险和风险;

(D) 确保母亲得到适当的产前和产后保健;

(E) 确保向社会各阶层、特别是向父母和儿童介绍有关儿童保健和营养、母乳育婴优点、个人卫生和环境卫生及防止意外事故的基本知识,使他们得到这方面的教育并帮助他们应用这种基本知识;

(F) 开展预防保健、对父母的指导以及计划生育教育和服务。

3. 缔约国应致力采取一切有效和适当的措施,以期废除对儿童健康有害的传统习俗。

4. 缔约国承担促进和鼓励国际合作,以期逐步充分实现本条所确认的权利。在这方面,应特别考虑到发展中国家的需要。

第二十五条 缔约国确认在有关当局为照料、保护或治疗儿童身心健康的目的下受到安置的儿童,有权获得对给予的治疗以及与所受安置有关的所有其他情况进行定期审查。

第二十六条

1. 缔约国应确认每个儿童有权受益于社会保障、包括社会保险,并应根据其国内法律采取必要措施充分实现这一权利。

2. 提供福利时应酌情考虑儿童及负有赡养儿童义务的人的经济情况和环境,以及与儿童提出或代其提出的福利申请有关的其他方面因素。

第二十七条

1. 缔约国确认每个儿童均有权享有足以促进其生理、心理、精神、道德和社会发展的生活水平。

2. 父母或其他负责照顾儿童的人负有在其能力和经济条件许可范围内确保儿童发展所需生活条件的首要责任。

3. 缔约国按照本国条件并在其能力范围内,应采取适当措施帮助父母或其他负责照顾儿

童的人实现此项权利，并在需要时提供物质援助和支助方案，特别是在营养、衣着和住房方面。

4. 缔约国应采取一切适当措施，向在本国境内或境外儿童的父母或其他对儿童负有经济责任的人追索儿童的赡养费。尤其是遇对儿童负有经济责任的人居住在与儿童不同的国家的情况时，缔约国应促进加入国际协定或缔结此类协定以及做出其他适当安排。

第二十八条

1. 缔约国确认儿童有受教育的权利，为在机会均等的基础上逐步实现此项权利，缔约国尤应：

（A）实现全面的免费义务小学教育；

（B）鼓励发展不同形式的中学教育、包括普通和职业教育，使所有儿童均能享有和接受这种教育，并采取适当措施，诸如实行免费教育和对有需要的人提供津贴；

（C）根据能力以一切适当方式使所有人均有受高等教育的机会；

（D）使所有儿童均能得到教育和职业方面的资料和指导；

（E）采取措施鼓励学生按时出勤和降低辍学率。

2. 缔约国应采取一切适当措施，确保学校执行纪律的方式符合儿童的人格尊严及本公约的规定。

3. 缔约国应促进和鼓励有关教育事项方面的国际合作，特别着眼于在全世界消灭愚昧与文盲，并便利获得科技知识和现代教学方法。在这方面，应特别考虑到发展中国家的需要。

第二十九条

1. 缔约国一致认为教育儿童的目的应是：

（A）最充分地发展儿童的个性、才智和身心能力；

（B）培养对人权和基本自由以及《联合国宪章》所载各项原则的尊重；

（C）培养对儿童的父母、儿童自身的文化认同、语言和价值观、儿童所居住国家的民族价值观、其原籍国以及不同于其本国的文明的尊重；

（D）培养儿童本着各国人民、族裔、民族和宗教群体以及原为土著居民的人之间谅解、和平、宽容、男女平等和友好的精神，在自由社会里过有责任感的生活；

（E）培养对自然环境的尊重。

2. 对本条或第二十八条任何部分的解释均不得干涉个人和团体建立和指导教育机构的自由，但须始终遵守本条第一款载列的原则，并遵守在这类机构中实行的教育应符合国家可能规定的最低限度标准的要求。

第三十条 在那些存在有族裔、宗教或语言方面属于少数人或原为土著居民的人的国家，不得剥夺属于这种少数人或原为土著居民的儿童与其群体的其他成员共同享有自己的文化、信奉自己的宗教并举行宗教仪式，或使用自己的语言的权利。

第三十一条

1. 缔约国确认儿童有权享有休息和闲暇，从事与儿童年龄相宜的游戏和娱乐活动，以及自由参加文化生活和艺术活动。

2. 缔约国应尊重并促进儿童充分参加文化和艺术生活的权利，并应鼓励提供从事文化、艺术、娱乐和休闲活动的适当和均等的机会。

第三十二条

1. 缔约国确认儿童有权受到保护,以免受经济剥削和从事任何可能妨碍或影响儿童教育或有害儿童健康或身体、心理、精神、道德或社会发展的工作。

2. 缔约国应采取立法、行政、社会和教育措施确保本条得到执行。为此目的,并鉴于其他国际文书的有关规定,缔约国尤应:

(A)规定受雇的最低年龄;

(B)规定有关工作时间和条件的适当规则;

(C)规定适当的惩罚或其他制裁措施以确保本条得到有效执行。

第三十三条　缔约国应采取一切适当措施,包括立法、行政、社会和教育措施,保护儿童不致非法使用有关国际条约中界定的麻醉药品和精神药物,并防止利用儿童从事非法生产和贩运此类药物。

第三十四条　缔约国承担保护儿童免遭一切形式的色情剥削和性侵犯之害,为此目的,缔约国尤应采取一切适当的国家、双边和多边措施,以防止:

(A)引诱或强迫儿童从事任何非法的性生活;

(B)利用儿童卖淫或从事其他非法的性行为;

(C)利用儿童进行淫秽表演和充当淫秽题材。

第三十五条　缔约国应采取一切适当的国家、双边和多边措施,以防止为任何目的或以任何形式诱拐、买卖或贩运儿童。

第三十六条　缔约国应保护儿童免遭有损儿童福利的任何方面的一切其他形式的剥削之害。

第三十七条　缔约国应确保:

(A)任何儿童不受酷刑或其他形式的残忍、不人道或有辱人格的待遇或处罚。对未满18岁的人所犯罪行不得判以死刑或无释放可能的无期徒刑;

(B)不得非法或任意剥夺任何儿童的自由。对儿童的逮捕、拘留或监禁应符合法律规定并仅应作为最后手段,期限应为最短的适当时间;

(C)所有被剥夺自由的儿童应受到人道待遇,其人格固有尊严应受尊重,并应考虑到他们这个年龄的人的需要的方式加以对待。特别是,所有被剥夺自由的儿童应同成人隔开,除非认为反之最有利于儿童,并有权通过信件和探访同家人保持联系,但特殊情况除外;

(D)所有被剥夺自由的儿童均有权迅速获得法律及其他适当援助,并有权向法院或其他独立公正的主管当局就其被剥夺自由一事之合法性提出异议,并有权迅速就任何此类行动得到裁定。

第三十八条

1. 缔约国承担尊重并确保尊重在武装冲突中对其适用的国际人道主义法律中有关儿童的规则。

2. 缔约国应采取一切可行措施确保未满15岁的人不直接参加敌对行动。

3. 缔约国应避免招募任何未满15岁的人加入武装部队。在招募已满15岁但未满18岁的人时,缔约国应致力首先考虑年龄最大者。

4. 缔约国按照国际人道主义法律规定它们在武装冲突中保护平民人口的义务,应采取一切可行措施确保保护和照料受武装冲突影响的儿童。

第三十九条 缔约国应采取一切适当措施，促使遭受下述情况之害的儿童身心得以康复并重返社会；任何形式的忽视、剥削或凌辱虐待；酷刑或任何其他形式的残忍、不人道或有辱人格的待遇或处罚；或武装冲突。此种康复和重返社会应在一种能促进儿童的健康、自尊和尊严的环境中进行。

第四十条

1. 缔约国确认被指称、指控或认为触犯刑法的儿童有权得到符合以下情况方式的待遇，促进其尊严和价值感并增强其对他人的人权和基本自由的尊重。这种待遇应考虑到其年龄和促进其重返社会并在社会中发挥积极作用的愿望。

2. 为此目的，并鉴于国际文书的有关规定，缔约国尤应确保：

（A）任何儿童不得以行为或不行为之时本国法律或国际法不禁止的行为或不行为之理由被指称、指控或认为触犯刑法；

（B）所有被指称或指控触犯刑法的儿童至少应得到下列保证：

① 在依法判定有罪之前应视为无罪；

② 迅速直接地被告知其被控罪名，适当时应通过其父母或法定监护人告知，并获得准备和提出辩护所需的法律或其他适当协助；

③ 要求独立公正的主管当局或司法机构在其得到法律或其他适当协助的情况下，通过依法公正审理迅速做出判决，并且须有其父母或法定监护人在场，除非认为这样做不符合儿童的最大利益，特别要考虑到其年龄状况；

④ 不得被迫作口供或认罪；应可盘问或要求盘问不利的证人，并在平等条件下要求证人为其出庭和接受盘问；

⑤ 若被判定触犯刑法，有权要求高一级独立公正的主管当局或司法机构依法复查此一判决及由此对之采取的任何措施；

⑥ 若儿童不懂或不会说所用语言，有权免费得到口译人员的协助；

⑦ 其隐私在诉讼的所有阶段均得到充分尊重。

3. 缔约国应致力于促进规定或建立专门适用于被指称、指控或确认为触犯刑法的儿童的法律、程序、当局和机构，尤应：

（A）规定最低年龄，在此年龄以下的儿童应视为无触犯刑法之行为能力；

（B）在适当和必要时，制定不对此类儿童诉诸司法程序的措施，但须充分尊重人权和法律保障。

4. 应采用多种处理办法，诸如照管、指导和监督令、辅导、察看、寄养、教育和职业培训方案及不交由机构照管的其他办法，以确保处理儿童的方式符合其福祉并与其情况和违法行为相称。

第四十一条 本公约的任何规定不应影响更有利于实现儿童权利且可能载于下述文件中的任何规定：

（A）缔约国的法律义；

（B）对该国有效。

第 二 部 分

第四十二条 缔约国承担以适当的积极手段，使成人和儿童都能普遍知晓本公约的原则和规定。

第四十三条

1. 为审查缔约国在履行根据本公约所承担的义务方面取得的进展，应设立儿童权利委员会，执行下文所规定的职能。

2. 委员会应由10名品德高尚并在本公约所涉领域具有公认能力的专家组成。委员会成员应由缔约国从其国民中选出，并应以个人身份任职，但须考虑到公平地域分配原则及主要法系。

3. 委员会成员应以无记名表决方式从缔约国提名的人选名单中选举产生。每一缔约国可从其本国国民中提名一位人选。

4. 委员会的初次选举应最迟不晚于本公约生效之日后的六个月进行，此后每两年举行一次。联合国秘书长应至少在选举之日前四个月函请缔约国在两个月内提出其提名的人选。秘书长随后应将已提名的所有人选按字母顺序编成名单，注明提名此等人选的缔约国，分送本公约缔约国。

5. 选举应在联合国总部由秘书长召开的缔约国会议上进行。在此等会议上，应以三分之二缔约国出席作为会议的法定人数，得票最多且占出席并参加表决缔约国代表绝对多数票者，当选为委员会成员。

6. 委员会成员任期四年。成员如获再次提名，应可连选连任。在第一次选举产生的成员中，有5名成员的任期应在两年结束时届满；会议主席应在第一次选举之后立即以抽签方式选定这5名成员。

7. 如果委员会某一成员死亡或辞职或宣称因任何其他原因不再能履行委员会的职责，提名该成员的缔约国应从其国民中指定另一名专家接替余下的任期，但须经委员会批准。

8. 委员会应自行制定其议事规则。

9. 委员会应自行选举其主席团成员，任期两年。

10. 委员会会议通常应在联合国总部或在委员会决定的任何其他方便地点举行。委员会通常应每年举行一次会议。委员会的会期应由本公约缔约国会议决定并在必要时加以审查，但需经大会核准。

11. 联合国秘书长应为委员会有效履行本公约所规定的职责提供必要的工作人员和设施。

12. 根据本公约设立的委员会的成员，经大会核可，得从联合国资源领取薪酬，其条件由大会决定。

第四十四条

1. 缔约国承担按下述办法，通过联合国秘书长，向委员会提交关于它们为实现本公约确认的权利所采取的措施以及关于这些权利的享有方面的进展情况的报告：

（A）在本公约对有关缔约国生效后两年内；

（B）此后每五年一次。

2. 根据本条提交的报告应指明可能影响本公约规定的义务履行程度的任何因素和困难。报告还应载有充分的资料，以使委员会全面了解本公约在该国的实施情况。

3. 缔约国若已向委员会提交全面的初次报会，就无须在其以后按照本条第1款（B）项提交的报告中重复原先已提供的基本资料。

4. 委员会可要求缔约国进一步提供与本公约实施情况有关的资料。

5. 委员会应通过经济及社会理事会每两年向大会提交一次关于其活动的报告。

6. 缔约国应向其本国的公众广泛供应其报告。

第四十五条　为促进本公约的有效实施和鼓励在本公约所涉领域进行国际合作：

（A）各专门机构、联合国儿童基金会和联合国其他机构应有权派代表列席对本公约中属于它们职责范围内的条款的实施情况的审议。委员会可邀请各专门机构、联合国儿童基金会以及它可能认为合适的其他有关机关就本公约在属于它们各自职责范围内的领域的实施问题提供专家意见。委员会可邀请各专门机构、联合国儿童基金会和联合国其他机构就本公约在属于它们活动范围内的领域的实施情况提交报告。

（B）委员会在其可能认为适当时应向各专门机构、联合国儿童基金会和其他有关机构转交缔约国要求或说明需要技术咨询或援助的任何报告以及委员会就此类要求或说明提出的任何意见和建议。

（C）委员会可建议大会请秘书长代表委员会对有关儿童权利的具体问题进行研究。

（D）委员会可根据依照本公约第四十四条和四十五条收到的资料提出提议和一般性建议。此类提议和一般性建议应转交有关的任何缔约国并连同缔约国作出的任何评论一并报告大会。

第 三 部 分

第四十六条　本公约应向所有国家开放供签署。

第四十七条　本公约须经批准。批准书应交存联合国秘书长。

第四十八条　本公约应向所有国家开放供加入。加入书应交存于联合国秘书长。

第四十九条

1. 本公约自第二十份批准书或加入书交存联合国秘书长之日后的第三十天生效。

2. 本公约对于在第二十份批准书或加入书交存之后批准或加入本公约的国家，自其批准书或加入书交存之日后的第三十天生效。

第五十条

1. 任何缔约国均可提出修正案，提交给联合国秘书长。秘书长应立即将提议的修正案通知缔约国，并请它们表明是否赞成召开缔约国会议以审议提案并进行表决。

如果在此类通知发出之日后的四个月内，至少有三分之一的缔约国赞成召开这样的会议，秘书长应在联合国主持下召开会议。经出席会议并参加表决的缔约国多数通过的任何修正案应提交大会批准。

2. 根据本条第1款通过的修正案若获大会批准并为缔约国三分之二多数所接受，即行生效。

3. 修正案一旦生效，即应对接受该项修正案的缔约国具有约束力，其他缔约国则仍受本公约各项条款和它们已接受的任何早先的修正案的约束。

第五十一条

1. 秘书长应接受各国在批准或加入时提出的保留，并分发给所有国家。

2. 不得提出内容与本公约目标和宗旨相抵触的保留。

3. 缔约国可随时向联合国秘书长提出通知，请求撤销保留，并由他将此情况通知所有国家。通知于秘书长收到当日起生效。

第五十二条　缔约国可以书面通知联合国秘书长退出本公约。秘书长收到通知之日起一年后退约即行生效。

第五十三条　指定联合国秘书长为本公约的保管人。

第五十四条　本公约的阿拉伯文、中文、英文、法文、俄文和西班牙文文本具有同等效力，应交存联合国秘书长。

下列全权代表，经各自政府正式授权，在本公约上签字，以资证明。

第八节　幼儿园教师违反职业道德行为处理办法

一、教师职业道德规范的内容

（一）爱国守法

热爱祖国，热爱人民，拥护中国共产党领导，拥护社会主义。全面贯彻国家教育方针，自觉遵守教育法律法规，依法履行教师职责权利。不得有违背党和国家方针政策的言行。

（二）爱岗敬业

忠诚于人民教育事业，志存高远，勤恳敬业，甘为人梯，乐于奉献。对工作高度负责，认真备课上课，认真批改作业，认真辅导学生，不得敷衍塞责。

（三）关爱学生

关心爱护全体学生，尊重学生人格，平等公正对待学生。对学生严慈相济，做学生良师益友。保护学生安全，关心学生健康，维护学生权益。不讽刺、挖苦、歧视学生，不体罚或变相体罚学生。

（四）教书育人

遵循教育规律，实施素质教育。循循善诱，诲人不倦，因材施教。培养学生的良好品行，激发学生的创新精神，促进学生全面发展。不以分数作为评价学生的唯一标准。

（五）为人师表

坚守高尚情操，知荣明耻，严于律己，以身作则。衣着得体，语言规范，举止文明。关心集体，团结协作，尊重同事，尊重家长。作风正派，廉洁奉公。自觉抵制有偿家教，不利用职务之便谋取私利。

（六）终身学习

崇尚科学精神，树立终身学习理念，拓宽知识视野，更新知识结构。潜心钻研业务，勇于探索创新，不断提高专业素养和教育教学水平。

二、《中小学教师职业道德规范》的突出特点

（一）突出了重要性

"教书育人"，是旧规范第二条内的一句话，在新规范中升格为第四条的条目，这是非常必要的。因为，"教书育人"是教师的第一要务，是教师职业区别于其他任何职业的根本所在。

（二）体现了时代性

新规范新增了"志存高远""素质教育""知荣明耻""终身学习""探索创新"等词，这是 21 世纪对教师的时代要求，这也是与时俱进在新规范中的具体体现。

（三）提高了针对性

应该说旧规范有"热爱学生"这一条，"保护学生安全"本是题中之义，但还是被"范跑跑"这样的人钻了空子。新规范增加"保护学生安全"的内容，很有必要。类似意义上的增加，还有"自觉抵制有偿家教"等。

（四）增强了概括性

把旧规范中分散在五、六、七、八等四条内的主要内容，精简压缩到新规范第五条"为人师表"之内。另将"探索教育教学规律"改为"遵循教育规律"，也稳妥一些。

（五）注重了操作性

新的"规范"不仅是增加一条"终身学习"，而且每一条都具体化了。同时，还将"热爱学生"中的"热爱"改为"关爱"一词，将"无私奉献"改为"乐于奉献"等，更具有可操作性。

三、幼儿园教师违反职业道德行为处理办法

（一）适用范围

本办法所称幼儿园教师包括公办幼儿园、民办幼儿园的教师。

（二）幼儿园教师违反职业道德的处分和处理

① 处分：处分包括警告、记过、降低岗位等级或撤职、开除。警告期限为 6 个月，记过期限为 12 个月，降低岗位等级或撤职期限为 24 个月。是中共党员的，同时给予党纪处分。

② 处理：处理包括给予批评教育、诫勉谈话、责令检查、通报批评，以及取消在评奖评优、职务晋升、职称评定、岗位聘用、工资晋级、申报人才计划等方面的资格。取消相关资格的处理执行期限不得少于 24 个月。

③ 教师涉嫌违法犯罪的，及时移送司法机关依法处理。

（三）处分、处理教师的权限决定

① 警告和记过处分。公办幼儿园教师由所在幼儿园提出建议，幼儿园主管部门决定。民办幼儿园教师由所在幼儿园提出建议，幼儿园举办者做出决定，并报主管部门备案。

② 降低岗位等级或撤职处分。公办幼儿园由教师所在幼儿园提出建议，幼儿园主管部门决定并报同级人事部门备案。民办幼儿园教师由所在幼儿园提出建议，幼儿园举办者做出决定，并报主管部门备案。

③ 开除处分。公办幼儿园在编教师由所在幼儿园提出建议，幼儿园主管部门决定并报同级人事部门备案。未纳入编制管理的教师由所在幼儿园决定并解除其聘任合同，报主管部门备案。民办幼儿园教师由所在幼儿园提出建议，幼儿园举办者做出决定并解除其聘任合同，报主管部门备案。

④ 给予批评教育、诫勉谈话、责令检查、通报批评，以及取消在评奖评优、职务晋升、职称评定、岗位聘用、工资晋级、申报人才计划等方面资格的其他处理，按照管理权限，由教师所在幼儿园或主管部门视其情节轻重做出决定。

附：教育部关于印发《幼儿园教师违反职业道德行为处理办法》的通知（教师〔2018〕19号）

各省、自治区、直辖市教育厅（教委），新疆生产建设兵团教育局：

为深入贯彻习近平新时代中国特色社会主义思想和党的十九大精神，深入贯彻落实全国教育大会精神，扎实推进《中共中央国务院关于全面深化新时代教师队伍建设改革的意见》的实施，进一步加强师德师风建设，我部研究制定了《幼儿园教师违反职业道德行为处理办法》，现印发给你们，请遵照执行。

教育部
2018年11月8日

幼儿园教师违反职业道德行为处理办法

第一条 为规范幼儿园教师职业行为，保障教师、幼儿的合法权益，根据《中华人民共和国教育法》《中华人民共和国未成年人保护法》《中华人民共和国教师法》《教师资格条例》和《新时代幼儿园教师职业行为十项准则》等法律法规和制度规范，制定本办法。

第二条 本办法所称幼儿园教师包括公办幼儿园、民办幼儿园的教师。

第三条 本办法所称处理包括处分和其他处理。处分包括警告、记过、降低岗位等级或撤职、开除。警告期限为6个月，记过期限为12个月，降低岗位等级或撤职期限为24个月。是中共党员的，同时给予党纪处分。

其他处理包括给予批评教育、诫勉谈话、责令检查、通报批评，以及取消在评奖评优、职务晋升、职称评定、岗位聘用、工资晋级、申报人才计划等方面的资格。取消相关资格的处理执行期限不得少于24个月。

教师涉嫌违法犯罪的，及时移送司法机关依法处理。

第四条 应予处理的教师违反职业道德行为如下：

（一）在保教活动中及其他场合有损害党中央权威和违背党的路线方针政策的言行。

（二）损害国家利益、社会公共利益，或违背社会公序良俗。

（三）通过保教活动、论坛、讲座、信息网络及其他渠道发表、转发错误观点，或编造散布虚假信息、不良信息。

（四）在工作期间玩忽职守、消极怠工，或空岗、未经批准找人替班，利用职务之便兼职兼薪。

（五）在保教活动中遇突发事件、面临危险时，不顾幼儿安危，擅离职守，自行逃离。

（六）体罚和变相体罚幼儿，歧视、侮辱幼儿，猥亵、虐待、伤害幼儿。

（七）采用学校教育方式提前教授小学内容，组织有碍幼儿身心健康的活动。

（八）在入园招生、绩效考核、岗位聘用、职称评聘、评优评奖等工作中徇私舞弊、弄虚作假。

（九）索要、收受幼儿家长财物或参加由家长付费的宴请、旅游、娱乐休闲等活动，推销幼儿读物、社会保险或利用家长资源谋取私利。

（十）组织幼儿参加以营利为目的的表演、竞赛活动，或泄露幼儿与家长的信息。

（十一）其他违反职业道德的行为。

第五条　幼儿园及幼儿园主管部门发现教师存在第四条列举行为的，应当及时组织调查核实，视情节轻重给予相应处理。做出处理决定前，应当听取教师的陈述和申辩，调查了解幼儿情况，听取其他教师、家长委员会或者家长代表意见，并告知教师有要求举行听证的权利。对于拟给予降低岗位等级以上的处分，教师要求听证的，拟做出处理决定的部门应当组织听证。

第六条　给予教师处理，应当坚持公平公正、教育与惩处相结合的原则；应当与其违反职业道德行为的性质、情节、危害程度相适应；应当事实清楚、证据确凿、定性准确、处理恰当、程序合法、手续完备。

第七条　给予教师处理按照以下权限决定：

（一）警告和记过处分，公办幼儿园教师由所在幼儿园提出建议，幼儿园主管部门决定。民办幼儿园教师由所在幼儿园提出建议，幼儿园举办者做出决定，并报主管部门备案。

（二）降低岗位等级或撤职处分，公办幼儿园由教师所在幼儿园提出建议，幼儿园主管部门决定并报同级人事部门备案。民办幼儿园教师由所在幼儿园提出建议，幼儿园举办者做出决定，并报主管部门备案。

（三）开除处分，公办幼儿园在编教师由所在幼儿园提出建议，幼儿园主管部门决定并报同级人事部门备案。未纳入编制管理的教师由所在幼儿园决定并解除其聘任合同，报主管部门备案。民办幼儿园教师由所在幼儿园提出建议，幼儿园举办者做出决定并解除其聘任合同，报主管部门备案。

（四）给予批评教育、诫勉谈话、责令检查、通报批评，以及取消在评奖评优、职务晋升、职称评定、岗位聘用、工资晋级、申报人才计划等方面资格的其他处理，按照管理权限，由教师所在幼儿园或主管部门视其情节轻重做出决定。

第八条　处理决定应当书面通知教师本人并载明认定的事实、理由、依据、期限及申诉途径等内容。

第九条　教师不服处理决定的，可以向幼儿园主管部门申请复核。对复核结果不服的，可以向幼儿园主管部门的上一级行政部门提出申诉。

对教师的处理，在期满后根据悔改表现予以延期或解除，处理决定和处理解除决定都应完整存入人事档案及教师管理信息系统。

第十条　教师受到处分的，符合《教师资格条例》第十九条规定的，由县级以上教育行政部门依法撤销其教师资格。

教师受处分期间暂缓教师资格定期注册。依据《中华人民共和国教师法》第十四条规定丧失教师资格的，不能重新取得教师资格。

教师受记过以上处分期间不能参加专业技术职务任职资格评审。

第十一条　教师被依法判处刑罚的，依据《事业单位工作人员处分暂行规定》给予降低岗位等级或者撤职以上处分。其中，被依法判处有期徒刑以上刑罚的，给予开除处分。教师受到剥夺政治权利或者故意犯罪受到有期徒刑以上刑事处罚的，丧失教师资格。

第十二条　公办幼儿园、民办幼儿园举办者及主管部门不履行或不正确履行师德师风建设管理职责，有下列情形的，上一级行政部门应当视情节轻重采取约谈、诫勉谈话、通报批评、纪律处分和组织处理等方式严肃追究主要负责人、分管负责人和直接责任人的责任：

（一）师德师风长效机制建设、日常教育督导不到位；

（二）师德失范问题排查发现不及时；

（三）对已发现的师德失范行为处置不力、方式不当或拒不处分、拖延处分、推诿隐瞒的；

（四）已做出的师德失范行为处理决定落实不到位，师德失范行为整改不彻底；

（五）多次出现师德失范问题或因师德失范行为引起不良社会影响；

（六）其他应当问责的失职失责情形。

第十三条 省级教育行政部门应当结合当地实际情况制定实施细则，并报国务院教育行政部门备案。

第十四条 本办法自发布之日起施行。

复习与思考

1. 试述《教育法》的地位、内容及法律责任的认定。
2. 简要说明《义务教育法》的立法宗旨。
3. 简要说明《教师法》关于教师的权利和义务。
4. 简要说明《未成年人保护法》五大保护内容。
5. 简要说明《学生伤害事故处理办法》学生伤害事故的含义和处理原则。
6. 简要说明《幼儿园工作规程》幼儿园教育的性质、任务、保育教育目标。
7. 简要说明《儿童权利公约》的四项基本原则。

第四章

学前教育方针政策

学习导航

了解我国学前教育的方针、政策，掌握国家教师资格证统一考试要求的主要方针、政策考点，有针对性地加以学习。如《幼儿园教育指导纲要（试行）》《3～6岁儿童学习与发展指南》《国家中长期教育改革和发展规划纲要（2010—2020年）》《国务院关于当前发展学前教育的若干意见》等相关内容。同时能根据国家教育的方针、政策，了解我国学前教育的发展趋势，同时对世界学前教育发展保持高度敏感。

第一节 幼儿园教育指导纲要（试行）

《幼儿园教育指导纲要（试行）》是在基础教育改革的大背景下应运而生的，是根据党的教育方针和《幼儿园工作规程》制定的，它是指导广大幼儿教师将《幼儿园工作规程》的教育思想和观念转化为教育行为的指导性文作，对于推进幼儿园实施素质教育和全面提高幼儿园教育质量具有重要的意义。

一、《幼儿园教育指导纲要（试行）》结构

（一）总则部分

总则部分的第一条指出了制定《幼儿园教育指导纲要（试行）》的依据、原因和目的；第二条介绍了幼儿教育的性质、任务；第三条明确了幼儿教育的外部原则；第四条阐述了幼儿教育的自身特点；第五条则指出了幼儿教育的内部原则。总则部分的精神贯穿了《幼儿园教育指导纲要试行》全文。

（二）教育内容与要求部分

这部分从健康、语言、社会、科学、艺术五大领域进行介绍，分别是各领域的目标、内容与要求和指导要点。可以看出，以何种维度划分领域，不是《幼儿园教育指导纲要（试

行)》的实质和核心所在，实施形态才是关键："在幼儿的生活中综合地实施教育"，"通过创设环境进行教育"，使各领域综合地、统整地呈现在幼儿的生活与各种活动中。

（三）组织与实施部分

这一部分的十一个条目贯穿着尊重幼儿的权利，尊重教师的创造，尊重幼儿在学习特点、发展水平、个性特征等方面的差异，尊重教育教学的客观规律，突出了幼儿园教育的组织与实施中教育性、互动性、开放性、针对性、灵活性等原则。

（四）教育评价部分

教育评价部分围绕幼儿园的教育评价，提出了评价的发展性、合作性，标准的多元性以及在评价方法上强调多角度、多主体、多方法、重过程、重差异等原则。评价内容以幼儿为中心，以发展作为着眼点和归宿。关注幼儿学会做人、学会做事、学会学习、学会与他人共同生活。

二、《幼儿园教育指导纲要（试行）》五大领域的目标

（一）健康领域目标

① 身体健康，在集体生活中情绪安定、愉快。
② 生活、卫生习惯良好，有基本的生活自理能力。
③ 知道必要的安全保健常识，学习保护自己。
④ 喜欢参加体育活动，动作协调、灵活。

（二）语言领域目标

① 乐意与人交谈，讲话礼貌。
② 注意倾听对方讲话，能理解日常用语。
③ 能清楚地说出自己想说的事。
④ 喜欢听故事、看图书。
⑤ 能听懂和会说普通话。

（三）社会领域目标

① 能主动地参与各项活动，有自信心。
② 乐意与人交往，学习互助、合作和分享，有同情心。
③ 理解并遵守日常生活中基本的社会行为规则。
④ 能努力做好力所能及的事，不怕困难，有初步的责任感。
⑤ 爱父母长辈、老师和同伴，爱集体、爱家乡、爱祖国。

（四）科学领域目标

① 对周围的事物、现象感兴趣，有好奇心和求知欲。
② 能运用各种感官，动手动脑，探究问题。
③ 能用适当的方式表达、交流探索的过程和结果。
④ 能从生活和游戏中感受事物的数量关系并体验到数学的重要和有趣。
⑤ 爱护动植物，关心周围环境，亲近大自然，珍惜自然资源，有初步的环保意识。

（五）艺术领域目标

① 能初步感受并喜爱环境、生活和艺术中的美。
② 喜欢参加艺术活动，并能大胆地表现自己的情感和体验。
③ 能用自己喜欢的方式进行艺术表现活动。

三、《幼儿园教育指导纲要（试行）》的理念

（一）终身教育的理念

《幼儿园教育指导纲要（试行）》各领域的目标、内容和要求、指导要点以及组织实施与评价均一致地将培养幼儿终身学习的基础和动力放在核心地位，强调教育活动"要符合幼儿的现实需要，有利于长期发展"。终身持续发展最基本的素质是积极主动的态度、强烈的学习兴趣、有效地与环境互动的能力、初步的合作意识、责任感等。

（二）以幼儿发展为本的理念

《幼儿园教育指导纲要（试行）》旗帜鲜明地倡导尊重幼儿、保障幼儿权利、促进幼儿全面和谐发展的儿童观。也就是说，要以幼儿的发展为本，阐明了幼儿的现实生活本身对幼儿成长的重要性，而不仅仅是为未来生活做准备。

（三）科学的幼儿教育的理念

《幼儿园教育指导纲要（试行）》在目标方面，把情感作为幼儿认知发展的推动力，同时也引导幼儿认知的情感化。在内容方面，吸收了建构主义和现代认知心理学的研究成果，视知识为动态变化的幼儿主动建构。以在实施原则方面，保证幼儿园的游戏、自由和自发的活动时间，将各领域有机整合起来，使教育贴近生活，综合化、多样化、具体化。

附：《幼儿园教育指导纲要（试行）》（全文）

幼儿园教育指导纲要（试行）

（2001年7月2日教育部印发）

第一部分 总　则

一、为贯彻《中华人民共和国教育法》《幼儿园管理条例》和《幼儿园工作规程》，指导幼儿园深入实施素质教育，特制定本纲要。

二、幼儿园教育是基础教育的重要组成部分，是我国学校教育和终身教育的奠基阶段。城乡各类幼儿园都应从实际出发，因地制宜地实施素质教育，为幼儿一生的发展打好基础。

三、幼儿园应与家庭、社区密切合作，与小学相互衔接，综合利用各种教育资源，共同为幼儿的发展创造良好的条件。

四、幼儿园应为幼儿提供健康、丰富的生活和活动环境，满足他们多方面发展的需要，使他们在快乐的童年生活中获得有益于身心发展的经验。

五、幼儿园教育应尊重幼儿的人格和权利，尊重幼儿身心发展的规律和学习特点，以游戏为基本活动，保教并重，关注个别差异，促进每个幼儿富有个性的发展。

第二部分 教育内容与要求

幼儿园的教育内容是全面的、启蒙性的,可以相对划分为健康、语言、社会、科学、艺术等五个领域,也可做其他不同的划分。各领域的内容相互渗透,从不同的角度促进幼儿情感、态度、能力、知识、技能等方面的发展。

健康

(一)目标

1. 身体健康,在集体生活中情绪安定、愉快;
2. 生活、卫生习惯良好,有基本的生活自理能力;
3. 知道必要的安全保健常识,学习保护自己;
4. 喜欢参加体育活动,动作协调、灵活。

(二)内容与要求

1. 建立良好的师生、同伴关系,让幼儿在集体生活中感到温暖,心情愉快,形成安全、信赖感。
2. 与家长配合,根据幼儿的需要建立科学的生活常规。培养幼儿良好的饮食、睡眠、盥洗、排泄等生活习惯和生活自理能力。
3. 教育幼儿爱清洁、讲卫生,注意保持个人和生活场所的整洁和卫生。
4. 密切结合幼儿的生活进行安全、营养和保健教育,提高幼儿的自我保护意识和能力。
5. 开展丰富多彩的户外游戏和体育活动,培养幼儿参加体育活动的兴趣和习惯,增强体质,提高对环境的适应能力。
6. 用幼儿感兴趣的方式发展基本动作,提高动作的协调性、灵活性。
7. 在体育活动中,培养幼儿坚强、勇敢、不怕困难的意志品质和主动、乐观、合作的态度。

(三)指导要点

1. 幼儿园必须把保护幼儿的生命和促进幼儿的健康放在工作的首位。树立正确的健康观念,在重视幼儿身体健康的同时,要高度重视幼儿的心理健康。
2. 既要高度重视和满足幼儿受保护、受照顾的需要,又要尊重和满足他们不断增长的独立要求,避免过度保护和包办代替,鼓励并指导幼儿自理、自立的尝试。
3. 健康领域的活动要充分尊重幼儿生长发育的规律,严禁以任何名义进行有损幼儿健康的比赛、表演或训练等。
4. 培养幼儿对体育活动的兴趣是幼儿园体育的重要目标,要根据幼儿的特点组织生动有趣、形式多样的体育活动,吸引幼儿主动参与。

语言

(一)目标

1. 乐意与人交谈,讲话礼貌;
2. 注意倾听对方讲话,能理解日常用语;
3. 能清楚地说出自己想说的事;
4. 喜欢听故事、看图书;
5. 能听懂和会说普通话。

(二)内容与要求

1. 创造一个自由、宽松的语言交往环境,支持、鼓励、吸引幼儿与教师、同伴或其他人交谈，体验语言交流的乐趣，学习使用适当的、礼貌的语言交往。

2. 养成幼儿注意倾听的习惯，发展语言理解能力。

3. 鼓励幼儿大胆、清楚地表达自己的想法和感受，尝试说明、描述简单的事物或过程，发展语言表达能力和思维能力。

4. 引导幼儿接触优秀的儿童文学作品，使之感受语言的丰富和优美，并通过多种活动帮助幼儿加深对作品的体验和理解。

5. 培养幼儿对生活中常见的简单标记和文字符号的兴趣。

6. 利用图书、绘画和其他多种方式，引发幼儿对书籍、阅读和书写的兴趣，培养前阅读和前书写技能。

7. 提供普通话的语言环境，帮助幼儿熟悉、听懂并学说普通话。少数民族地区还应帮助幼儿学习本民族语言。

（三）指导要点

1. 语言能力是在运用的过程中发展起来的，发展幼儿语言的关键是创设一个能使他们想说、敢说、喜欢说、有机会说并能得到积极应答的环境。

2. 幼儿语言的发展与其情感、经验、思维、社会交往能力等其他方面的发展密切相关，因此，发展幼儿语言的重要途径是通过互相渗透的各领域的教育，在丰富多彩的活动中去扩展幼儿的经验，提供促进语言发展的条件。

3. 幼儿的语言学习具有个别化的特点，教师与幼儿的个别交流、幼儿之间的自由交谈等，对幼儿语言发展具有特殊意义。

4. 对有语言障碍的儿童要给予特别关注，要与家长和有关方面密切配合，积极地帮助他们提高语言能力。

社会

（一）目标

1. 能主动地参与各项活动，有自信心；

2. 乐意与人交往，学习互助、合作和分享，有同情心；

3. 理解并遵守日常生活中基本的社会行为规则；

4. 能努力做好力所能及的事，不怕困难，有初步的责任感；

5. 爱父母长辈、老师和同伴，爱集体、爱家乡、爱祖国。

（二）内容与要求

1. 引导幼儿参加各种集体活动，体验与教师、同伴等共同生活的乐趣，帮助他们正确认识自己和他人，养成对他人、社会亲近、合作的态度，学习初步的人际交往技能。

2. 为每个幼儿提供表现自己长处和获得成功的机会，增强其自尊心和自信心。

3. 提供自由活动的机会，支持幼儿自主地选择、计划活动，鼓励他们通过多方面的努力解决问题，不轻易放弃克服困难的尝试。

4. 在共同的生活和活动中，以多种方式引导幼儿认识、体验并理解基本的社会行为规则，学习自律和尊重他人。

5. 教育幼儿爱护玩具和其他物品，爱护公物和公共环境。

6. 与家庭、社区合作，引导幼儿了解自己的亲人以及与自己生活有关的各行各业人们的劳动，培养其对劳动者的热爱和对劳动成果的尊重。

7. 充分利用社会资源，引导幼儿实际感受祖国文化的丰富与优秀，感受家乡的变化和发展，激发幼儿爱家乡、爱祖国的情感。

8. 适当向幼儿介绍我国各民族和世界其他国家、民族的文化，使其感知人类文化的多样性和差异性，培养理解、尊重、平等的态度。

（三）指导要点

1. 社会领域的教育具有潜移默化的特点。幼儿社会态度和社会情感的培养尤应渗透在多种活动和一日生活的各个环节之中，要创设一个能使幼儿感受到接纳、关爱和支持的良好环境，避免单一呆板的言语说教。

2. 幼儿与成人、同伴之间的共同生活、交往、探索、游戏等，是其社会学习的重要途径。应为幼儿提供人际间相互交往和共同活动的机会和条件，并加以指导。

3. 社会学习是一个漫长的积累过程，需要幼儿园、家庭和社会密切合作，协调一致，共同促进幼儿良好社会性品质的形成。

科学

（一）目标

1. 对周围的事物、现象感兴趣，有好奇心和求知欲；
2. 能运用各种感官，动手动脑，探究问题；
3. 能用适当的方式表达、交流探索的过程和结果；
4. 能从生活和游戏中感受事物的数量关系并体验到数学的重要和有趣；
5. 爱护动植物，关心周围环境，亲近大自然，珍惜自然资源，有初步的环保意识。

（二）内容与要求

1. 引导幼儿对身边常见事物和现象的特点、变化规律产生兴趣和探究的欲望。

2. 为幼儿的探究活动创造宽松的环境，让每个幼儿都有机会参与尝试，支持、鼓励他们大胆提出问题，发表不同意见，学会尊重别人的观点和经验。

3. 提供丰富的可操作的材料，为每个幼儿都能运用多种感官、多种方式进行探索提供活动的条件。

4. 通过引导幼儿积极参加小组讨论、探索等方式，培养幼儿合作学习的意识和能力，学习用多种方式表现、交流、分享探索的过程和结果。

5. 引导幼儿对周围环境中的数、量、形、时间和空间等现象产生兴趣，建构初步的数概念，并学习用简单的数学方法解决生活和游戏中某些简单的问题。

6. 从生活或媒体中幼儿熟悉的科技成果入手，引导幼儿感受科学技术对生活的影响，培养他们对科学的兴趣和对科学家的崇敬。

7. 在幼儿生活经验的基础上，帮助幼儿了解自然、环境与人类生活的关系。从身边的小事入手，培养初步的环保意识和行为。

（三）指导要点

1. 幼儿的科学教育是科学启蒙教育，重在激发幼儿的认识兴趣和探究欲望。

2. 要尽量创造条件让幼儿实际参加探究活动，使他们感受科学探究的过程和方法，体验发现的乐趣。

3. 科学教育应密切联系幼儿的实际生活进行，利用身边的事物与现象作为科学探索的对象。

艺术

（一）目标

1. 能初步感受并喜爱环境、生活和艺术中的美。
2. 喜欢参加艺术活动，并能大胆地表现自己的情感和体验。
3. 能用自己喜欢的方式进行艺术表现活动。

（二）内容与要求

1. 引导幼儿接触周围环境和生活中美好的人、事、物，丰富他们的感性经验和审美情趣，激发他们表现美、创造美的情趣。
2. 在艺术活动中面向全体幼儿，要针对他们的不同特点和需要，让每个幼儿都得到美的熏陶和培养。对有艺术天赋的幼儿要注意发展他们的艺术潜能。
3. 提供自由表现的机会，鼓励幼儿用不同艺术形式大胆地表达自己的情感、理解和想象，尊重每个幼儿的想法和创造，肯定和接纳他们独特的审美感受和表现方式，分享他们创造的快乐。
4. 在支持、鼓励幼儿积极参加各种艺术活动并大胆表现的同时，帮助他们提高表现的技能和能力。
5. 指导幼儿利用身边的物品或废旧材料制作玩具、手工艺品等来美化自己的生活或开展其他活动。
6. 为幼儿创设展示自己作品的条件，引导幼儿相互交流、相互欣赏、共同提高。

（三）指导要点

1. 艺术是实施美育的主要途径，应充分发挥艺术的情感教育功能，促进幼儿健全人格的形成。要避免仅仅重视表现技能或艺术活动的结果，而忽视幼儿在活动过程中的情感体验和态度的倾向。
2. 幼儿的创作过程和作品是他们表达自己的认识和情感的重要方式，应支持幼儿富有个性和创造性的表达，克服过分强调技能技巧和标准化要求的偏向。
3. 幼儿艺术活动的能力是在大胆表现的过程中逐渐发展起来的，教师的作用应主要在于激发幼儿感受美、表现美的情趣，丰富他们的审美经验，使之体验自由表达和创造的快乐。在此基础上，根据幼儿的发展状况和需要，对表现方式和技能技巧给予适时、适当的指导。

第三部分 组织与实施

一、幼儿园的教育是为所有在园幼儿的健康成长服务的，要为每一个儿童，包括有特殊需要的儿童提供积极的支持和帮助。

二、幼儿园的教育活动，是教师以多种形式有目的、有计划地引导幼儿生动、活泼、主动活动的教育过程。

三、教育活动的组织与实施过程是教师创造性地开展工作的过程。教师要根据本《纲要》，从本地、本园的条件出发，结合本班幼儿的实际情况，制定切实可行的工作计划并灵活地执行。

四、教育活动目标要以《幼儿园工作规程》和本《纲要》所提出的各领域目标为指导，结合本班幼儿的发展水平、经验和需要来确定。

五、教育活动内容的选择应遵照本《纲要》第二部分的有关条款进行，同时体现以下原则：

既适合幼儿的现有水平，又有一定的挑战性。

既符合幼儿的现实需要，又有利于其长远发展。

既贴近幼儿的生活来选择幼儿感兴趣的事物和问题，又有助于拓展幼儿的经验和视野。

六、教育活动内容的组织应充分考虑幼儿的学习特点和认识规律，各领域的内容要有机联系，相互渗透，注重综合性、趣味性、活动性，寓教育于生活、游戏之中。

七、教育活动的组织形式应根据需要合理安排，因时、因地、因内容、因材料灵活地运用。

八、环境是重要的教育资源，应通过环境的创设和利用，有效地促进幼儿的发展。

幼儿园的空间、设施、活动材料和常规要求等应有利于引发、支持幼儿的游戏和各种探索活动，有利于引发、支持幼儿与周围环境之间积极的相互作用。

幼儿同伴群体及幼儿园教师集体是宝贵的教育资源，应充分发挥这一资源的作用。

教师的态度和管理方式应有助于形成安全、温馨的心理环境；言行举止应成为幼儿学习的良好榜样。

家庭是幼儿园重要的合作伙伴。应本着尊重、平等、合作的原则，争取家长的理解、支持和主动参与，并积极支持、帮助家长提高教育能力。

充分利用自然环境和社区的教育资源，扩展幼儿生活和学习的空间。幼儿园同时应为社区的早期教育提供服务。

九、科学、合理地安排和组织一日生活。

时间安排应有相对的稳定性与灵活性，既有利于形成秩序，又能满足幼儿的合理需要，照顾到个体差异。

教师直接指导的活动和间接指导的活动相结合，保证幼儿每天有适当的自主选择和自由活动时间。教师直接指导的集体活动要能保证幼儿的积极参与，避免时间的隐性浪费。

尽量减少不必要的集体行动和过渡环节，减少和消除消极等待现象。

建立良好的常规，避免不必要的管理行为，逐步引导幼儿学习自我管理。

十、教师应成为幼儿学习活动的支持者、合作者、引导者。

以关怀、接纳、尊重的态度与幼儿交往。耐心倾听，努力理解幼儿的想法与感受，支持、鼓励他们大胆探索与表达。

善于发现幼儿感兴趣的事物、游戏和偶发事件中所隐含的教育价值，把握时机，积极引导。

关注幼儿在活动中的表现和反应，敏感地察觉他们的需要，及时以适当的方式应答，形成合作探究式的师生互动。

尊重幼儿在发展水平、能力、经验、学习方式等方面的个体差异，因人施教，努力使每一个幼儿都能获得满足和成功。

关注幼儿的特殊需要，包括各种发展潜能和不同发展障碍，与家庭密切配合，共同促进幼儿健康成长。

十一、幼儿园教育要与0～3岁儿童的保育教育以及小学教育相互衔接。

第四部分 教育评价

一、教育评价是幼儿园教育工作的重要组成部分，是了解教育的适宜性、有效性，调整和改进工作，促进每一个幼儿发展，提高教育质量的必要手段。

二、管理人员、教师、幼儿及其家长均是幼儿园教育评价工作的参与者。评价过程是各方共同参与、相互支持与合作的过程。

三、评价的过程，是教师运用专业知识审视教育实践，发现、分析、研究、解决问题的过程，也是其自我成长的重要途径。

四、幼儿园教育工作评价实行以教师自评为主，园长以及有关管理人员、其他教师和家长等参与评价的制度。

五、评价应自然地伴随着整个教育过程进行。综合采用观察、谈话、作品分析等多种方法。

六、幼儿的行为表现和发展变化具有重要的评价意义，教师应视之为重要的评价信息和改进工作的依据。

七、教育工作评价宜重点考察以下方面：

教育计划和教育活动的目标是否建立在了解本班幼儿现状的基础上。

教育的内容、方式、策略、环境条件是否能调动幼儿学习的积极性。

教育过程是否能为幼儿提供有益的学习经验，并符合其发展需要。

教育内容、要求能否兼顾群体需要和个体差异，使每个幼儿都能得到发展，都有成功感。

教师的指导是否有利于幼儿主动、有效地学习。

八、对幼儿发展状况的评估，要注意：

明确评价的目的是了解幼儿的发展需要，以便提供更加适宜的帮助和指导。

全面了解幼儿的发展状况，防止片面性，尤其要避免只重知识和技能，忽略情感、社会性和实际能力的倾向。

在日常活动与教育教学过程中采用自然的方法进行。平时观察所获的具有典型意义的幼儿行为表现和所积累的各种作品等，是评价的重要依据。

承认和关注幼儿的个体差异，避免用划一的标准评价不同的幼儿，在幼儿面前慎用横向的比较。

以发展的眼光看待幼儿，既要了解现有水平，更要关注其发展的速度、特点和倾向等。

第二节 3~6岁儿童学习与发展指南

一、《3~6岁儿童学习与发展指南》研制的背景

（一）《3~6岁儿童学习与发展指南》的研制是我国实施科教兴国的迫切需要

幼儿教育关系着我国数千万幼儿的发展，寄托着数千万家庭对未来美好生活的期盼。许多研究表明，幼儿在身体、社会性、语言、认知等方面的良好发展，不仅造福于幼儿个人及其家庭，也造福于整个社会、国家和民族。因此，我国幼儿教育受到了党和政府的高度重视和全社会的广泛关注，同时幼儿教育质量问题也是影响社会公共服务体系质量的大事，是建设社会主义和谐社会的一个重大民生工程。

（二）《3~6岁儿童学习与发展指南》的研制是落实《国家中长期教育改革和发展教育规划纲要（2010—2020年）》的重要举措

《国家中长期教育改革和发展规划纲要（2010—2020年）》（以下简称《教育规划纲要》）提出了"把提高质量作为教育改革发展的核心任务""树立以提高质量为核心的教育发展观，注重教育内涵发展"的战略目标。这不仅标志着我国教育步入了以质量为核心的新的发展时期，也指明了我国幼儿教育在今后一段时间内必须遵循的发展方向。据此，我国幼儿教育聚焦质量，狠抓内涵，以研制与出台《3~6岁儿童学习与发展指南》（以下简称《指南》）的积极举措来落实《教育规划纲要》的精神，促进幼儿教育向着以提高质量为核心的方向科学地发展。

（三）《指南》的研制借助了联合国儿童基金会"遍及全球"项目的东风

2002年，联合国儿童基金会启动了名为"遍及全球"（Going Global Project）的项目，旨在从保护儿童的权利出发，通过帮助发展中国家制定明确的早期儿童学习与发展标准，来促进其学前教育质量的提高，帮助幼儿做好入小学的准备，进而推动教育的"起点公平"。由于该项目针对了发展中国家学前教育中普遍面临的问题与需要，不少发展中国家积极地参与这一项目，中国也是如此。我国社会发展、教育发展的实际需求与国际项目的推动，促成了教育部与联合国儿童基金会在研制中国的《指南》项目上的合作。借助"遍及全球"项目的契机，教育部基础教育司从2005年起，组织我国幼儿发展与教育方面的专家，开始着手研制以家长和教师为主要使用对象的《指南》。

（四）《指南》的研制有助于更好地落实《儿童权利公约》，促进学前教育公平

《指南》基于业已形成的以联合国《儿童权利公约》为代表的世界共识，通过提供具体明确的合理目标和切实可行的实践策略与方法，引导幼儿有效地学习与发展，从而有利于确保家庭或幼教机构的保教质量，维护和保障幼儿的学习权、发展权。在《指南》研制的过程中，研制组比较充分地关注了广大农村和欠发达地区的幼儿教育水平和幼儿发展状况，根据全国城乡取样普查的结果，确定了比较合理的幼儿教育目标，以保证所有的幼儿，无论他们是在发达地区还是落后地区，无论是在城市还是农村，无论其发展的速度和水平如何，都能获得方向正确的教育引导与基本的、有质量的教育支持。

（五）《指南》的研制是我国幼教事业健康发展的迫切需要

随着社会教育水平不断提高，人们越来越强烈地希望自己的孩子从小就受到好的教育，早期教育的质量越来越受到全社会的关注。然而，什么样的早期教育是优质的？早期教育究竟应当给予幼儿什么？怎样实施教育才能让幼儿获得健康的、全面的、可持续的发展？这些早期教育的基本问题是当前家庭以至全社会都十分关心但并不十分清楚的问题。由于在这些基本问题上的模糊，加之商业大潮的干扰和冲击，我国的幼儿教育产生了一定程度的混乱，教育的人文精神和科学精神出现了比较严重的缺失。致使社会上出现了许多认识误区和歪曲教育规律、发展规律的做法，突出地表现在把幼儿学习小学化、应试化、功利化，幼儿教育变成了片面灌输知识技能的、急功近利的、让幼儿身心疲惫的训练，极大地危害了幼儿的健康发展，误导了幼儿教育的方向。《指南》的实施将有助于在全社会树立正确的儿童观、教育观和质量观，引导家长更新教育观念，尊重儿童的天性和认知规律，珍惜童年生活的独特价值，支持幼儿园开展科学保教，自觉抵制那些拔苗助长、违反儿童身心健康的错误观念和做法。

二、为什么叫《指南》而不叫《标准》

"指南"一词,如字面所示,其意为"指向南方"。"指南"一词被引申为"指导""导向""辨别正确方向的依据"之意。"标准"一词一般被定义为衡量事物的依据或准则,可供同类事物比较核对的事物、榜样、规范等。

从上述词义简释不难看到,"指南"与"标准"两概念的内涵有极大的区别。这种区别给用"指南"或"标准"命名的事物带来完全不同的本质属性。也就是说,凡以"标准"命名的事物强调其"统一性""规定性";而凡以"指南"命名的事物其性质则是强调"导向""指引"。《指南》旨在指导我国3~6岁儿童学习与发展的方向,其本质属性是导向性、引领性的。也就是说,《指南》是通过引导幼儿学习与发展的方向来表达国家对幼儿教育的要求,防止不正确的教育将幼儿的学习与发展带入歧途,而不是要对幼儿发展的具体水平或者发展方式、速度等做出统一规定或量化要求。

叶圣陶先生早就说过:"教育是农业,不是工业。"每个幼儿的成长如同不同植物的生长,因地域、气候以及自身条件等不同,而出现千姿百态的生长发展态势。我国幼教发展的现状表明,由于社会发展尚处在社会主义初级阶段,各地的经济、文化、教育水平等相差极其悬殊,致使各地幼儿学习与发展的条件、水平呈现出巨大差异。因此,以统一规格对幼儿的学习与发展实行全国性统一管理,既不合理,也不可能。同时那种模式化的"达标教育"也是与"以人为本"的幼儿教育理念背道而驰的。所以使用"指南"来命名,而不采用"标准",以突出强调"指引"和"导向"的功能。

三、《指南》与《纲要》的关系

(一)《指南》不能替代《纲要》

实施《指南》并不意味着不再需要贯彻《纲要》了。因为《指南》与《纲要》在对象、层次、内容、功能等方面是不同的。《纲要》是指导和规范幼儿园的整个保育和教育工作的宏观性指导文件,从"总则"到"教育内容与要求""组织与实施""教育评价"等各部分内容都是针对幼儿园教育各环节的全面指引与规范,这一功能是《指南》所不具备的,因此《指南》不可能替代《纲要》。

(二)不宜把《指南》简单地视为《纲要》的细化

《指南》与《纲要》的主要内容都是通过健康、社会、语言、科学、艺术等五个领域来展开的,且二者各领域的目标均以幼儿为主语来表述,其指向与内容也基本保持一致。不同的是《指南》目标部分增加了各年龄阶段表现的具体描述。因此,有老师认为《指南》只是《纲要》的细化。的确,《指南》对《纲要》"教育内容"的部分目标做了进一步细化,但却不宜把《指南》简单地视为《纲要》的细化。因为如前所述,《纲要》是对幼儿园教育的全面指导与规范,其对幼儿园教育的一系列指导原则都是《指南》根本没有涉及的,当然就更谈不上"细化"了。另外,《指南》从幼儿学习与发展的角度出发,根据社会发展的需要和幼儿发展的实际,与时俱进地在各领域的目标上提出了许多新的内容与视点,如健康领域的"具有健康的体态"的目标,社会领域"具有初步的归属感"的目标等,都进一步地丰富与发展了《纲要》领域的目标。综上所述,《指南》与《纲要》二者是不同的，它们不能相互替代，《纲要》指引《指南》的实施方向，《指南》推进《纲要》更加深入地贯彻落实，二者从不同的层面、不同的角度各司其职，共同推动我国幼儿教育的科学发展。

四、《指南》的内容

《指南》的内容由"说明"和"正文"两个部分组成

"说明"简要指出了《指南》制定的背景与目的、目标、作用、内容结构以及实施原则等。

"正文"从 3～6 岁儿童学习与发展的五个领域分别描述了幼儿的学习与发展。这五个领域是健康、语言、社会、科学、艺术。每个领域的概述部分简要说明了该领域对幼儿学习与发展的基本价值、教育要点和特别注意事项。每个领域按照幼儿学习与发展最基本、最重要的内容又划分为若干方面，即子领域，每个子领域的目标部分列出了若干目标，在每个目标下都有各年龄段的"典型表现"和"教育建议"。

五、《指南》实施的基本原则

（一）关注幼儿学习与发展的整体性

儿童的发展是一个整体，要注重领域之间、目标之间的相互渗透和整合，促进幼儿身心全面协调发展，而不应片面追求某一方面或几方面的发展。《指南》中五个领域是分别表述的，但这不意味各领域是彼此分离的。相反，《指南》的各领域是相互联系、相互支撑的。幼儿期全面发展的重要性超过了人生其他的任何阶段。

（二）尊重幼儿发展的个体差异

幼儿的发展是一个持续、渐进的过程，同时也表现出一定的阶段性特征。每个幼儿在沿着相似进程发展的过程中，各自的发展速度和到达某一水平的时间不完全相同。要充分理解和尊重幼儿发展进程中的个别差异，支持和引导他们从原有水平向更高水平发展，按照自身的速度和方式到达《指南》所呈现的发展"阶梯"，切忌用一把"尺子"衡量所有幼儿。

（三）理解幼儿的学习方式和特点

幼儿的学习是以直接经验为基础，在游戏和日常生活中进行的。要珍视游戏和生活的独特价值，创设丰富的教育环境，合理安排一日生活，最大限度地支持和满足幼儿通过直接感知、实际操作和亲身体验获取经验的需要，严禁"拔苗助长"式的超前教育和强化训练。

（四）重视幼儿的学习品质

幼儿在活动过程中表现出的积极态度和良好行为倾向是终身学习与发展所必需的宝贵品质。要充分尊重和保护幼儿的好奇心和学习兴趣，帮助幼儿逐步养成积极主动、认真专注、不怕困难、敢于探究和尝试、乐于想象和创造等良好学习品质。忽视幼儿学习品质培养，单纯追求知识技能学习的做法是短视而有害的。

附：《3～6岁儿童学习与发展指南》（全文）

《3～6岁儿童学习发展指南》

（中华人民共和国教育部　2012年10月）

说　　明

一、为深入贯彻《国家中长期教育改革和发展规划纲要（2010—2020年）》和《国务院关于当前发展学前教育的若干意见》（国发〔2010〕41号），指导幼儿园和家庭实施科学的保育和教育，促进幼儿身心全面和谐发展，制定《3～6岁儿童学习与发展指南》（以下简称《指南》）。

二、《指南》以为幼儿后继学习和终身发展奠定良好素质基础为目标，以促进幼儿体、智、德、美各方面的协调发展为核心，通过提出3～6岁各年龄段儿童学习与发展目标和相应的教育建议，帮助幼儿园教师和家长了解3～6岁幼儿学习与发展的基本规律和特点，建立对幼儿发展的合理期望，实施科学的保育和教育，让幼儿度过快乐而有意义的童年。

三、《指南》从健康、语言、社会、科学、艺术五个领域描述幼儿的学习与发展。每个领域按照幼儿学习与发展最基本、最重要的内容划分为若干方面。每个方面由学习与发展目标和教育建议两部分组成。

目标部分分别对3～4岁、4～5岁、5～6岁三个年龄段末期幼儿应该知道什么、能做什么，大致可以达到什么发展水平提出了合理期望，指明了幼儿学习与发展的具体方向；教育建议部分列举了一些能够有效帮助和促进幼儿学习与发展的教育途径与方法。

四、实施《指南》应把握以下几个方面：

1. 关注幼儿学习与发展的整体性。儿童的发展是一个整体，要注重领域之间、目标之间的相互渗透和整合，促进幼儿身心全面协调发展，而不应片面追求某一方面或几方面的发展。

2. 尊重幼儿发展的个体差异。幼儿的发展是一个持续、渐进的过程，同时也表现出一定的阶段性特征。每个幼儿在沿着相似进程发展的过程中，各自的发展速度和到达某一水平的时间不完全相同。要充分理解和尊重幼儿发展进程中的个别差异，支持和引导他们从原有水平向更高水平发展，按照自身的速度和方式到达《指南》所呈现的发展"阶梯"，切忌用一把"尺子"衡量所有幼儿。

3. 理解幼儿的学习方式和特点。幼儿的学习是以直接经验为基础，在游戏和日常生活中进行的。要珍视游戏和生活的独特价值，创设丰富的教育环境，合理安排一日生活，最大限度地支持和满足幼儿通过直接感知、实际操作和亲身体验获取经验的需要，严禁"拔苗助长"式的超前教育和强化训练。

4. 重视幼儿的学习品质。幼儿在活动过程中表现出的积极态度和良好行为倾向是终身学习与发展所必需的宝贵品质。要充分尊重和保护幼儿的好奇心和学习兴趣，帮助幼儿逐步养成积极主动、认真专注、不怕困难、敢于探究和尝试、乐于想象和创造等良好学习品质。忽视幼儿学习品质培养，单纯追求知识技能学习的做法是短视而有害的。

一、健康

健康是指人在身体、心理和社会适应方面的良好状态。幼儿阶段是儿童身体发育和机能发展极为迅速的时期，也是形成安全感和乐观态度的重要阶段。发育良好的身体、愉快的情绪、强健的体质、协调的动作、良好的生活习惯和基本生活能力是幼儿身心健康的重要标志，也是其他领域学习与发展的基础。

为有效促进幼儿身心健康发展，成人应为幼儿提供合理均衡的营养，保证充足的睡眠和适宜的锻炼，满足幼儿生长发育的需要；创设温馨的人际环境，让幼儿充分感受到亲情和关爱，形成积极稳定的情绪情感；帮助幼儿养成良好的生活与卫生习惯，提高自我保护能力，形成使其终身受益的生活能力和文明生活方式。

幼儿身心发育尚未成熟，需要成人的精心呵护和照顾，但不宜过度保护和包办代替，以免剥夺幼儿自主学习的机会，养成过于依赖的不良习惯，影响其主动性、独立性的发展。

（一）身心状况

目标 1　具有健康的体态

3～4岁	4～5岁	5～6岁
1. 身高和体重适宜。参考标准： 男孩： 身高：94.9～111.7厘米 体重：12.7～21.2公斤 女孩： 身高：94.1～111.3厘米 体重：12.3～21.5公斤 2. 在提醒下能自然坐直、站直	1. 身高和体重适宜。参考标准： 男孩： 身高：100.7～119.2厘米 体重：14.1～24.2公斤 女孩： 身高：99.9～118.9厘米 体重：13.7～24.9公斤 2. 在提醒下能保持正确的站、坐和行走姿势	1. 身高和体重适宜。参考标准： 男孩： 身高：106.1～125.8厘米 体重：15.9～27.1公斤 女孩： 身高：104.9～125.4厘米 体重：15.3～27.8公斤 2. 经常保持正确的站、坐和行走姿势

注：身高和体重数据来源：《2006年世界卫生组织儿童生长标准》4、5、6周岁儿童身高和体重的参考数据。

教育建议：

1. 为幼儿提供营养丰富、健康的饮食。如：
- 参照《中国孕期、哺乳期妇女和0～6岁儿童膳食指南》，为幼儿提供谷物、蔬菜、水果、肉、奶、蛋、豆制品等多样化的食物，均衡搭配。
- 烹调方式要科学，尽量少煎炸、烧烤、腌制。
2. 保证幼儿每天睡11～12小时，其中午睡一般应达到2小时左右。午睡时间可根据幼儿的年龄、季节的变化和个体差异适当减少。
3. 注意幼儿的体态，帮助他们形成正确的姿势。如：
- 提醒幼儿要保持正确的站、坐、走姿势；发现有八字脚、罗圈腿、驼背等骨骼发育异常的情况，应及时就医矫治。
- 桌、椅和床要合适。椅子的高度以幼儿写画时双脚能自然着地、大腿基本保持水平状为宜；桌子的高度以写画时身体能坐直，不驼背、不耸肩为宜；床不宜过软。
4. 每年为幼儿进行健康检查。

目标 2　情绪安定愉快

3～4岁	4～5岁	5～6岁
1. 情绪比较稳定，很少因一点小事哭闹不止。 2. 有比较强烈的情绪反应时，能在成人的安抚下逐渐平静下来。	1. 经常保持愉快的情绪，不高兴时能较快缓解。 2. 有比较强烈情绪反应时，能在成人提醒下逐渐平静下来。 3. 愿意把自己的情绪告诉亲近的人，一起分享快乐或求得安慰。	1. 经常保持愉快的情绪。知道引起自己某种情绪的原因，并努力缓解。 2. 表达情绪的方式比较适度，不乱发脾气。 3. 能随着活动的需要转换情绪和注意。

教育建议：

1. 营造温暖、轻松的心理环境，让幼儿形成安全感和信赖感。如：
- 保持良好的情绪状态，以积极、愉快的情绪影响幼儿。
- 以欣赏的态度对待幼儿。注意发现幼儿的优点，接纳他们的个体差异，不简单与同伴做横向比较。
- 幼儿做错事时要冷静处理，不厉声斥责，更不能打骂。

2. 帮助幼儿学会恰当表达和调控情绪。如：
- 成人用恰当的方式表达情绪，为幼儿做出榜样。如生气时不乱发脾气，不迁怒于人。
- 成人和幼儿一起谈论自己高兴或生气的事，鼓励幼儿与人分享自己的情绪。
- 允许幼儿表达自己的情绪，并给予适当的引导。如幼儿发脾气时不硬性压制，等其平静后告诉他什么行为是可以接受的。
- 发现幼儿不高兴时，主动询问情况，帮助他们化解消极情绪。

目标 3　具有一定的适应能力

3～4岁	4～5岁	5～6岁
1. 能在较热或较冷的户外环境中活动。 2. 换新环境时情绪能较快稳定，睡眠、饮食基本正常。 3. 在帮助下能较快适应集体生活。	1. 能在较热或较冷的户外环境中连续活动半小时左右。 2. 换新环境时较少出现身体不适。 3. 能较快适应人际环境中发生的变化。如换了新老师能较快适应。	1. 能在较热或较冷的户外环境中连续活动半小时以上。 2. 天气变化时较少感冒，能适应车、船等交通工具造成的轻微颠簸。 3. 能较快融入新的人际关系环境。如换了新的幼儿园或班级能较快适应。

教育建议：

1. 保证幼儿的户外活动时间，提高幼儿适应季节变化的能力。
- 幼儿每天的户外活动时间一般不少于两小时，其中体育活动时间不少于1小时，季节交替时要坚持。
- 气温过热或过冷的季节或地区应因地制宜，选择温度适当的时间段开展户外活动，也可根据气温的变化和幼儿的个体差异，适当减少活动的时间。

2. 经常与幼儿玩拉手转圈、秋千、转椅等游戏活动，让幼儿适应轻微的摆动、颠簸、旋转，促进其平衡机能的发展。

3. 锻炼幼儿适应生活环境变化的能力。如：

- 注意观察幼儿在新环境中的饮食、睡眠、游戏等方面的情况，采取相应的措施帮助他们尽快适应新环境。
- 经常带幼儿接触不同的人际环境，如参加亲戚朋友聚会，多和不熟悉的小朋友玩，使幼儿较快适应新的人际关系。

（二）动作发展

目标1　具有一定的平衡能力，动作协调、灵敏

3～4岁	4～5岁	5～6岁
1. 能沿地面直线或在较窄的低矮物体上走一段距离。 2. 能双脚灵活交替上下楼梯。 3. 能身体平稳地双脚连续向前跳。 4. 分散跑时能躲避他人的碰撞。 5. 能双手向上抛球。	1. 能在较窄的低矮物体上平稳地走一段距离。 2. 能以匍匐、膝盖悬空等多种方式钻爬。 3. 能助跑跨跳过一定距离，或助跑跨跳过一定高度的物体。 4. 能与他人玩追逐、躲闪跑的游戏。 5. 能连续自抛自接球。	1. 能在斜坡、荡桥和有一定间隔的物体上较平稳地行走。 2. 能以手脚并用的方式安全地爬攀登架、网等。 3. 能连续跳绳。 4. 能躲避他人滚过来的球或扔过来的沙包。 5. 能连续拍球。

教育建议：

1. 利用多种活动发展身体平衡和协调能力。如：

- 走平衡木，或沿着地面直线、田埂行走。
- 玩跳房子、踢毽子、蒙眼走路、踩小高跷等游戏活动。

2. 发展幼儿动作的协调性和灵活性。如：

- 鼓励幼儿进行跑跳、钻爬、攀登、投掷、拍球等活动。
- 玩跳竹竿、滚铁环等传统体育游戏。

3. 对于拍球、跳绳等技能性活动，不要过于要求数量，更不能机械训练。

4. 结合活动内容对幼儿进行安全教育，注重在活动中培养幼儿的自我保护能力。

目标2　具有一定的力量和耐力

3～4岁	4～5岁	5～6岁
1. 能双手抓杠悬空吊起10秒左右。 2. 能单手将沙包向前投掷2米左右。	1. 能双手抓杠悬空吊起15秒左右。 2. 能单手将沙包向前投掷4米左右。	1. 能双手抓杠悬空吊起20秒左右。 2. 能单手将沙包向前投掷5米左右。

续表

3~4岁	4~5岁	5~6岁
3. 能单脚连续向前跳2米左右。 4. 能快跑15米左右。 5. 能行走1千米左右（途中可适当停歇）	3. 能单脚连续向前跳5米左右。 4. 能快跑20米左右。 5. 能连续行走1.5千米左右（途中可适当停歇）	3. 能单脚连续向前跳8米左右。 4. 能快跑25米左右。 5. 能连续行走1.5千米以上（途中可适当停歇）

教育建议：

1. 开展丰富多样、适合幼儿年龄特点的各种身体活动，如走、跑、跳、攀、爬等，鼓励幼儿坚持下来，不怕累。
2. 日常生活中鼓励幼儿多走路、少坐车；自己上下楼梯、自己背包。

目标3　手的动作灵活协调

3~4岁	4~5岁	5~6岁
1. 能用笔涂涂画画。 2. 能熟练地用勺子吃饭。 3. 能用剪刀沿直线剪，边线基本吻合	1. 能沿边线较直地画出简单图形，或能边线基本对齐地折纸。 2. 会用筷子吃饭。 3. 能沿轮廓线剪出由直线构成的简单图形，边线吻合	1. 能根据需要画出图形，线条基本平滑。 2. 能熟练使用筷子。 3. 能沿轮廓线剪出由曲线构成的简单图形，边线吻合且平滑。 4. 能使用简单的劳动工具或用具

教育建议：

1. 创造条件和机会，促进幼儿手的动作灵活协调。如：
- 提供画笔、剪刀、纸张、泥团等工具和材料，或充分利用各种自然、废旧材料和常见物品，让幼儿进行画、剪、折、粘等美工活动。
- 引导幼儿生活自理或参与家务劳动，发展其手的动作。如练习自己用筷子吃饭、扣扣子，帮助家人择菜叶、做面食等。
- 幼儿园在布置娃娃家、商店等活动区时，多提供原材料和半成品，让幼儿有更多机会参与制作活动。

2. 引导幼儿注意活动安全。如：
- 为幼儿提供的塑料粒、珠子等活动材料要足够大，材质要安全，以免造成异物进入气管、铅中毒等伤害。提供幼儿用安全剪刀。
- 为幼儿示范拿筷子、握笔的正确姿势以及使用剪刀、锤子等工具的方法。
- 提醒幼儿不要拿剪刀等锋利工具玩耍，用完后要放回原处。

（三）生活习惯与生活能力

目标1　具有良好的生活与卫生习惯

3～4岁	4～5岁	5～6岁
1. 在提醒下，按时睡觉和起床，并能坚持午睡。 2. 喜欢参加体育活动。 3. 在引导下，不偏食、挑食。喜欢吃瓜果、蔬菜等新鲜食品。 4. 愿意饮用白开水，不贪喝饮料。 5. 不用脏手揉眼睛，连续看电视等不超过15分钟。 6. 在提醒下，每天早晚刷牙、饭前便后洗手。	1. 每天按时睡觉和起床，并能坚持午睡。 2. 喜欢参加体育活动。 3. 不偏食、挑食，不暴饮暴食。喜欢吃瓜果、蔬菜等新鲜食品。 4. 常喝白开水，不贪喝饮料。 5. 知道保护眼睛，不在光线过强或过暗的地方看书，连续看电视等不超过20分钟。 6. 每天早晚刷牙、饭前便后洗手，方法基本正确。	1. 养成每天按时睡觉和起床的习惯。 2. 能主动参加体育活动。 3. 吃东西时细嚼慢咽。 4. 主动饮用白开水，不贪喝饮料。 5. 主动保护眼睛。不在光线过强或过暗的地方看书，连续看电视等不超过30分钟。 6. 每天早晚主动刷牙，饭前便后主动洗手，方法正确。

教育建议：

1. 让幼儿保持有规律的生活，养成良好的作息习惯。如：早睡早起、每天午睡、按时进餐、吃好早餐等。
2. 帮助幼儿养成良好的饮食习惯。如：
- 合理安排餐点，帮助幼儿养成定点、定时、定量进餐的习惯。
- 帮助幼儿了解食物的营养价值，引导他们不偏食不挑食、少吃或不吃不利于健康的食品；多喝白开水，少喝饮料。
- 吃饭时不过分催促，提醒幼儿细嚼慢咽，不要边吃边玩。
3. 帮助幼儿养成良好的个人卫生习惯。如：
- 早晚刷牙、饭后漱口。
- 勤为幼儿洗澡、换衣服、剪指甲。
- 提醒幼儿保护五官，如不乱挖耳朵、鼻孔，看电视时保持3米左右的距离等。
4. 激发幼儿参加体育活动的兴趣，养成锻炼的习惯。如：
- 为幼儿准备多种体育活动材料，鼓励他选择自己喜欢的材料开展活动。
- 经常和幼儿一起在户外运动和游戏，鼓励幼儿和同伴一起开展体育活动。
- 和幼儿一起观看体育比赛或有关体育赛事的电视节目，培养他对体育活动的兴趣。

目标2　具有基本的生活自理能力

3～4岁	4～5岁	5～6岁
1. 在帮助下能穿脱衣服或鞋袜。 2. 能将玩具和图书放回原处。	1. 能自己穿脱衣服、鞋袜、扣纽扣。 2. 能整理自己的物品。	1. 能知道根据冷热增减衣服。 2. 会自己系鞋带。 3. 能按类别整理好自己的物品。

教育建议：

1. 鼓励幼儿做力所能及的事情，对幼儿的尝试与努力给予肯定，不因做不好或做得慢而包办代替。
2. 指导幼儿学习和掌握生活自理的基本方法，如穿脱衣服和鞋袜、洗手洗脸、擦鼻涕、擦屁股的正确方法。
3. 提供有利于幼儿生活自理的条件。如：
- 提供一些纸箱、盒子，供幼儿收拾和存放自己的玩具、图书或生活用品等。
- 幼儿的衣服、鞋子等要简单实用，便于自己穿脱。

目标3　具备基本的安全知识和自我保护能力

3~4岁	4~5岁	5~6岁
1. 不吃陌生人给的东西，不跟陌生人走。 2. 在提醒下能注意安全，不做危险的事。 3. 在公共场所走失时，能向警察或有关人员说出自己和家长的名字、电话号码等简单信息	1. 知道在公共场合不远离成人的视线单独活动。 2. 认识常见的安全标志，能遵守安全规则。 3. 运动时能主动躲避危险。 4. 知道简单的求助方式	1. 未经大人允许不给陌生人开门。 2. 能自觉遵守基本的安全规则和交通规则。 3. 运动时能注意安全，不给他人造成危险。 4. 知道一些基本的防灾知识

教育建议：

1. 创设安全的生活环境，提供必要的保护措施。如：
- 要把热水瓶、药品、火柴、刀具等物品放到幼儿够不到的地方；阳台或窗台要有安全保护措施；要使用安全的电源插座等。
- 在公共场所要注意照看好幼儿；幼儿乘车、乘电梯时要有成人陪伴；不把幼儿单独留在家里或汽车里等。
2. 结合生活实际对幼儿进行安全教育。如：
- 外出时，提醒幼儿要紧跟成人，不远离成人的视线，不跟陌生人走，不吃陌生人给的东西；不在河边和马路边玩耍；要遵守交通规则等。
- 帮助幼儿了解周围环境中不安全的事物，不做危险的事。如不动热水壶，不玩火柴或打火机，不摸电源插座，不攀爬窗户或阳台等。
- 帮助幼儿认识常见的安全标识，如：小心触电、小心有毒、禁止下河游泳、紧急出口等。
- 告诉幼儿不允许别人触摸自己的隐私部位。
3. 教给幼儿简单的自救和求救的方法。如：
- 记住自己家庭的住址、电话号码、父母的姓名和单位，一旦走失时知道向成人求助，并能提供必要信息。
- 遇到火灾或其他紧急情况时，知道要拨打110、120、119等求救电话。
- 可利用图书、音像等材料对幼儿进行逃生和求救方面的教育，并运用游戏方式模拟练习。

- 幼儿园应定期进行火灾、地震等自然灾害的逃生演习。

二、语言

语言是交流和思维的工具。幼儿期是语言发展，特别是口语发展的重要时期。幼儿语言的发展贯穿于各个领域，也对其他领域的学习与发展有着重要的影响：幼儿在运用语言进行交流的同时，也在发展着人际交往能力、理解他人和判断交往情境的能力、组织自己思想的能力。通过语言获取信息，幼儿的学习逐步超越个体的直接感知。

幼儿的语言能力是在交流和运用的过程中发展起来的。应为幼儿创设自由、宽松的语言交往环境，鼓励和支持幼儿与成人、同伴交流，让幼儿想说、敢说、喜欢说并能得到积极回应。为幼儿提供丰富、适宜的低幼读物，经常和幼儿一起看图书、讲故事，丰富其语言表达能力，培养阅读兴趣和良好的阅读习惯，进一步拓展学习经验。

幼儿的语言学习需要相应的社会经验支持，应通过多种活动扩展幼儿的生活经验，丰富语言的内容，增强理解和表达能力。应在生活情境和阅读活动中引导幼儿自然而然地产生对文字的兴趣，用机械记忆和强化训练的方式让幼儿过早识字不符合其学习特点和接受能力。

（一）倾听与表达

目标1　认真听并能听懂常用语言

3~4岁	4~5岁	5~6岁
1. 别人对自己说话时能注意听并做出回应。 2. 能听懂日常会话	1. 在群体中能有意识地听与自己有关的信息。 2. 能结合情境感受到不同语气、语调所表达的不同意思。 3. 方言地区和少数民族幼儿能基本听懂普通话	1. 在集体中能注意听老师或其他人讲话。 2. 听不懂或有疑问时能主动提问。 3. 能结合情境理解一些表示因果、假设等相对复杂的句子

教育建议：

1. 多给幼儿提供倾听和交谈的机会。如：经常和幼儿一起谈论他感兴趣的话题，或一起看图书、讲故事。

2. 引导幼儿学会认真倾听。如：
- 成人要耐心倾听别人（包括幼儿）的讲话，等别人讲完再表达自己的观点。
- 与幼儿交谈时，要用幼儿能听得懂的语言。
- 对幼儿提要求和布置任务时要求他注意听，鼓励他主动提问。

3. 对幼儿讲话时，注意结合情境使用丰富的语言，以便于幼儿理解。如：
- 说话时注意语气、语调，让幼儿感受语气、语调的作用。如对幼儿的不合理要求以比较坚定的语气表示不同意；讲故事时，尽量把故事人物高兴、悲伤的心情用不同的语气、语调表现出来。
- 根据幼儿的理解水平有意识地使用一些反映因果、假设、条件等关系的句子。

目标 2　愿意讲话并能清楚地表达

3~4岁	4~5岁	5~6岁
1. 愿意在熟悉的人面前说话，能大方地与人打招呼。 2. 基本会说本民族或本地区的语言。 3. 愿意表达自己的需要和想法，必要时能配以手势动作。 4. 能口齿清楚地说儿歌、童谣或复述简短的故事	1. 愿意与他人交谈，喜欢谈论自己感兴趣的话题。 2. 会说本民族或本地区的语言，基本会说普通话。少数民族聚居地区幼儿会用普通话进行日常会话。 3. 能基本完整地讲述自己的所见所闻和经历的事情。 4. 讲述比较连贯	1. 愿意与他人讨论问题，敢在众人面前说话。 2. 会说本民族或本地区的语言和普通话，发音正确清晰。少数民族聚居地区幼儿基本会说普通话。 3. 能有序、连贯、清楚地讲述一件事情。 4. 讲述时能使用常见的形容词、同义词等，语言比较生动

教育建议：

1. 为幼儿创造说话的机会并体验语言交往的乐趣。
- 每天有足够的时间与幼儿交谈。如谈论他感兴趣的话题，询问和听取他对自己事情的意见等。
- 尊重和接纳幼儿的说话方式，无论幼儿的表达水平如何，都应认真地倾听并给予积极的回应。
- 鼓励和支持幼儿与同伴一起玩耍、交谈，相互讲述见闻、趣事或看过的图书、动画片等。
- 方言和少数民族地区应积极为幼儿创设用普通话交流的语言环境。

2. 引导幼儿清楚地表达。如：
- 和幼儿讲话时，成人自身的语言要清楚、简洁。
- 当幼儿因为急于表达而说不清楚的时候，提醒他不要着急，慢慢说；同时要耐心倾听，给予必要的补充，帮助他理清思路并清晰地说出来。

目标 3　具有文明的语言习惯

3~4岁	4~5岁	5~6岁
1. 与别人讲话时知道眼睛要看着对方。 2. 说话自然，声音大小适中。 3. 能在成人的提醒下使用恰当的礼貌用语	1. 别人对自己讲话时能回应。 2. 能根据场合调节自己说话声音的大小。 3. 能主动使用礼貌用语，不说脏话、粗话	1. 别人讲话时能积极主动地回应。 2. 能根据谈话对象和需要，调整说话的语气。 3. 懂得按次序轮流讲话，不随意打断别人。 4. 能依据所处情境使用恰当的语言。如在别人难过时会用恰当的语言表示安慰

教育建议：

1. 成人注意语言文明，为幼儿做出表率。如：
- 与他人交谈时，认真倾听，使用礼貌用语。

- 在公共场合不大声说话，不说脏话、粗话。
- 幼儿表达意见时，成人可蹲下来，眼睛平视幼儿，耐心听他把话说完。

2. 帮助幼儿养成良好的语言行为习惯。如：
- 结合情境提醒幼儿一些必要的交流礼节。如对长辈说话要有礼貌，客人来访时要打招呼，得到帮助时要说"谢谢"等。
- 提醒幼儿遵守集体生活的语言规则，如轮流发言，不随意打断别人讲话等。
- 提醒幼儿注意公共场所的语言文明，如不大声喧哗。

（二）阅读与书写准备

目标1 喜欢听故事，看图书

3～4岁	4～5岁	5～6岁
1. 主动要求成人讲故事、读图书。 2. 喜欢跟读韵律感强的儿歌、童谣。 3. 爱护图书，不乱撕、乱扔。	1. 反复看自己喜欢的图书。 2. 喜欢把听过的故事或看过的图书讲给别人听。 3. 对生活中常见的标识、符号感兴趣，知道它们表示一定的意义。	1. 专注地阅读图书。 2. 喜欢与他人一起谈论图书和故事的有关内容。 3. 对图书和生活情境中的文字符号感兴趣，知道文字表示一定的意义。

教育建议：

1. 为幼儿提供良好的阅读环境和条件。如：
- 提供一定数量、符合幼儿年龄特点、富有童趣的图画书。
- 提供相对安静的地方，尽量减少干扰，保证幼儿自主阅读。

2. 激发幼儿的阅读兴趣，培养阅读习惯。如：
- 经常抽时间与幼儿一起看图书、讲故事。
- 提供童谣、故事和诗歌等不同体裁的儿童文学作品，让幼儿自主选择和阅读。
- 当幼儿遇到感兴趣的事物或问题时，和他一起查阅图书资料，让他感受图书的作用，体会通过阅读获取信息的乐趣。

3. 引导幼儿体会标识、文字符号的用途。如：
- 向幼儿介绍医院、公用电话等生活中的常见标识，让他知道标识可以代表具体事物。
- 结合生活实际，帮助幼儿体会文字的用途。如买来新玩具时，把说明书上的文字念给幼儿听，了解玩具的玩法。

目标2 具有初步的阅读理解能力

3～4岁	4～5岁	5～6岁
1. 能听懂短小的儿歌或故事。 2. 会看画面，能根据画面说出图中有什么，发生了什么事等。	1. 能大体讲出所听故事的主要内容。 2. 能根据连续画面提供的信息，大致说出故事的情节。	1. 能说出所阅读的幼儿文学作品的主要内容。

续表

3～4岁	4～5岁	5～6岁
3. 能理解图书上的文字是和画面对应的，是用来表达画面意义的	3. 能随着作品的展开产生喜悦、担忧等相应的情绪反应，体会作品所表达的情绪情感	2. 能根据故事的部分情节或图书画面的线索猜想故事情节的发展，或续编、创编故事。对看过的图书、听过的故事能说出自己的看法。 3. 能初步感受文学语言的美

教育建议：

1. 经常和幼儿一起阅读，引导他以自己的经验为基础理解图书的内容。如：
- 引导幼儿仔细观察画面，结合画面讨论故事内容，学习建立画面与故事内容的联系。
- 和幼儿一起讨论或回忆书中的故事情节，引导他有条理地说出故事的大致内容。
- 在给幼儿读书或讲故事时，可先不告诉名字，让幼儿听完后自己命名，并说出这样命名的理由。
- 鼓励幼儿自主阅读，并与他人讨论自己在阅读中的发现、体会和想法。
2. 在阅读中发展幼儿的想象和创造能力。如：
- 鼓励幼儿依据画面线索讲述故事，大胆推测、想象故事情节的发展，改编故事部分情节或续编故事结尾。
- 鼓励幼儿用故事表演、绘画等不同的方式表达自己对图书和故事的理解。
- 鼓励和支持幼儿自编故事，并为自编的故事配上图画，制成图画书。
3. 引导幼儿感受文学作品的美。如：
- 有意识地引导幼儿欣赏或模仿文学作品的语言节奏和韵律。
- 给幼儿读书时，通过表情、动作和抑扬顿挫的声音传达书中的情绪情感，让幼儿体会作品的感染力和表现力。

目标3　具有书面表达的愿望和初步技能

3～4岁	4～5岁	5～6岁
1. 喜欢用涂涂画画表达一定的意思	1. 愿意用图画和符号表达自己的愿望和想法。 2. 在成人提醒下，写写画画时姿势正确	1. 愿意用图画和符号表现事物或故事。 2. 会正确书写自己的名字。 3. 写画时姿势正确

教育建议：

1. 让幼儿在写写画画的过程中体验文字符号的功能，培养书写兴趣。如：
- 准备供幼儿随时取放的纸、笔等材料，也可利用沙地、树枝等自然材料，满足幼儿自由涂画的需要。

- 鼓励幼儿将自己感兴趣的事情或故事画下来并讲给别人听，让幼儿体会写写画画的方式可以表达自己的想法和情感。
- 把幼儿讲过的事情用文字记录下来，并念给他听，使幼儿知道说的话可以用文字记录下来，从中体会文字的用途。

2. 在绘画和游戏中做必要的书写准备，如：
- 通过把虚线画出的图形轮廓连成实线等游戏，促进手眼协调，同时帮助幼儿学习由上至下、由左至右的运笔技能。
- 鼓励幼儿学习书写自己的名字。
- 提醒幼儿写画时保持正确姿势。

三、社会

幼儿社会领域的学习与发展过程是其社会性不断完善并奠定健全人格基础的过程。人际交往和社会适应是幼儿社会学习的主要内容，也是其社会性发展的基本途径。幼儿在与成人和同伴交往的过程中，不仅学习如何与人友好相处，也在学习如何看待自己、对待他人，不断发展适应社会生活的能力。良好的社会性发展对幼儿身心健康和其他各方面的发展都具有重要影响。

家庭、幼儿园和社会应共同努力，为幼儿创设温暖、关爱、平等的家庭和集体生活氛围，建立良好的亲子关系、师生关系和同伴关系，让幼儿在积极健康的人际关系中获得安全感和信任感，发展自信和自尊，在良好的社会环境及文化的熏陶中学会遵守规则，形成基本的认同感和归属感。

幼儿的社会性主要是在日常生活和游戏中通过观察和模仿潜移默化地发展起来的。成人应注重自己言行的榜样作用，避免简单生硬的说教。

（一）人际交往

目标1　愿意与人交往

3～4岁	4～5岁	5～6岁
1. 愿意和小朋友一起游戏。 2. 愿意与熟悉的长辈一起活动	1. 喜欢和小朋友一起游戏，有经常一起玩的小伙伴。 2. 喜欢和长辈交谈，有事愿意告诉长辈	1. 有自己的好朋友，也喜欢结交新朋友。 2. 有问题愿意向别人请教。 3. 有高兴的或有趣的事愿意与大家分享

教育建议：

1. 主动亲近和关心幼儿，经常和他一起游戏或活动，让幼儿感受到与成人交往的快乐，建立亲密的亲子关系和师生关系。
2. 创造交往的机会，让幼儿体会交往的乐趣。如：
- 利用走亲戚、到朋友家做客或有客人来访的时机，鼓励幼儿与他人接触和交谈。
- 鼓励幼儿参加小朋友的游戏，邀请小朋友到家里玩，感受有朋友一起玩的快乐。
- 幼儿园应多为幼儿提供自由交往和游戏的机会，鼓励他们自主选择、自由结伴开展活动。

2.1.3 电位计型加速踏板位置传感器

1. 电位计型加速踏板位置传感器的工作原理

电位计型加速踏板位置传感器(APPS)的结构如图2-22所示。加速踏板位置传感器以分压电路原理工作,ECU供给传感器电路5V电压,电位计型加速踏板通过转轴与传感器内部的滑动变阻器的电刷连接,加速踏板位置传感器的位置改变时,电刷与接地端的电压发生改变,ECU将该电压转换成加速踏板的位置信号。加速踏板位置传感器同时输出两组信号给ECU,保证输出信号的可靠性。

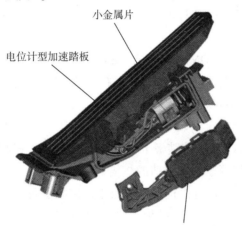

图2-22 电位计型加速踏板位置传感器

电位计型加速踏板位置传感器各接线及各引脚位置如图2-23所示。

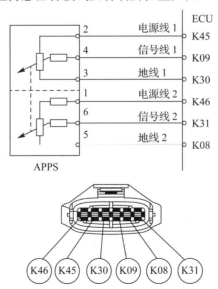

图2-23 电位计型加速踏板位置传感器各接线及各引脚位置

2. 电位计型加速踏板位置传感器检修

①外线路检查。用万用表,分别测量电位计型加速踏板位置传感器的各端子与对应的 ECU 端子之间的电阻值,以判断外线路是否存在短路及断路故障。

②传感器电压值测量。关闭点火开关,拔下电位计型加速踏板位置传感器插头,点火开关置"ON",线束侧插头 1$^\#$、2$^\#$端子与搭铁之间电压应为 5V,3$^\#$、5$^\#$端子电压应为 0V。

③传感器电阻值测量。关闭点火开关,拔下电位计型加速踏板位置传感器插头,传感器侧 5$^\#$、6$^\#$端子之间电阻应为 (1.2±0.4)kΩ,1$^\#$、5$^\#$端子之间电阻应为 (1.7±0.8)kΩ。

④数据流检测。用 X-431 故障诊断仪读取汽油机系统数据流,涉及加速踏板位置传感器的数据流有 3 个:加速踏板 1 电位计电压值、加速踏板 2 电位计电压值、滤波前的加速踏板开度。

接入诊断仪,点火开关置"ON"(汽油机"OFF"),读取汽油机系统数据流。不踩动加速踏板时,加速踏板 1 电位计电压值应为 0.7V 左右,加速踏板 2 电位计电压值为 0.35V 左右,滤波前的加速踏板开度应为 0%。

缓慢踩下加速踏板,上述 3 个数据流应同时变化,其变化规律如下:滤波前的加速踏板开度数值应逐渐增加至 100%;加速踏板 1 电位计电压值与加速踏板 2 电位计电压值应同时增加,但是前者的瞬时数值等于后者数值的 2 倍。

⑤检测维修注意事项。检测时,应注意检查油门踏板能否踩到全开位置;是否因车内驾驶座椅下方的地毯过厚或位置不当将踏板顶住,而无法将其踩到全开位置。

3. 失效模式及失效产生的原理

①无法测得油门位置信号,原因在于 ECU 至传感器之间的线路断路。

②汽油机加速无力,原因在于传感器内部两套电阻之间不能够相互检测,ECU 无法获得当前油门踏板的正确位置;或者电位计中某一套电阻失效导致 ECU 接收错误信号。

③汽油机不能加速,原因在于电位计型加速踏板踏板内电位计失效或者线路断路。

2.1.4 怠速控制

汽油机在正常运行工况下,由驾驶员通过加速踏板控制节气门开度调节进气量,从而控制汽油机的输出功率。燃油喷射汽油机怠速时,节气门处于全关状态,空气通过节气门缝隙及旁通节气门的怠速调节通路进入汽油机,由空气流量传感器(或进气歧管压力传感器)检查该进气量,并根据转速及其他修正信号控制喷油量,使输出扭矩与汽油机本身内部阻力矩相平衡,保证汽油机在怠速下稳定运转。当汽油机的内部阻力矩发生变化时,怠速运转转速将会发生变化,怠速控制装置的功能就是由 ECU 自动维持汽油机怠速稳定运转。

怠速控制(ISC)是通过调节空气通路面积,从而控制空气流量的方法来实现的。

1. 怠速控制系统的组成

汽油机怠速控制系统主要由 ECU、执行器(怠速阀)和各种传感器等组成,如表 2-1 所示。

表 2-1 怠速控制系统的组成及其功能

组 件		功 能
传感器	转速传感器(Ne 信号)	检测汽油机转速
	节气门位置传感器	检测汽油机是否处于怠速状态
	水温传感器	检测汽油机冷却液温度
	起动开关信号	检测汽油机是否正在起动中
	空调开关(A/C)	检测空调的工作状态(ON、OFF)
	车速传感器	检测车速
	空挡起动开关信号(P/N)	检测换挡手柄位置
	液力变矩器负荷信号	检测液力变矩器负荷变化
	动力转向开关信号	检测动力转向工作状态
	发电机负荷信号	检测发电机负荷的变化
执行器	怠速控制阀	控制节气门旁通空气通道
ECU		根据从各传感器输入的信号,把汽油机的实际转速与各传感器输入信号所决定的目标转速进行比较。根据比较得出的差值,确定相当于目标转速的控制量,驱动控制空气量的执行机构,使怠速转速保持在目标转速上

2. 怠速控制装置分类

怠速控制的内容包括起动后控制、暖机过程控制、负荷变化的控制和减速时的控制等,其实质是通过调节空气通道的流通面积来控制怠速的进气量。目前使用的怠速控制装置,按控制原理可分为节气门直动控制机构和旁通空气控制机构两类,如图 2-24 所示。其中,旁通空气控制机构按其结构和控制方式,又可分为步进电动机控制阀机构、旋转电磁阀式怠速控制机构、占空比控制型 VSV 怠速控制阀和真空电磁阀怠速控制机构等。

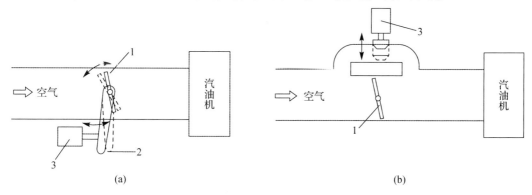

图 2-24 怠速控制装置
(a)节气门直动控制机构;(b)旁通空气控制机构
1—节气门;2—节气门操纵臂;3—执行元件

1)节气门直动控制机构

单点喷射系统中采用的是节气门直动控制机构,该机构直接通过对节气门最小开度的控制来控制急速。图 2-25 所示为节气门直动控制机构的结构,其主要由直流电动机、减速齿轮、进给丝杠和传动轴组成。直流电动机既可正转也可反转,当直流电动机通电转动时,经减速齿轮机构减速增扭后,再由进给丝杠将旋转运动转换为传动轴的直线运动。传动轴顶靠在节气门最小开度限制器上,汽油机急速运转时,ECU 根据各传感器的信号,控制直流电动机的正反转和转动量,以改变节气门最小开度限制器的位置,从而控制节气门的最小开度,实现对急速时进气量进行控制的目的。

这种控制机构的优点是结构简单、工作稳定性好,缺点是采用了齿轮减速机构后执行速度慢、动态响应差。

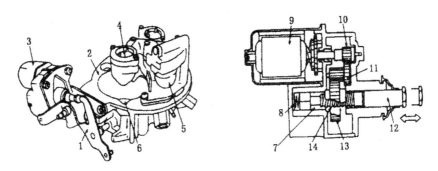

图 2-25 节气门直动控制机构的结构

1—节气门操纵臂;2—节气门体;3—ISC 执行机构;4—喷油器;5—压力调节器;
6—节气门;7—防转动六角孔;8—弹簧;9—直流电机;10—减速齿轮①;
11—减速齿轮②;12—传动轴;13—减速齿轮③;14—进给丝杠

2)旁通空气控制机构

旁通空气控制机构通过改变旁通道的流通面积来控制急速进气量,以达到急速控制的目的。多点燃油喷射系统中多采用旁通空气控制机构,其类型主要有以下几种。

(1)步进电动机控制阀机构

步进电动机控制阀机构做成一体装在进气总管内,电机可顺时针或逆时针旋转,使阀芯沿轴向移动,改变阀芯与阀座之间的间隙,即可调节流过节气门旁通通道的空气量。这种机构有 125 种不同的开启位置,还可用来控制汽油机的快急速,而不需要辅助空气阀。图 2-26 为这种机构的结构图,图 2-27 为旁通空气量的变化曲线。

步进电动机的转子用永久磁铁制成,N 极和 S 极在圆周上相间排列,形成 8 对磁极,如图 2-28(b)所示。定子有 A、B 两个,上下叠置,内绕 A、B 两组线圈,每个定子各有 8 对爪极,每对爪极之间的间距为 1 个爪极宽度,A、B 两定子爪极相差一个爪极宽度,构成一体安装在外壳上,如图 2-28(a)所示。

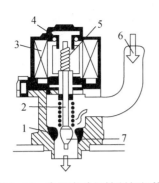

图 2-26 步进电动机控制阀机构

1—阀座;2—阀轴;3—定子线圈;4—轴承;
5—进给丝杠;6—旁通空气进口;7—阀芯

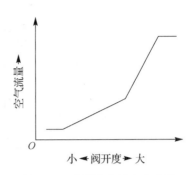

图 2-27 旁通空气量变化曲线

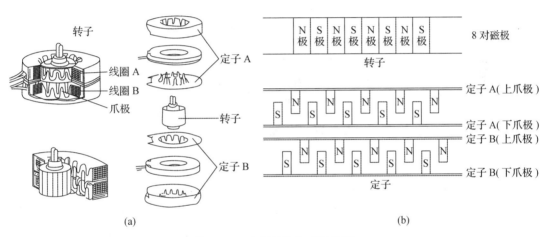

图 2-28 定子结构与爪极位置

(a)定子结构;(b)定子爪极的位置

①转子的转动。定子爪极的极性是可以变换的,由 ECU 内三极管控制各相定子线圈的电压脉冲决定。步进电动机工作原理如图 2-29 所示。定子与转子的异性磁极对正时,转子呈静止状态,通过对定子各绕组电压脉冲的控制,使其爪极的极性发生变化,如图 2-29(b)所示,在同性磁极推斥力和异性磁极引力的作用下,转子步进一个爪极宽度(在图中相对于定子向右移动一个爪极宽度),如图 2-29(c)所示。若将转子移动一个爪极宽度称为移动一步,则对具有两个定子,共计 32 个爪极宽度的步进电动机而言,一步为 1/32 转(约 11°)。丰田车用步进电动机由急速位置到最大开度可工作 125 步,转子转 1 圈(工作 32 步)约用 1/4s。

②阀芯的移动。阀芯固定在阀轴的一端,阀轴另一端的螺纹旋入步进电动机的转子。由于阀轴受到挡板的约束,所以当转子旋转时,阀芯随阀轴一起作轴向移动,从而改变阀芯与阀座之间的距离。

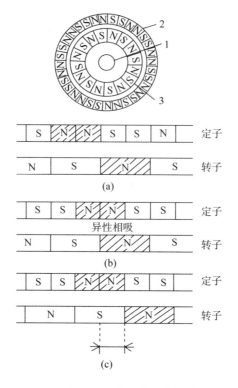

图 2-29 步进电动机工作原理

(a)静止态;(b)产生运转;(c)步进一个爪极宽度

1—阀座;2—定子线圈;3—转子(永久磁铁)

(2) 旋转电磁阀式怠速控制机构

旋转电磁阀式怠速控制机构安装在节气门上,通过永久磁铁及周围的磁化线控制机构来控制阀门的旋转角度,从而改变怠速空气通道的截面积,其结构及工作原理如图2-30所示。

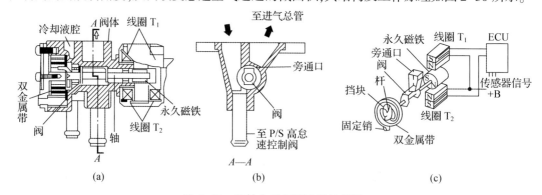

图 2-30 旋转电磁阀型怠速控制阀

(a)结构;(b)A—A剖面;(c)工作原理

①圆柱形永久磁铁。圆柱形永久磁铁装在阀轴的末端,当永久磁铁的磁场与线圈 T_1 和线圈 T_2 产生的电磁场相互作用时,圆柱形永久磁铁产生偏转。

②阀。阀安装在阀轴的中部,与带有永久磁铁的轴一同转动,改变旁通空气通道的截面,从而控制流过旁通通道的空气量。

③线圈 T_1 和线圈 T_2。线圈 T_1、T_2 及其铁芯装在圆柱形永久磁铁对应的圆周位置上。当 ECU 给线圈 T_1、T_2 通电,线圈铁芯则产生磁场,面向圆柱形永久磁铁的一端均为电磁场的 N 极。在磁场的作用下,圆柱形永久磁铁和轴一起旋转,ECU 可通过控制线圈产生的磁场强度改变轴的转角。

④双金属带。双金属带制成盘香形,一端用固定销固定,另一端与阀轴端的挡块相连接。阀轴上的杆穿过挡块的凹槽,可在限定的范围内摆动。双金属带检测流过阀体冷却液温度的变化,是一套保护装置,其功能是防止怠速控制系统电路出现故障时,汽油机转速过高或过低。只要怠速系统正常工作,轴上的杆将不与挡块的凹槽两侧接触。

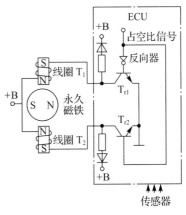

控制电路工作原理如图 2-31 所示。ECU 根据各有关信号计算出汽油机所需的占空比,输出相应的控制信号,驱动三极管 T_{r1} 和 T_{r2},使 T_1 和 T_2 线圈通电。T_1 和 T_2 通电时产生的磁场与圆柱形永久磁铁的磁场相互作用,使阀轴偏转。

图 2-31 控制电路工作原理

ECU 以一固定周期(4ms)使线圈接通或断开。由于占空比控制信号和三极管 T_{r1} 基极之间接有反向器,故三极管 T_{r1} 和 T_{r2} 的电极输出相位相反,工作原理如图 2-32 所示。

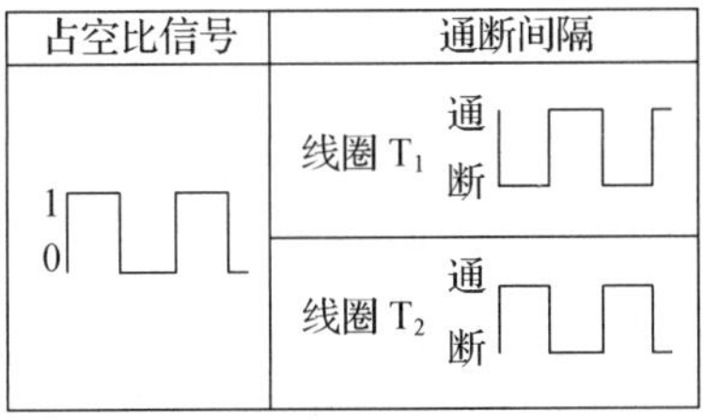

图 2-32 线圈工作原理

当占空比为 50% 时,线圈 T_1、T_2 的平均通电时间相等,产生的磁场作用力相互抵消,阀轴停止转动,工作原理如图 2-33 所示。

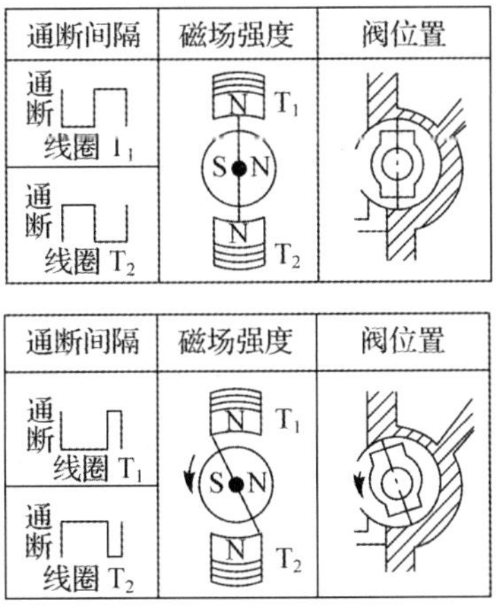

图 2-33 阀轴工作原理

当占空比超过50%时,线圈T_2的磁场强度大于线圈T_1的磁场强度,永久磁铁将转过一定角度,使旁通口打开。占空比是指ECU控制信号在一个周期内通电时间与通电周期之比,如图2-34所示。

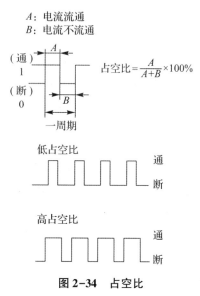

图2-34 占空比

旋转电磁阀式怠速控制机构体积小、质量轻,可控制快怠速,故不需要辅助空气阀。ECU对旋转电磁阀的控制有起动、暖机、稳定怠速预测转速变化控制及学习控制等。

(3) 占空比控制型VSV怠速控制阀

占空比控制型VSV怠速控制阀是比例型电磁阀,其结构如图2-35所示。ECU控制电磁阀,通电时阀门被吸开,通过ECU控制电磁阀电磁力的大小来改变阀门的开度大小,实现怠速控制。在实际工作中,线圈通电周期为100ms。当占空比大,在一个周期内线圈通电时间长时,阀门开度大,旁通空气量大。但该种怠速控制阀控制的旁通空气量很少,故仍需辅助空气阀控制快怠速。

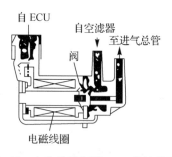

图2-35 占空比控制型VSV怠速控制阀

ECU对这类阀也有起动、暖机、稳定怠速预测转速变化控制及学习控制等功能。

上述三种机构的区别是,ECU控制步进电机的数据是步进电机的步数,而后两种机构的数据是控制脉冲的占空比。

(4) 真空电磁阀怠速控制机构

真空电磁阀怠速控制机构的结构与占空比控制型VSV怠速控制阀基本相同,但其不直接控制旁通气道的开闭,而是控制真空管路,通过控制空气控制阀的开度以旁通气道空气量的大小,实现怠速控制。

3)怠速转速控制过程

怠速控制的实质是控制汽油机怠速时的进气量。怠速时的喷油量则由 ECU 根据预先实验设定的怠速空燃比和实际充气量计算确定。

怠速控制内容主要是汽油机负荷变化控制和电器负荷变化控制。怠速控制系统控制怠速转速的方法如下:当汽油机怠速负荷增大时,ECU 控制怠速控制阀使进气量增大,从而使怠速转速提高,防止汽油机怠速运转不稳或熄火;当汽油机怠速负荷减小时,ECU 控制怠速控制阀使进气量减小,从而使怠速转速降低,以免怠速转速过高。

在汽油机怠速状态下,当空调开关、动力转向开关等接通或空挡起动开关断开时,汽油机负荷就会增大,转速就会降低。如果转速降低过多,汽油机就可能熄火,会给车辆使用带来不便。因此在接通空调开关或动力转向开关之前,需要先将怠速转速提高,防止汽油机熄火。当空调开关或动力转向开关断开时,汽油机负荷又会减小,转速就会升高,不仅油耗会增大,而且会给汽车驾驶带来一定的困难(起步前冲,容易导致汽车追尾)。因此在断开空调开关或动力转向开关之后,需要将怠速转速降低,防止怠速过高。另外,当电器负荷增大(如夜间行车接通前照灯、按喇叭等)时,电气系统的供电电压就会降低,如果电源电压过低,就会影响电子控制系统正常工作和用电设备正常用电,因此在电源电压降低时,需要提高怠速转速,以便提高电源电压。

怠速转速控制过程如图 2-36 所示。ECU 首先根据怠速触点信号和车速信号,判断汽油机是否处于怠速工况。当判定为怠速工况时,ECU 根据汽油机冷却液温度传感器信号、空调开关信号、动力转向开关信号等,从存储器存储的怠速转速数据中查询相应的目标转速 n_g,然后将目标转速与曲轴位置传感器检测的汽油机实际转速 n 进行比较。

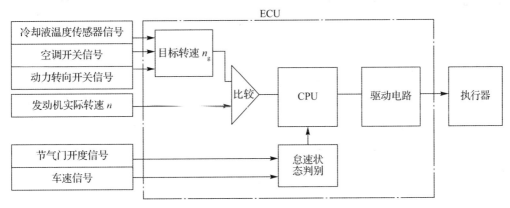

图 2-36 怠速转速控制过程

当汽油机负荷增大,需要汽油机快怠速运转,目标转速高于实际转速($n_g > n$)时,ECU 将控制怠速控制阀增大旁通进气量来实现快怠速;反之,当汽油机负荷减小,目标转速低于实际转速时($n_g < n$),ECU 将控制怠速控制阀减小旁通进气量来降低怠速转速。

4)怠速控制电路与控制方法

(1)怠速控制电路

采用步进电动机控制阀机构的怠速控制电路如图 2-37 所示。当汽油机怠速负荷变化时,在怠速转速变化之前,ECU 将按照一定顺序控制驱动电路中的三极管 VT_1、VT_2、VT_3、VT_4 适时导通,分别接通步进电动机定子线圈电流,使电动机转子旋转带动控制阀的阀芯移动,从而调节进气量,使汽油机怠速转速达到目标转速。

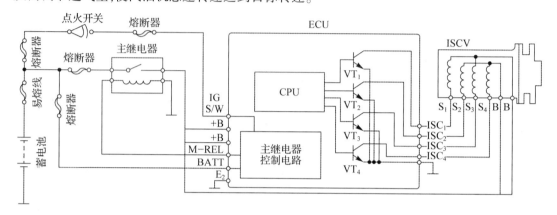

图 2-37 步进电动机控制阀机构的怠速控制电路

(2)怠速控制方法

①初始位置确定。为了改善汽油机的再次起动性能,在点火开关断开时,ECU 将控制怠速控制阀处于全开状态,为再次起动做好准备。

当 ECU 内部主继电器控制电路接收到点火开关拨到"OFF"(断开)位置的信号时,ECU 将利用备用电源输入端(BATT 端子)提供的电压控制主继电器(燃油喷射继电器)线圈继续供电 2s,使步进电动机的控制阀退回到初始位置,以便下次起动时具有较大的进气量。

②起动控制。起动汽油机时,由于怠速控制阀预先设定在全开位置,因此进气量较大,汽油机容易起动。一旦汽油机起动,如果阀门保持在全开位置,怠速转速就会升得过高。所以在起动时或起动后,当汽油机转速达到规定值(该值由冷却液温度确定)时,ECU 就会控制步进电动机的步数,使控制阀阀门关小到由冷却液温度确定的阀芯位置,使怠速转速稳定。如汽油机冷却液温度在起动时为 20℃,当汽油机转速达到 500r/min 时,ECU 将控制步进电动机从全开位置 A 点(125 步)步进到达 B 点(55 步)位置,如图 2-38(a)所示,使阀门关小,防止转速过高。

③暖机控制。在汽油机起动后的暖机过程中,ECU 将根据冷却液温度传感器信号确定步进电动机步进的位置。随着转速升高和汽油机温度升高,控制阀阀门将逐渐关小,步进电动机步进的步数逐渐减小,如图 2-38(b)所示。当冷却液温度达到 70℃时,暖机控制结束,步进电动机及其阀芯位置保持不变。

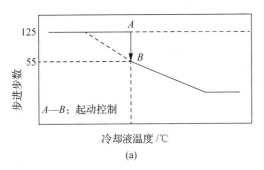 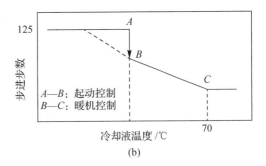

图 2-38 步进电动机式怠速控制阀的起动与暖机控制过程

(a)步进起动控制特性;(b)步进暖机控制特性

2.1.5 进气增压控制

1. 动力阀控制系统

(1)功能

动力阀控制系统通过控制汽油机进气道的空气流通截面大小,以得到适应汽油机不同转速和负荷的进气量,从而改善汽油机的动力性。

(2)工作原理

动力阀在进气管上,控制进气管空气通道的大小。

①低速小负荷:空气流通面积小,提高流速增加进气惯性。

②高速大负荷:空气流通面积大,减少进气阻力,增加进气量。

2. 谐波增压控制系统

(1)压力波的产生及利用

当气体高速流向进气门时,如进气门突然关闭,进气门附近气流流动突然停止,但由于惯性,进气管仍在进气,于是使进气门附近气体压缩,压力上升。当惯性进气结束过后,被压缩的气体开始膨胀,向进气气流相反方向流动,压力下降,膨胀气体的波传到进气管口时又被反射回来,形成压力波。

一般而言,进气管长度长时,压力波波长大,可使汽油机中低转速区功率增大;进气管长度短时,压力波波长短,可使汽油机高速区功率增大。

(2)谐波进气增压系统工作原理

ECU 根据转速信号控制电磁真空通道阀的开闭。

低速时,电磁真空道阀电路不通,真空通道关闭,真空罐的真空度不能进入真空气室,受真空气室控制的进气控制阀处于关闭状态,进气管的压力波传递距离为进气门到空气滤清器的距离。此时进气管长度长,压力波长大,以适应低速区域形成气体动力增压效果。

高速时,ECU 接通电磁真空道阀的电路,真空通道打开,真空罐的真空度进入真空气室,吸动膜片,从而将进气控制阀打开,由于大容量空气室的参与,压力波的传播距离缩短为进气门到进气室之间的距离,使汽油机在高速区域也得到较好的气体动力增压效果,如图 2-39 所示。

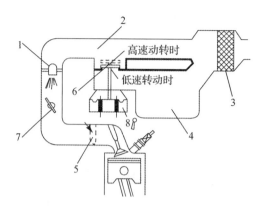

图 2-39 谐波进气增压系统工作原理

1—喷油器；2—进气管；3—空气滤清器；4—进气室；5—涡流控制气门；
6—进气控制阀；7—节气门；8—真空驱动器

3. 可变配气相位控制系统

可变配气相位的特性参数主要有气门开启相位、气门叠开角和气门升程，它们对汽油机的性能有重要影响。随着汽油机负荷和转角的改变，这3个特性参数的最佳选择是根本不同的。

进气门开启相位提前，一方面为进气过程提供了较多的时间，特别有利于解决高转速时进气时间不足的问题；另一方面，气门叠开角增大，有更多的废气进入进气管，随后又同新鲜气体一起返回气缸，造成了较高的内部排气再循环率，可降低油耗和NO_x排放，但同时也导致起动困难、怠速不稳定和低速工作粗暴。进气门关闭相位推迟，一方面在高转速时有利于利用高速气流的惯性提高体积效率；另一方面在低转速时又会将已经吸入气缸的新鲜可燃混合气重又推回到进气管中。气门升程增大，一方面在高负荷时有利于提高体积效率；另一方面在低负荷时又不得不将节气门关得更小，造成更大的泵气损失和节流损失。

基于汽油机多方面性能的不同考虑，对气门特性参数提出了不同要求。为了提高标定功率，要提早开启、推迟关闭进气门，并提高气门升程；为了提高低速扭矩，要提早关闭进气门；为了改善起动性能并提高怠速稳定性，则要推迟开启进气门，减小气门叠开。进气门特性参数对汽油机的影响比排气门特性参数更大，进气门关闭相位的影响比开启相位大。

可变配气相位控制系统可以分别控制正时时间和升降行程。在低转速时，一个进气门略微开启，由另一个气门吸入混合气体，在燃烧室内产生更强的涡流效应，以提高燃烧效率，改善燃烧稳定性；在高转速时，主副进气气门同时升降，将更多的混合气吸入气缸，实现高扭矩、高功率的性能。因此，拥有可变配气相位控制系统的汽油机具备低转速时扭矩提升平稳、高转速时动力顺畅的特性。

4. 可变进气涡流控制系统

可变进气涡流控制系统的结构和控制原理与进气谐波增压系统完全一样。

可变进气涡流控制系统可根据汽油机的不同负荷来改变进气流量，从而改善汽油机的动力性能。进气孔纵向分为两个通道，涡流控制阀安装在通道内，由进气歧管负压控制，可以打开或关闭，以调整进气管空气通道截面积，进而改变进气量的大小。

汽油机小负荷或以低转速运转时，受ECU控制的真空电磁阀关闭，真空度不能进入涡流控制阀上部的真空气室，涡流控制阀关闭。由于进气通道变小，产生一个强大涡流，这就提高了燃烧效率,从而可节约燃油。

当汽油机负荷增大或以高转速运转时,ECU 根据转速、温度、进气量等信号将真空电磁阀电路接通,真空电磁阀打开,真空度进入涡流控制阀,将涡流控制阀打开,进气通道变大,提高进气效率,从而改善汽油机输出功率。

(1)增压控制系统功能及类型

增压控制系统根据汽油机进气压力的大小控制增压装置的工作,以达到控制进气压力,提高汽油机动力性和经济性的目的。

根据增压装置使用的动力源不同,增压装置可分为废气涡轮增压系统和动力增压系统两种类型。

(2)废气涡轮增压系统工作原理

当 ECU 检测到进气压力在 0.098MPa 以下时,释压电磁阀关闭。涡轮增压器出口引入的压力空气、废气进入涡轮室的通道打开,排气旁通道口关闭,此时废气流经涡轮室使增压器工作。

当 ECU 检测到的进气压力高于 0.098MPa 时,释压电磁阀打开,关闭进入涡轮室的通道,同时排气旁通道口打开,废气不经涡轮室直接排出,增压器停止工作。直到进气压力降至规定的压力时,ECU 又将释压阀关闭,切换阀又将进入涡轮室的通道口打开,废气涡轮增压器又开始工作,如图 2-40 所示。

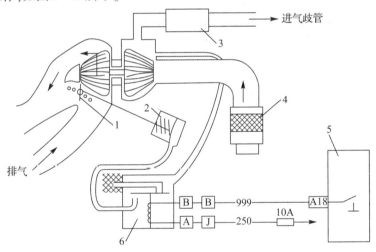

图 2-40 废气涡轮增压系统工作原理

1—切换阀;2—增压调节器;3—空气冷却器;4—空气滤清器;5—ECU;6—释压电磁阀

2.2 典型汽油机进气系统分析(以皇冠3.0汽油机为例)

2.2.1 皇冠3.0汽油机基本结构

(1)进气系统

皇冠3.0汽油机的进气系统由空气滤清器、谐振腔、节气门、怠速控制阀、进气管真空度控制阀、真空起动机和真空罐等组成。

D型EFI电子控制系统的进气系统在进气道上装有进气歧管真空度传感器,检测进气压力,而汽油机进气量大小由汽油机的转速和进气歧管真空度决定,即由速度密度法控制进气量。

当汽油机水温较低时,空气经怠速控制阀和节气门进入进气室,以提高怠速,缩短暖机时间;当汽油机水温提高后,怠速控制阀中的旁通空气阀自动关闭,汽油机由高怠速转入正常怠速运转。

进气系统谐振腔由怠速控制阀、电磁真空阀组成。ECU控制电磁真空阀,而电磁真空阀又去控制谐振腔增压阀膜片室的真空度,使怠速进气控制阀打开或关闭,而怠速控制阀的开闭改变进气歧管的工作长度,从而实现进气谐振增压。

(2)电子控制系统

电子控制系统主要由EFI主继电器、油泵ECU和汽油机ECU(包括电子控制变速器ECT)、节气门位置传感器、进气温度传感器、水温传感器、进气歧管真空度传感器、曲轴位置传感器和两个爆震传感器组成。

电子控制系统把传感器信号输送到ECU,ECU根据这些信号电压控制喷油嘴喷油量的大小,控制电子点火正时,控制怠速和燃油泵工作。

电子控制系统还能进行故障自我诊断:当汽油机电子控制系统出现故障时能自动记录,并能起动备用电路,使汽油机维持运转。

2.2.2 皇冠3.0汽油机电子控制系统的检修

皇冠3.0汽油机电子控制系统检修的一般步骤如下:
① 故障的自我诊断;
② 用万用表或示波器检测、诊断故障;
③ 电子控制系统无电压故障检测;
④ 喷油器电路无电压故障检测;
⑤ 起动电路无电压故障检测;
⑥ 点火系统无电压故障检测;
⑦ 怠速控制系统无电压故障检测。

1. 故障的自我诊断

当汽油机电子控制系统出现故障时,ECU会自动记录故障代码,此时故障灯会亮。这时,把点火开关置于"ON"位置但不着车,用专用跨接线SST09843-18020连接TDCC检测接头的TE_1和E_1,这时警告灯闪亮次数即故障代码,根据表2-2查找代码内容,经过分析可以查找到故障原因。

表2-2 皇冠3.0汽油机电子控制系统的检修故障代码

故障代码	代码含义	故障原因
22	水温传感器线路开路或短路0.5s以上	①水温传感器线路开路或短路 ②水温传感器损坏 ③ECU损坏

续表

故障代码	代码含义	故障原因
24	进气温度传感器线路开路或短路0.5s以上	①进气温度传感器线路开路或短路 ②进气温度传感器损坏 ③ECU损坏
31	真空传感器开路或短路0.5s以上	①真空传感器线路开路或短路 ②真空传感器损坏 ③ECU损坏
41	节气门位置传感器线路开路或短路0.5s以上	①节气门位置传感器线路开路或短路 ②节气门位置传感器损坏 ③ECU损坏

2. 用万用表或示波器检测、诊断故障

将ECU插座拔出、取下锁片,再把插座插回原处,按表2-3内容在ECU内找到相应位置,用万用表测量两接线端子电压值,即可判明元件工作是否正常。对于传感器用示波器检测,不但能测出输出信号电压,还能测出波形,迅速判明元件工作是否正常。

表2-3 皇冠3.0汽油机电子控制系统的检修电压数据

接线端	条 件		标准电压/V
BATT-E_1	—		
IGSW-E_1	点火开关在"ON"位置		9~14
M-REL-E_1			
+B-E_1			
+B1-E_1			
IDL E_2	点火开关在"ON"位置	节气门关	9~14
VAT-E_1		节气门全开	0.3~0.8
		节气门开	3.3~4.9
PIM-E_2			3.3~4.9
VC-E_2			4.0~5.5
#10-E_{01}/E_{02}	点火开关在"ON"位置		6~14
#20-E_{01}/E_{02}			
#30-E_{01}/E_{02}			
THA-E_2	点火开关在"ON"位置	进气温度20℃	0.5~3.4
THW-E_1		冷却液温度80℃	0.2~1.0
STA-E_1	起动		6~14
IGT-E_1	起动或急速		产生脉冲

续表

接线端	条件	标准电压/V
ISC_1-E_1		
ISC_1-E_2	点火开关在"ON"位置	9~14
ISC_1-E_3		
ISC_1-E_4		
$W-E_1$	无故障(汽油机故障灯灭),汽油机运转	9~14
$ACIS-E_1$		9~14
OD_1-E_1	点火开关在"ON"位置	
OD_2-E_1		≤1.5

3. 电子控制系统无电压故障检测

电路原理:当点火开关 AM_2 接通时,电流依次流过 AM_2、AM_2 点火开关、IGN、汽油机 ECU 的 IGSW 端,ECU 获得电流。这时 EFI 主继电器触点闭合,其工作分 3 路进行:一路为汽油机 ECU 的 BATT 端;一路经过 EFI 主继电器 5 端、3 端、ECU 的+B 和+B_1 端;另一路向 ISC 阀、电磁真空阀、油泵 ECU、诊断插座+B 端提供电流。电子控制系统电路检测原理如图 2-41 所示,电动机电子控制系统的故障检测如表 2-4 所示。

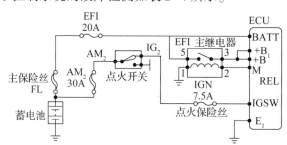

图 2-41 电子控制系统电路检测原理

表 2-4 皇冠 3.0 汽油机电子控制系统的故障检测

接线端	故障	条件	标准电压/V
$BATT-E_1$,蓄电池接地			
$IGSW-E_1$,点火开关接地	无电压	点火开关在"ON"位置	9~14
$M-REL-E_1$,EFI 主继电器接地			
$+B(+B_1)$,EFI 主继电器接地			

4. 喷油器电路无电压故障检测

电路原理:电流经点火开关 AM_2、IG_2 向喷油器 6 个线端提供电流,6 个线圈分 3 组与 ECU 的#10、#20、#30 端相连,而 ECU 又将#10、#20、#30 端与 E_{01}、E_{02} 顺序搭铁。喷油器工作电压为9~14V,使每组两个喷油器获得电流并同时喷油,一个缸在压缩上止点,而另一个缸在排气上止点,喷油器喷油量大小由ECU控制。喷油器电路无电压故障检测原理如图2-42所示,电路无电压故障检测如表2-5所示。

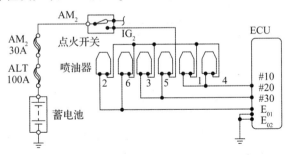

图2-42 喷油器电路无电压故障检测原理

表2-5 喷油器电路无电压故障检测

接线端	故　障	条　件	标准电压/V
#10	无电压	点火开关在"ON"位置	9~14
E_{01}接地			
#20			
E_{02}接地			
#30			

5. 起动电路无电压故障检测

电路原理为汽油机起动时,点火开关STA在起动位置,通过保险、起动机继电器,使起动机运转。电流同时流过ALT(100A)、AM_1(40A)、起动机继电器保险(7.5A)、空挡起动开关(自动挡),向ECU的STA端提供起动信号电压6~14V。起动电路无电压故障检测原理如图2-43所示,起动电路无电压故障检测如表2-6所示。

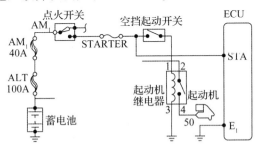

图2-43 起动电路无电压故障检测原理

表2-6 起动电路无电压故障检测

接线端	故 障	条 件	标准电压/V
STA-E_1 起动机-搭铁	无电压	起动	6~14

6. 点火系统无电压故障检测

电路原理为点火开关 AM_2 合上后,电流经 IG_2,同时向点火控制器+B 和点火线圈"+"端(初级绕组)提供电流。点火线圈的负极由点火控制器控制搭铁,接负极搭铁时,在点火线圈次级产生高压电流,电路原理如图2-44所示。ECU 根据汽油机转速信号、曲轴位置、进气歧管真空度、水温等信号计算点火提前角,通过 IGT 向点火控制器输出点火正时信号,控制点火控制器搭铁切断时刻,点火控制器的 IGF 向 ECU 反馈点火信号,当 ECU 接收不到点火反馈信号时,ECU 会立即切断燃油喷射,使汽油机熄火。点火系统无电压故障检测如表2-7所示。

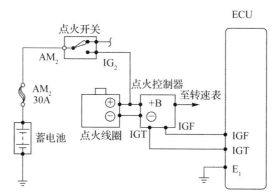

图2-44 点火系统无电压故障检测原理

表2-7 点火系统无电压故障的检测

接线端	故 障	条 件	标准电压
IGT-E_1 起动机-搭铁	无电压	起动或怠速	产生脉冲

7. 怠速控制系统无电压故障检测

电路原理为 EFI 主继电器端子3的电流分两路流向 ECU 的+B 和$+B_1$,及怠速起动机 B_1 和 B_2。ISC_1~ISC_4 端控制怠速起动机四个线圈的搭铁回路,而 ECU 根据节气门位置传感器怠速触点信号、水温信号、进气温度信号等按顺序控制使 ISC_1~ISC_4 搭铁,怠速起动机控制怠速控制阀开大或关小节气门旁通气道,从而控制汽油机怠速,其电路原理如图2-45所示。怠速起动机线圈电阻检查值为 B_1-S_1、B_1-S_3、B_2-S_2、B_2-S_4,电阻范围为 10~30Ω;怠速系统工作电压值,当点火开关在 ON 位置时,ISC_1~ISC_4 与 E_1 电压值为9~14V,而当将 B_1、B_2 与蓄电池正极相连,使 S_1、S_2、S_3、S_4 与蓄电池的负极相连,怠速起动机间应逐渐关闭,反之应打开。怠速控制系统无电压故障检测如表2-8所示。

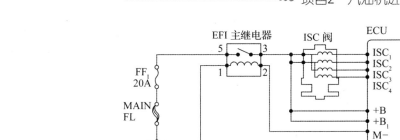

图 2-45 急速控制系统无电压故障检测原理

表 2-8 急速控制系统无电压故障的检测

接线端	故 障	条 件	标准电压/V
ISC_1-ISC_4-E_1	无电压	点火开关在"ON"位置	9~14

项目 3 汽油机电子控制燃油喷射系统

教学目标与要求

- 了解汽油机电子控制燃油喷射系统分类、组成,各器件的结构和原理;
- 掌握汽油机电子控制燃油喷射系统传感器、执行器的结构、原理,燃油供给系统分类、组成,各器件的结构和原理;
- 能根据维修计划,选择正确的检测和诊断设备对汽油机电子控制燃油喷射系统进行故障诊断;
- 能使用万用表、故障诊断仪、示波器及汽油机综合分析仪等常用检测和诊断设备对汽油机电子控制燃油喷射系统进行检测。

教学重点

- 汽油机电子控制燃油喷射系统中各个传感器的结构、原理,如何进行性能检测。

教学难点

- 对汽油机电子控制燃油喷射系统进行故障诊断。

课程导入

一辆 2008 年款广汽丰田凯美瑞 2.4 L 轿车,行驶里程 3.5 万 km,用户来电话要求救援,反映车辆无法起动,请分析并排除故障。

3.1 汽油机电子控制燃油喷射系统的结构与原理

3.1.1 汽油机电子控制燃油喷射系统的组成

汽油机电子控制燃油喷射系统由燃油供给系统、空气供给系统、电子控制系统组成。
①燃油供给系统的作用是为气缸内供给燃烧时所需一定量的燃油。

②空气供给系统的作用是为汽油机可燃混合气的形成提供必要的空气,并测量和控制空气量。

③电子控制系统由 ECU、各种传感器、执行器组成。其中 ECU 接收来自各个传感器传来的信号,并完成对这些信息的处理和发出指令控制执行器的动作。传感器把各种反映汽油机工况和汽车运行状况的参数(非电量参数)转变为电信号(电压或电流)提供给 ECU,使 ECU 正确地控制汽油机运转或汽车运行。执行器用来完成 ECU 发出的各种指令,是 ECU 指令的执行者。

3.1.2 汽油机电子控制燃油喷射系统的工作原理

空气流量型汽油机电子控制燃油喷射系统的工作原理如图 3-1 所示。

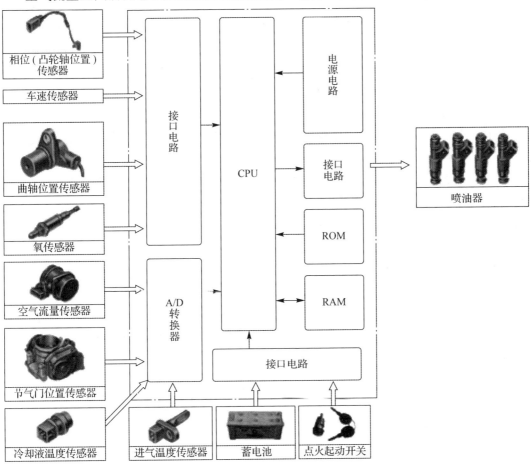

图 3-1 空气流量型汽油机电子控制燃油喷射系统的工作原理

在汽油机工作过程中,ECU 和传感器的工作情况如下。

当汽油机工作时,ECU 首先采集反映汽油机工况的各种传感器信号,然后经过数学计算和逻辑判断确定出最佳喷油量和喷油时刻,再经过接口电路控制喷油器的开启时间来控制喷油量。

相位(凸轮轴位置)传感器向 ECU 提供反映活塞上止点位置的信号,以便计算确定和控制喷油机提前角。

车速传感器向 ECU 提供反映汽车车速信号,以便判断汽油机运行在怠速状态还是运行在减速状态。如果运行在怠速状态,就由怠速控制系统进行怠速转速控制;如果运行在减速状态,就由断油控制系统确定是否停止供油。

曲轴位置传感器向 ECU 提供反映汽油机曲轴转速和转角的信号,空气流量传感器或进气歧管绝对压力传感器向 ECU 提供反映进气量多少的信号,ECU 根据这两个信号计算喷油量,曲轴转角信号还用于控制喷油提前角。

节气门位置传感器向 ECU 提供反映汽油机负荷大小的信号,ECU 根据 TPS 信号确定增加或减少喷油量。

冷却液温度传感器向 ECU 提供汽油机冷却液温度信号,以便计算确定喷油量的修正。

进气温度传感器提供吸入进气歧管空气的温度信号,以便计算确定喷油量的修正量。对于采用热丝式或热膜式空气流量传感器的汽油机电子控制燃油喷射系统而言,虽然进气量信号可以不进行修正,但是利用计算机根据进气温度传感器信号进行修正后,能使喷油量控制更加精确,得到更好的燃油经济性。

点火起动开关信号包括点火开关接通信号 IGN 和起动开关接通信号 STA,用于 ECU 判定汽油机在起动状态还是正常工作状态,并控制运行相应的控制程序。例如,当点火起动开关接通点火(ON)挡时,ECU 的 IGN 端子将从点火起动开关接收到一个高电平信号,此时 ECU 将自动接通电动燃油泵电路使油泵工作 1~2s,以便汽油机起动时油路中具有足够的燃油;当点火起动开关接通起动(START)挡时,ECU 的 STA 端子将从点火开关接收一个高电平信号,此时 ECU 将控制运行起动程序增大喷油量,以便起动汽油机。

蓄电池电压信号就是汽车电源电压信号,蓄电池正极柱经燃油喷射系统熔断器直接与 ECU 的电源端子连接,不受点火起动开关和其他开关控制。当电源电压变化时,ECU 将改变喷油脉冲宽度,修正喷油器持续的时间。当汽油机停止工作时,蓄电池将向 ECU 和存储器等提供大的电流,以便存储保存故障代码等信息而不致丢失。在点火起动开关断开时,对于配有步进电动机的控制系统,ECU 还将控制燃油喷射主继电器继续接通 2s,使步进电动机回复到初始位置。

3.1.3 汽油机电子控制燃油喷射系统的主要元件

1. 电动燃油泵

(1)电动燃油泵的功能

电动燃油泵的主要功能是把燃油从油箱内吸出,向燃油喷射系统供给足够流量和规定压力的燃油。一般燃油喷射系统压力为 0.2~0.3MPa,燃油泵最高输出油压需要 0.45~0.6MPa,其供油量远远大于汽油机耗油量。

(2)电动燃油泵的分类

按燃油泵结构不同,电动燃油泵可分为滚柱式、叶片式、齿轮式、涡轮式和侧槽式五种。目前常用的有滚柱式、叶片式和齿轮式三种。

按燃油泵安装方式不同,电动燃油泵可分为外装式和内装式两种。外装式燃油泵安装在燃油箱外的输油管路中,内装式燃油泵安装在燃油箱内。目前,大多数汽车都采用内装式燃油泵。与外装式燃油泵相比,内装式燃油泵不易产生气阻和泄漏,有利于燃油输送和电动机冷却,且声音较小。

(3) 电动燃油泵的结构

电动燃油泵主要由永磁式直流电动机、油泵、限压阀、单向阀和泵壳等组成,其中:永磁式直流电动机由永久磁铁、电枢、换向器和电刷等组成;油泵由泵转子和泵体组成,泵转子固定在电动机轴上,随电动机转动而转动。

(4) 电动燃油泵的工作原理

当点火起动开关接通时,直流电动机电路接通,电枢电动机电路接通。电枢受电磁力的作用而开始转动,泵转子便随电动机一同转动,将燃油从油箱经输油管和进油口泵入燃油泵。当燃油泵内油压超过单向阀处弹簧压力时,燃油便从出油口经输油管泵入供油总管,再分配给各个喷油器。

当燃油泵停止工作时,在燃油泵出口单向阀处弹簧压力的作用下,单向阀将阻止汽油回流,使供油系统中保存的燃油具有一定压力,以便于汽油机再次起动。

当燃油泵中的燃油压力超过规定值(一般为320kPa)时,油压克服泵体上限压阀弹簧的压力将限压阀顶开,部分汽油返回到进油口一侧,使油压不致过高而损坏油泵。

点火起动开关一旦接通,电动燃油泵就会工作 1~2s。此时,如果汽油机转速高于 30r/min,电动燃油泵才连续运转;如果汽油机转速低于 30r/min,那么即使点火起动开关接通,电动燃油泵也会停止运转。

(5) 电动燃油泵的控制

汽油机电子控制燃油喷射系统控制燃油泵的基本要求:只有在汽油机处于运转状态时,油泵才泵油;汽油机不运转时,即使点火起动开关,油泵也不工作。

燃油泵的转速在外电压的作用下通常保持不变,因而输油量不变。但对于功率变化范围大的汽油机,大负荷时,需油量大,需燃油泵高速运转;中小负荷时,需油量小,此时需燃油泵低速运转,以减少不必要的磨损和电能损失。因此燃油泵的控制主要包括燃油泵的开关控制和汽油泵控制两个方面。

燃油泵开关控制的燃油泵控制电路如图 3-2 所示,它为装有叶片式空气流量计的 L 型系统油泵开关控制电路。断路继电器线圈 L_1 由流量计上的燃油泵开关控制,线圈 L_2 接在点火起动开关的起动 ST 上。当汽油机起动时,点火开关接通线圈 L_2,断路继电器闭合,燃油泵工作。当点火起动开关从 ST 回到 IG 位置时,如果起动成功,汽油机处于工作状态,叶片式空气流量计的触点闭合,接通线圈 L_1,使断路继电器触点闭合,燃油泵仍工作;如果起动失败,汽油机不转动,叶片式空气流量计的触点打开,燃油泵将停止工作。

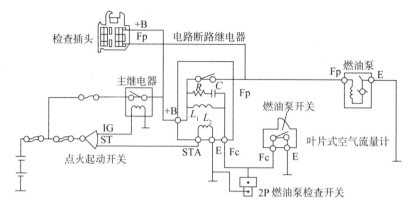

图 3-2　燃油泵开关控制的燃油泵控制电路

2. 喷油器

(1) 喷油器的功用与类型

电磁喷油器简称喷油器,俗称喷嘴、喷油头,是汽油机电子控制汽油喷射系统执行机构中的一个关键部件,其功用是根据汽油机 ECU 发出的喷油脉冲信号,将计量精确的燃油喷入节气门附近的进气歧管内。为了满足燃油喷射系统控制精确的要求,要求喷油器具有抗堵性能好、燃油雾化性能好、动态流量范围大等优点。喷油器按电磁线圈阻值大小,可分为高阻喷油器、低阻喷油器;按结构特点可分为轴针式喷油器和孔式喷油器;按驱动方式分为电流驱动式喷油器和电压驱动式喷油器。

(2) 喷油器的工作原理

不喷油时,回位弹簧通过衔铁使针阀紧压在阀座上,防止滴油。当电磁线圈通电时,产生电磁吸力,将衔铁吸起并带动针阀离开阀座,同时回位弹簧被压缩,燃油经过针阀并由轴针与喷口的环隙或喷孔中喷出。当电磁线圈断电时,电磁吸力消失,回位弹簧迅速使针阀关闭,喷油器停止喷油。在喷油器的结构和喷油压力一定时,喷油器的喷油量取决于针阀的开启时间,即电磁线圈的通电时间。回位弹簧弹力对针阀密封性和喷油器断油的干扰程度会产生影响。

(3) 喷油器的种类

本节介绍低阻喷油器和高阻喷油器。

① 低阻喷油器。低阻喷油器电磁线圈的匝数较少,电阻值约为 0.6~3Ω。由于减少了电磁线圈的匝数,因此线圈的电感小,动态响应特性好。当采用电压驱动方式时,需在驱动回路中串入附加电阻,增加回路的阻抗,如图 3-3 所示。在相同的电压下,流过低阻喷油器线圈的电流较大,可能导致电磁线圈发热损坏。在电路中串入附加电阻,可以起到减小电磁线圈电流,防止电磁线圈过热损坏的作用。

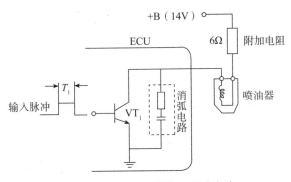

图 3-3　低阻喷油器电压驱动电路

②高阻喷油器。高阻喷油器电磁线圈的电阻值(或内装附加电阻)约为 12～17Ω。高阻喷油器只能采用电压驱动方式,故驱动电路较简单、成本较低,但高阻喷油器无效喷射时间较长,响应特性较差。高阻喷油器的驱动电路与低阻喷油器电压驱动电路相似,只是在电路中不需要串联附加电阻。在电压驱动电路中,当大功率三极管 VT_1 截止时,线圈两端可能产生很高的感应电动势,此电动势与电源电压一直作用在功率管上,有可能将功率管击穿,故在电路中设有消弧电路。

3.转速和曲轴位置传感器

转速和曲轴位置传感器按照工作原理的不同可分为磁感应式、光电式、霍尔式 3 种,现以磁感应式转速和曲轴位置传感器为例介绍其工作原理,如图 3-4 所示。

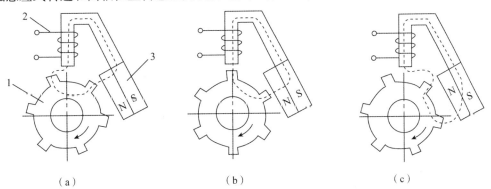

图 3-4　磁感应式转速和曲轴位置传感器工作原理
(a)接近;(b)对正;(c)离开
1—信号转子;2—感应线圈;3—永久磁铁

磁感应式转速和曲轴位置传感器的信号转子通常安装在曲轴或凸轮轴上,也可安装在分电器内。磁感应式转速和曲轴位置传感器的转子旋转时,线圈中磁通量发生变化,线圈产生感应电动势,ECU 通过电压的变化频率(Ne 信号)计算出汽油机的转速。

另外,在信号转子上缺 2 个齿,用于识别曲轴位置(第一缸上止点位置)的信号(G 信号)。

3.1.4　汽油机电子控制燃油喷射系统的控制

汽油机电子控制燃油喷射系统的控制包括喷油器的控制、喷油正时的控制和喷油量的控制,其中,喷油量的控制又分为汽油机起动时喷油量的控制和汽油机起动后喷油量的控制两种情况。汽油机电子控制燃油喷射系统通过精确控制喷油量,可降低燃油消耗量和减少有害气体排放量,从而达到提高汽车经济性和排放性的目的。

虽然各型汽油机电子控制燃油喷射系统采用传感器和执行器的数量与形式有所不同,但其控制燃油喷射的过程大同小异。在汽油机工作过程中,ECU 和传感器的工作情况如下。

1. 喷油时序的控制

汽油机燃油喷射系统按喷油器安装部位分为单点燃油喷射系统和多点燃油喷射系统两类。单点燃油喷射系统只有一个或两个喷油器,安装在节气门上,汽油机一旦工作就连续喷油。多点燃油喷射系统在每个气缸都有一个喷油器,安装在燃油喷射分配管上。根据燃油喷射时序不同,多点燃油喷射控制又可分为同时喷射控制、分组喷射控制和顺序喷射控制。

(1) 同时喷射控制

多点燃油同时喷射控制就是各缸喷油器并联在一起,同时喷油,电磁线圈电流由功率管 VT 驱动控制。

汽油机工作时,ECU 根据曲轴位置传感器和凸轮轴位置传感器输入的基准信号发出喷油指令,控制功率管 VT 导通与截止,再由功率管控制喷油器电磁线圈电流接通与切断,使各缸喷油器同时喷油和停止喷油。曲轴每转一圈或两圈,各缸喷油器同时喷油一次。图 3-5(a) 所示为同时喷射控制电路。由于各缸同时喷油,因此喷油正时与汽油机的进气-压缩-做功-排气行程工作循环无关。

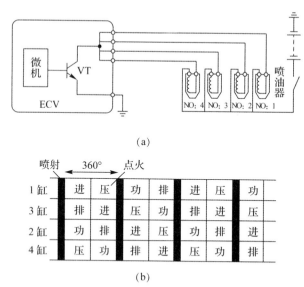

图 3-5 多点燃油同时喷射控制电路与喷油正时关系
(a) 同时喷射控制电路;(b) 同时喷射控制喷油正时

各缸喷油器同时喷油控制的优点是控制电路和控制程序简单且可靠性较好,缺点是各缸喷油时刻不可能最佳。在图 3-5(b) 中除 1、4 缸喷油正时较好之外,2、3 缸喷射的燃油在进气门附近要停留较长的时间,其混合气雾化质量必然降低。因此除早期研制的燃油喷射系统采用同时喷射方式喷油之外,现在汽车仅在燃油喷射系统发生故障,系统处于应急状态运行时才采用同时喷射控制方式喷油。

(2) 分组喷射控制

多点燃油分组喷射控制是指将喷油器分组进行控制,一般将四缸汽油机分成2组,六缸汽油机分成3组,八缸汽油机分成4组。四缸汽油机分组喷射控制电路如图3-6(a)所示。

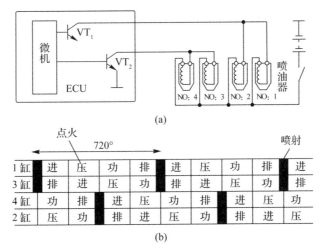

图 3-6　四缸汽油机多点燃油分组喷射控制电路与喷油正时关系
(a) 分组喷射控制电路；(b) 分组喷射控制喷油正时

汽油机工作时,ECU 控制各组喷油器轮流喷射。汽油机每转一圈,只有一组喷油器喷油,每组喷油器喷油时连续喷射1到2次,喷油正时关系如图3-6(b)所示。分组喷射1、4两缸的喷油时刻较佳,在排气行程上止点前一定角度开始喷油,燃油在进气门前停留时间较短,因此,混合气雾化质量比同时喷射控制大幅改善,切诺基吉普车2.5L四缸汽油机和夏利TD7130型轿车采用分组喷射控制方式喷油。

(3) 顺序喷射控制

多点燃油顺序喷油控制是指各缸喷油器按照一定的顺序进行喷油,因为各缸喷油器独自喷油,所以又称为独立喷射控制,控制电路如图3-7(a)所示。

顺序喷射控制系统中,汽油机工作一个循环,各缸喷油器轮流喷油一次,就像点火系统火花塞按照一定的气缸顺序跳火一样。各缸喷油器按照一定的顺序依次喷射燃油,燃油正时关系如图3-7(b)所示。

实现顺序喷射控制需要知道即将到达排气上止点的是哪一缸的活塞,为此在顺序喷射系统中 ECU 需要一个气缸判断信号,需要装配一个凸轮轴位置传感器。根据凸轮轴位置传感器信号,ECU 即可判定是哪一缸的活塞即将运行至排气上止点,再根据曲轴位置传感器提供的曲轴转角信号,ECU 就可以计算出该活塞位于排气上止点前的具体角度,并适时发出喷油控制指令,使各缸喷油器适时开始喷油。

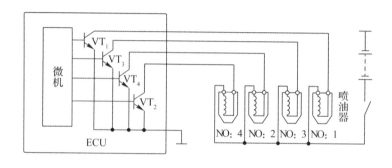

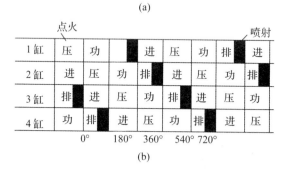

图 3-7 多点燃油顺序喷射控制电路与喷油正时关系
(a) 顺序喷射控制电路; (b) 顺序喷射控制喷油正时

顺序喷射控制的优点是各缸喷油时刻均可设计在最佳时刻,燃油雾化质量好,有利于提高燃油的经济性和降低有害气体的排放量,缺点是控制电路和控制软件比较复杂。然而,对现代汽车电子技术来说,实现顺序喷射控制十分容易,该技术目前被普遍采用。

在多点燃油顺序喷射控制系统中,喷油顺序和点火顺序同步,点火时刻在压缩上止点前开始,喷油时刻在喷油上止点前开始。桑塔纳 2000GLI、2000GSI、3000,捷达 AT、GTX,红旗 CA7220E 型轿车的点火顺序为 1-3-4-2,喷油顺序也为 1-3-4-2;切诺基吉普车 4.0L 六缸电子控制汽油机的点火顺序是 1-5-3-6-2-4,喷油顺序也是 1-5-3-6-2-4。各缸喷油器分别由微机进行控制,驱动回路数与气缸数相等。当汽油机转动时,ECU 按喷油器 1-3-4-2 或 1-5-3-6-2-4 的顺序控制功率管导通与截止。当功率管导通时,喷油器电磁线圈线路接通,喷油器阀门开启喷油。

(4) 异步喷射正时控制

①起动时异步喷射正时控制。异步喷射是与曲轴转动角度不同步的临时喷射。在部分电子控制燃油喷射系统中,为改善汽油机的起动性能,在汽油机起动时,除同步喷射外,还增加一次异步喷射。

具有起动异步喷射功能的电子控制燃油喷射系统,在起动开关(STA)处于接触状态时,ECU 接收到第一个凸轮轴位置传感器(CMPS)信号(G 信号)、第一个曲轴位置传感器的(CKPS)信号(Ne 信号)时,开始进行起动时的异步喷射。

②加速时异步喷射正时控制。汽油机由怠速工况向汽车起步工况过渡时,由于燃油惯性等原因,会出现混合气稀的现象。为了改善起步加速性能,节气门位置传感器(IDL 信号)从接通到断开时,ECU 控制燃油喷射系统增加一次固定量的喷油。在有些电子控制燃油喷射系统中,ECU 接收到的 IDL 信号从接通到断开后,检测到第一个 Ne 信号时,增加一次固定

量的喷油。有些汽油机电子控制燃油喷射系统,为使汽油机加速更灵敏,当节气门迅速开启或进气量突然增加(急加速)时,在同步喷射的基础上再增加异步喷射。

2. 喷油量的控制

喷油量控制是电子控制燃油喷射系统最主要的控制功能之一,其目的是使汽油机在各种运行工况下,都能获得最佳的混合气浓度,以提高汽油机的经济性和降低排放污染。当喷油器的结构和喷油压差一定时,喷油量的多少就取决于喷油时间。在汽油机电子控制燃油喷射系统中,喷油量的控制是通过对喷油器喷油时间的控制来实现的。汽油机工况不同,对混合气浓度的要求也不同。特别是冷起动、怠速、急加减速等特殊工况,对混合气浓度有特殊要求。因此,喷油量控制大致可分为汽油机起动时的喷油量控制和汽油机起动后的喷油量控制两种情况。

(1) 汽油机起动时的喷油量控制

当起动机驱动汽油机运转时,汽油机转速很低,且波动较大,导致反映进气量的空气流量信号或进气压力信号误差较大。因此在起动汽油机时,ECU 不以空气流量传感器信号或进气压力信号作为计算喷油量的依据,而是按照可编程只读存储器中预先编制的起动程序和预先设置的空燃比来控制喷油,喷油量的控制方式采用开环控制。ECU 首先根据曲轴位置传感器、点火起动开关和节气门位置传感器提供的信号,判定汽油机是否处于起动状态,以便决定是否按起动程序控制喷油,然后根据冷却液温度传感器信号确定基本喷油量。

当点火起动开关接通起动挡位时,ECU 的 STA 端便接收一个高电平信号,此时 ECU 再根据曲轴位置传感器和节气门位置传感器信号判定汽油机是否处于起动状态。如果曲轴位置传感器信号表明汽油机转速低于 300r/min,且节气门位置传感器信号表明节气门处于关闭状态,则判定汽油机处于起动状态,并控制运行起动程序。

冷起动汽油机时,ECU 根据当时汽油机的水温,从预存的温度喷油时间数据表中找出相应的基本喷油持续时间。然后,ECU 再根据进气温度和蓄电池电压对基本喷油时间进行修正,得到起动过程实际的喷油持续时间,作为起动工况的主喷油量,其喷油量与汽油机曲轴转角有固定的关系,这部分喷油为同步喷射。同时进行一定量的异步喷射,或控制冷起动阀进行异步喷射,以补充冷起动过程对燃油量的额外要求。

汽车高速行驶后停车再次热起动时,由于汽油机对燃油的加热作用,会使汽油温度上升至 80~100℃。在这种情况下,喷油器内的汽油中含有汽油蒸气,导致混合气变稀,为此必须实行高温起动时喷油量的修正。一般在汽油机冷却液温度高于设定值(如 100℃)情况下起动汽油机时,ECU 即对喷油量进行高温起动喷油量修正。在有些电子控制汽油机中,ECU 根据汽油温度传感器的汽油温度信号,来确定是否进行高温起动喷油量修正。

高温起动时燃油增量的系数和高温时燃油增量的修正,是在汽油机高温起动工况下进行的。例如,汽车高速行驶后汽油机熄火 10~30min,此时汽油机处于高温下,再起动就应进行高温燃油增量修正。

另外,在有的电子控制汽油机上,对高温起动燃油增量的修正不再利用水温传感器的信号,而是利用一种新型的汽油温度传感器。在高温起动工况下,ECU 利用汽油温度传感器的信号,检测到汽油的温度,根据汽油的温度进行高温时燃油增量的修正。

(2) 汽油机起动后的喷油量控制

汽油机起动后的喷油量控制示意如图 3-8 所示。在汽油机运转过程中,喷油器的总喷油量由基本喷油量、喷油修正量和喷油增量3部分组成。

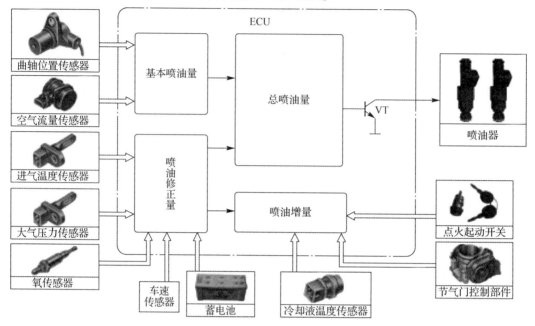

图3-8 汽油机起动后喷油量控制示意图

①暖机时燃油增量的修正系数。汽油机冷车起动后,接着就进入汽油机暖机时期。暖机时期燃油的增量,也是对汽油机油量的修正。起动后燃油增量修正在汽油机完成爆发后数十秒内即告结束,而暖机增量修正时间较长,并在冷却液温度达到规定值以前一直持续进行。汽油机完成爆发后不久,进气门和气缸内的温度随着燃烧过程会很快上升,与此同时,冷却液温度也不断上升,汽油机逐步达到暖机状态。可以说暖机时燃油增量的修正,是伴随冷却液温度的整个上升过程进行的。

图3-9为暖机增量修正系数的变化规律,它随冷却液温度的上升而逐渐衰减。

②进气温度修正。汽油机进气温度影响进气密度,ECU根据进气温度传感器提供的进气温度信号(THA信号)对喷油时间进行修正。通常以20℃为标准进气温度,低于20℃时空气密度大,ECU适当增加喷油时间,使混合气不致过稀;进气温度高于20℃时,空气密度减小,ECU适当减少喷油时间,以防混合气偏浓。

③大负荷工况喷油量修正。汽油机在大负荷工况下运转时,要求使用较浓的混合气以获得大功率。ECU根据汽油机负荷修正喷油时间。

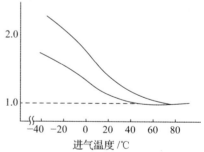

图3-9 暖机增量修正系数变化规律

汽油机工作时,ECU可根据进气管绝对压力传感器信号(PIM信号)、空气流量传感器信号(VS信号)以及节气门位置传感器输送的全负荷信号(PSW信号)、节气门开度信号(VTA信号)判断汽油机负荷状况,大负荷时适当增加喷油时间。大负荷时的加浓量约为正常喷油量的10%~30%。有些汽油机大负荷加浓量还与冷却液温度信号相关。

④过渡工况喷油量修正。汽油机在过渡工况(加速或减速)下运行时,为获得良好的动

力性、经济性和响应性,需要适当修正喷油时间。

ECU 主要根据 PIM 信号(或 VS 信号)、Ne 信号、SPD 信号(车速信号)、VTA 信号、NSW 信号(空挡起动开关信号)判断过渡工况,且对喷油时间进行修正。

在 D 型系统中,决定基本喷油脉宽的是进气管压力信号。在过渡工况时,进气管压力信号相对滞后于汽油机转速,造成汽油机转速上升时输出转矩不够。为了提高汽油机怠速运转时的稳定性,ECU 根据进气管压力信号和汽油机转速信号对喷油量作修正:压力增大或转速降低,增加喷油量;反之,减少喷油量。

3. 空燃比反馈修正

采用氧传感器进行反馈的控制(即闭环控制)期间,原则上供给的混合气是在理论空燃比附近,但在有些条件下不适合用。如汽油机起动时以及刚起动未暖机时,由于汽油机冷却液温度低,需要较浓的混合气,如按反馈控制供给的混合气浓度在理论上空燃比附近,汽油机可能熄火。又如汽油机大负荷、高转速运转时,也需要较浓的混合气,如按反馈控制供给的混合气浓度也在理论空燃比附近,则汽油机会运转不良。所以在有些情况下应停止反馈控制,进入开环控制状态。

4. 学习空燃比控制

学习空燃比控制亦称学习控制,目的是提高空燃比的控制精度。

5. 电源电压修正

在 ECU 输出信号驱动喷油器工作时,喷油器开启滞后与关闭滞后的差值称为无效喷射时间。由于在无效喷油时间内事实上没有进行喷射,因此需要进行补偿修正。

在实际运行条件下,针阀开启滞后时间受蓄电池电压影响较大,针阀关闭滞后时间受蓄电池电压的影响较小。ECU 根据蓄电池电压对喷油持续时间进行修正,蓄电池电压低,修正时间长;蓄电池电压高,修正时间短。

6. 断油控制

①超速断油控制。为了防止汽油机转速过高而引起损坏,要对汽油机的最高转速进行限制。电子控制燃油喷射汽油机多采用切断喷油器供油限制汽油机转速装置。ECU 根据汽油机的实际转速与 ECU 内存储的最高转速进行比较,当达到设定最高转速时,ECU 立即发出指令,控制喷油器停止喷油。当汽油机转速降低至规定值时,又控制喷油器恢复喷油。如此反复防止转速过高。

Bosch 公司 Motronic 系统中采用的电子控制转速限制装置的工作特性如图 3-10 所示。

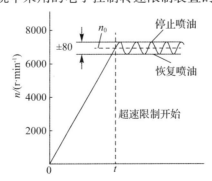

图 3-10　Motronic 系统电子控制转速限制装置的工作特性

② 减速断油控制。如果节气门关闭而汽油机转速在设定转速以上工况时,ECU 将判定为停止供给燃油的减速状态。

断油转速和恢复喷油转速与冷却液温度、空调是否工作、用电器用电情况等因素有关。汽油机冷却液温度越低,断油转速越高。断油和恢复供油的转速特性如图 3-11 所示。

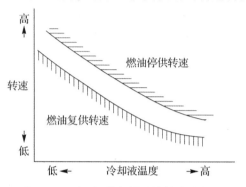

图 3-11 断油、恢复供油的转速特性

7. 清除溢流控制

清除溢流功能就是将汽油机油门踏板踩到底,接通点火起动开关起动汽油机时,ECU 自动控制喷油器中断喷油,以便排除气缸内的燃油蒸气,使火花塞干燥,从而能够跳火。

当驾驶员踩下油门而汽油机又不能起动时,可利用电子控制系统的清除溢流功能先将溢流清除,然后再进行起动。电子控制系统清除溢流的条件是:点火起动开关处于起动位置;节气门全开;汽油机转速低于 500 r/min。只有在以上 3 个条件都满足时,电子控制系统才能进入清除溢流状态。由此可见,在起动燃油喷射式汽油机时,不必踩下油门踏板,直接接通点火起动开关即可,否则电子控制系统可能进入清除溢流状态而使汽油机无法起动。

8. 减扭矩断油控制

在配装电子控制自动变速器的汽车上,当行驶中变速器自动升挡时,变速器 ECU 会向燃油喷射系统 ECU 发出一个减扭矩信号。燃油喷射 ECU 接收到这一信号后,将立即发出控制指令,暂时中断个别气缸喷油,降低汽油机转速,以便减轻换挡冲击,这种控制功能称为减扭矩断油控制。

3.2 典型汽油机电控燃油喷射系统分析

捷达王轿车 Motronic M3.8.2 汽油机电控燃油喷射系统为电子控制多点燃油顺序喷射系统,闭环控制,其突出特点是喷油量及点火时刻综合控制。该系统由 ECU、传感器、执行器等组成,传感器为汽油喷射系统和点火系统所共用。

3.2.1 捷达王轿车汽油机空气流量传感器的检测

空气流量传感器安装在进气管上,用来检测汽油机吸入的空气量,它是确定汽油机负荷的主信号。捷达王汽油机采用热膜式空气流量传感器,热膜电阻(发热体)和空气温度计电阻(温度补偿电阻)是惠斯通电桥,空气流量越大,热膜损失的热量越多,要保持发热体与空气的温度差恒定,就要增加热膜的电功率。控制电流使两者温度差保持恒定,这样就可以根据其输出电压来检测出空气流量。怠速工况时,空气流量较小,传感器输出电压较低;大负荷时输出电压较高。空气流量传感器向ECU提供一个0~5V的电压信号,图3-12为空气流量传感器与ECU连接电路,图3-13为节流阀内部电路图。

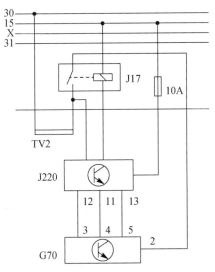

图3-12 空气流量传感器与ECU连接电路　　图3-13 节流阀内部电路

3.2.2 捷达王轿车汽油机节流阀体的检测

节流阀体是一个电机系统组件,由怠速直流电机、怠速节气门电位计、节气门电位计、怠速开关、应急弹簧等组成。按技术要求,节流阀体外壳不能打开检修,也不允许人工调整,只能用大众公司专用故障诊断仪V. A. G1551或V. A. G1552的04功能"基本调整"来进行设定。

① 节气门电位计(G69):此电位计的信号作为主要的负荷辅助信号,直接影响汽油机喷油量和点火角,还根据节气门位置信号的变化率来识别加/减速工况。

② 怠速节气门电位计(G88):怠速节气门电位计与怠速直流电动机连在一起,向ECU提供节气门的当前位置及怠速范围内怠速电机的位置。

③ 怠速开关(F60):ECU通过怠速开关的闭合信号来识别怠速工况。

④ 怠速调节电动机(V60):一个直流电动机,能在怠速调节范围内通过齿轮驱动来操纵节气门开度。

3.2.3 捷达王轿车汽油机霍尔传感器的检测

拔下传感器插头,测量ECU侧1、3脚之间的电压,规定值最小是4.5V。修理实践中,霍尔传感器很少损坏,但有时重新安装正时皮带后,用V. A. G1551检测时会显示其故障,这是因为正时核对有误。如果正时相差过多,会造成活塞顶气门的故障,汽油机运转时会产生异响。图

3-14 为霍尔传感器结构。

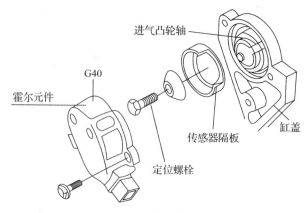

图 3-14 霍尔传感器结构

3.2.4 捷达王轿车汽油机转速传感器的检测

捷达王轿车汽油机采用电磁式汽油机转速传感器,损坏后 ECU 有故障记忆,并且汽油机不能起动着车。传感器插座的 1、2 脚是电磁线圈的两端,用万用表电阻挡测量电阻,规定值为 450~1 000Ω。3 脚是屏蔽线,它与 1、2 脚之间的电阻都应是无穷大。图 3-15 为转速传感器与 ECU 连接电路。

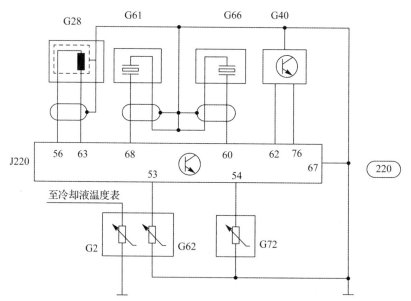

图 3-15 转速传感器与 ECU 连接电路

3.2.5 捷达王轿车喷油器的检测

①将 V.A.G1594 接在 ECU 侧的接柱上,起动汽油机,二极管闪亮。
②用万用表测量喷油器两接柱之间电磁线圈的电阻值,规定值是 13~18Ω。
③可以用 V.A.G1551 帮助判断喷油器的堵塞程度,输入 0-01-08-02:800~880r/min、

1.3~2.5ms、2.0~5.0ms、2.0~5.0g/s。

喷油器、燃油泵、氧传感器电路如图3-16所示。

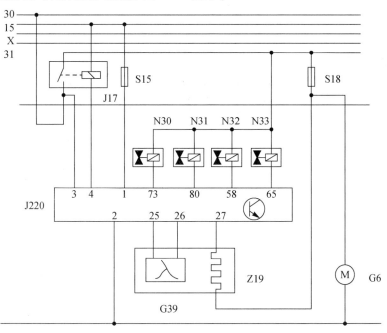

图3-16 喷油器、燃油泵、氧传感器电路

项目 4 汽油机点火系统

教学目标与要求

- 能描述点火系统常见的故障现象；
- 能根据故障现象进行分析；
- 能使用检测设备对汽油机点火系统进行常规检测；
- 能对点火系统进行拆装。

教学重点

- 点火系统常见的故障现象。

教学难点

- 使用检测设备对汽油机点火系统进行常规检测。

课程导入

客户一辆捷达轿车加速迟滞、无力,汽油机抖动,急加速时排气管冒黑烟,同时故障指示灯不亮。客户把车开到维修站进行检修,根据客户所说情况,维修人员首先对汽车进行了故障自诊断检查,无故障码显示。根据这些情况,作了进一步检查,发现燃油系统无故障,判断故障很可能在点火系统。

4.1 汽油机点火系统的结构与原理

能够在火花塞两电极间产生电火花的全部设备,称为汽油机点火系统。点火系统是汽油机重要的组成部分,其作用是适时地为汽油机气缸内已压缩的混合气体提供足够能量的电火花,使汽油机正确燃烧作功。点火系统的性能良好与否对汽油机的功率、油耗和排气污染等影响很大。点火系统在汽油机各种不同工况和使用条件下可靠而准确地点燃混合气,必须满足下列3个基本要求：

①产生足以击穿火花塞间隙的高电压；

②火花应具有足够的能量；

③点火时刻应适应汽油机的工况变化。

传统点火系统结构简单、工作可靠，长期以来在汽车上得到广泛应用。但随着对汽车汽油机燃油经济性和排放污染物指标的要求越来越高，传统点火系统已无法适应现代汽油机的点火要求，已基本被电子点火系统所取代。近年来，随着电子技术和微机技术的发展，集成电路点火系统和微机控制点火系统也得到了迅速发展。

点火系统按照初级电路的控制方式分为传统点火系统(已被淘汰)、电子点火系统(正在淘汰)、微机控制点火系统(正在广泛使用)3种，故本文只介绍微机控制点火系统。

微机控制点火系统是电子控制汽油机十分重要的组成部分，其作用是能将点火提前角控制在最佳值，使可燃混合气燃烧后产生的温度和压力达到最大值，从而提高汽油机的动力性，同时还能提高燃油经济性和减少有害气体的排放量。

4.1.1 微机控制点火系统的结构

微机控制点火系统是现代轿车广泛应用的一种新型点火系统，主要由监测汽油机运行状况的传感器、处理信号和发出点火指令的ECU、对点火指令作出响应的点火控制器和点火线圈等组成。

1. 传感器及开关控制信号

微机控制点火系统中的传感器与开关主要有：凸轮轴位置传感器(活塞上止点位置信号)、曲轴位置传感器(曲轴转角信号)、空气流量传感器(进气歧管绝对压力传感器)、冷却液温度传感器(冷却液温度信号)、氧传感器(空燃比信号)、节气门位置传感器、车速传感器、空挡开关、点火开关、空调器开关、蓄电池、进气温度传感器、爆燃传感器。

①凸轮轴位置传感器是用来确定基准位置的传感器，该传感器信号不仅用来确定喷油提前角，还是确定点火提前角和点火导通角的主要依据。该传感器在曲轴转到某一特定位置(不同车型对应的曲轴转角位置也不一样)时输出一个脉冲信号，ECU将这一脉冲信号作为基准信号，再利用曲轴转角信号计算出曲轴任一时刻所处的具体位置。

②曲轴位置传感器将汽油机曲轴转过的角度转变为电信号输入ECU。曲轴每转过一定角度就发出一个脉冲信号，ECU通过不断地检测脉冲个数，即可计算出曲轴转过的角度。与此同时，ECU根据在单位时间内收到的脉冲数量，可计算出汽油机的转速。在微机控制点火系统中，曲轴转角信号用来确定点火时刻，汽油机转速信号用来计算和读取基本点火提前角。

③空气流量传感器用来确定进气量的多少。电子控制燃油喷射系统中，该传感器信号输入ECU后主要用来计算基本喷射时间。在微机控制点火系统中，该信号还用来判断汽油机负荷的大小，从而计算基本点火提前角。

④冷却液温度传感器的信号主要用来对基本点火提前角进行修正，还用来控制汽油机

起动和暖机期间的点火提前角。

⑤氧传感器用来检测排气中氧的浓度,进而判断混合气体的空燃比是否合适。氧传感器检测到排气中的浓度后,向 ECU 发出反馈信号,再由 ECU 控制喷油器喷油量的增减,从而将混合气的空燃比控制在理论值附近。

⑥节气门位置传感器将节气门开度信号转变为电信号输入到 ECU,ECU 用该信号来判断汽油机负荷的大小,并对点火提前角进行修正。

⑦各种开关信号主要用于对点火提前角进行修正。比如空调开关信号主要用于怠速工况下使用空调时修正点火提前角,还有空挡安全开关信号,ECU 利用该开关信号来判断汽油机是处于空挡停车状态还是行驶状态,然后对点火提前角进行修正。

2. 电子控制单元(ECU)

现代汽车汽油机大多数都采用集中控制系统,微机控制点火系统是其子系统。ECU 既是电子控制汽油喷射系统的控制核心,也是点火控制系统的控制核心,ECU 外形如图 4-1 所示。ECU 的作用是根据汽油机各个传感器的输入信息及内存数据,进行运算、处理、判断,然后将输出信号发送给执行元件,控制执行元件工作,使汽油机达到准确工作的目的。

图 4-1　ECU 外形

在 ECU 的只读存储器(ROM)中,除存储有监控和自检等程序之外,还存储有由台架试验测定的该型汽油机在各种工况下的最佳点火提前角。

ECU 的基本构成如图 4-2 所示,包括输入处理电路、输出处理电路、A/D 转换器、微处理器以及电源、备用电路等。

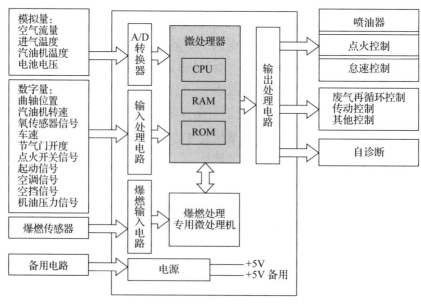

图 4-2　ECU 的基本结构

ECU的功能有以下几个方面:给传感器提供参考(基准)电压(2V、5V、9V、12V);接收传感器或其他装置输入的信息,将输入的信息转变为微处理器所能接收的信号;存储分析计算所用的程序、车型的特点参数、运算中的数据及故障信息;运算分析,即根据信息参数求出执行命令并输出给执行元件;将输出的信息与标准值对比,查出故障并输出故障信息;自我修正(自适应功能)。

3.执行元件

执行元件是根据来自ECU的控制信息完成对受控对象的控制作用的元件。它将电能或流体能量转换成机械能或其他能量形式,按照控制要求改变受控对象的运动状态或其他状态(如温度、压力等)。

在微机点火系统中,执行元件主要由点火控制器、点火线圈和火花塞组成。

1)点火控制器

点火控制器的作用是控制点火系统初级电路的导通与截止,其内部为集成电路,全密封结构。图4-3所示为桑塔纳轿车的点火控制器。

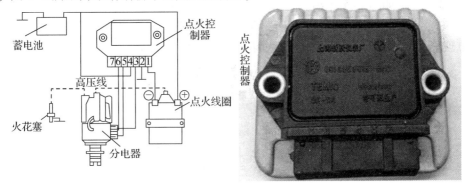

图4-3 桑塔纳轿车点火控制器

2)点火线圈

点火线圈主要由初级绕组、次级绕组和铁芯等组成。按磁路的结构形式不同,其可分为开磁路点火线圈和闭磁路点火线圈。

(1)开磁路点火线圈。开磁路点火线圈按冷却方式不同分为沥青式和油浸式,按有无附加电阻分为带附加电阻式和不带附加电阻式,按接线柱多少分为两接线柱式和三接线柱式,如图4-4(a)所示。

为了减少涡流和磁路损失,点火线圈的铁芯由若干层涂有绝缘漆的硅钢片叠成,包在硬纸做成的绝缘套管内。套管外面有用直径为0.06~0.10mm的漆包线分层绕制的次级绕组,绕组匝数为11 000~26 000匝。每层绕组之间都用绝缘纸隔开,最外层的绝缘纸层数最多。再用同样方法将初级绕组绕在次级绕组的外边。初级绕组因通过的电流较大,所以一般用0.5~1.0mm的漆包线绕制,匝数为230~380匝。绕组绕好后在真空中浸以石蜡和松香的混合物,以增强绝缘能力。

(2)闭磁路点火线圈

闭磁路点火线圈的铁芯加工成日字形,铁芯的内部先绕初级绕组,初级绕组的外面绕次级绕组。闭磁路点火线圈和开磁路点火线圈相比,其漏磁少、能量转化率高、体积小、安装方便,如图4-4(b)所示。

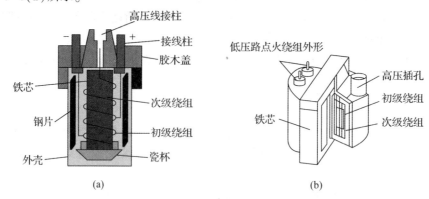

图4-4 开、闭磁路点火线圈
(a)开磁路点火线圈;(b)闭磁路点火线圈

3)火花塞

火花塞的构造如图4-5所示。中心电极用镍铬合金制成,具有良好的耐高温、耐腐蚀性能。中心电极做成两段,中间加有导电玻璃,由于导电玻璃和瓷绝缘体的膨胀系数相近,因此,导电玻璃主要是起密封作用。火花塞间隙多为1.0~1.2mm。

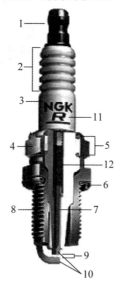

图4-5 火花塞的构造

1—终端螺母;2—绝缘体;3—NGK及产品编号表示;4—陶瓷电阻体;5—特殊填充粉末;6—密封垫圈;
7—嵌入铜芯;8—主体金属部件;9—火花塞间隙;10—中心、外侧电极;11—加入电阻R;12—陶瓷电阻体

4.1.2 微机控制点火系统的工作原理

1. 微机控制点火系统的工作原理

微机控制点火系统的工作原理如图4-6所示,曲轴位置传感器向ECU提供汽油机转速、曲轴转角信号,转速信号用于计算确定点火提前角,转角信号用于控制点火时刻。空气流量传感器和节气门位置传感器向ECU提供汽油机负荷信号,用于计算确定点火提前角。

冷却液温度信号、进气温度信号、车速信号及空调开关信号等,用于修正点火提前角。

汽油机工作时,CPU 通过上述传感器把汽油机的工况信息采集到随机存储器中,并不断检测凸轮轴位置传感器信号,判定哪一缸活塞即将到达压缩上止点。当接收到标志信号后 CPU 立即开始对曲轴转角信号进行计数,以便控制点火提前角。与此同时,CPU 根据反映汽油机工况的转速信号、负荷信号以及与点火提前角有关的传感器信号,从只读存储器(ROM)中查询出相应工况下的最佳点火提前角。在此期间,CPU 一直在对曲轴转角信号进行计数,判断点火时刻是否到来。当曲轴转角等于最佳点火提前角时,CPU 立即向点火控制器发出控制指令,使功率三极管截止,点火线圈初级电流切断,次级绕组产生高压,并按汽油机点火顺序分配到各缸火花塞跳火点燃可燃混合气。

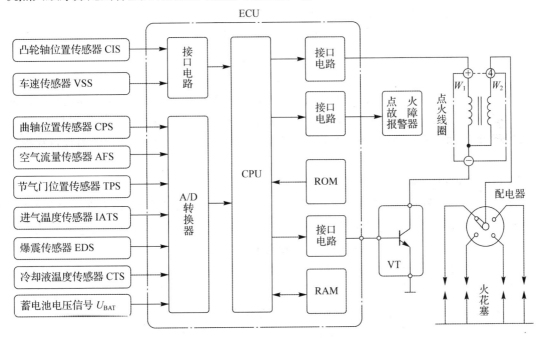

图 4-6 微机控制点火系统的工作原理

2. 微机控制点火系统点火提前角的确定

点火提前角是微机控制点火系统控制的主要内容,点火提前角的大小会直接影响汽油机的工作性能。当点火提前角过小时,汽油机可燃混合气的燃烧是在活塞下行过程中进行的,高温气体与气缸壁接触面积大,气缸壁吸收热量多,容易导致汽油机过热;相反,如果点火提前角过大,当活塞还在压缩过程上行时,可燃混合气已经燃烧形成较高压力,对火塞上行形成阻力,导致汽油机输出功率下降,同时汽油机容易出现爆震。所以为了保证汽油机具有良好的工作性能,在汽油机不同工况下都必须进行最佳点火提前角的控制。汽车经常在汽油机中等转速下行驶,要保证汽油机具有良好的经济性,即汽油机油耗最少;当汽油机在大负荷高转速时,为了保证汽油机输出功率最大,要使汽油机具有良好的动力性。

最佳点火提前角指的是汽油机具有最大输出功率或具有最好的燃油经济性时的点火提前角。

微机控制点火系统的点火提前角 θ 包括三部分,即初始点火提前角 θ_i、基本点火提前角

θ_b 和修正点火提前角 θ_c。

(1) 初始点火提前角

初始点火提前角又叫固定点火提前角,通常由汽油机的结构形式确定。不同的汽油机初始点火提前角的大小也稍有不同,一般情况下的初始点火提前角为压缩上止点前10°左右。

在起动汽油机、检查初始点火提前角和汽油机转速较低时,由于汽油机工作不稳定,点火提前角不能准确控制,因此采用固定点火提前角进行控制,其实际点火提前角就等于初始点火提前角。

(2) 基本点火提前角

基本点火提前角是汽油机最主要的点火提前角,是设计微机控制点火系统确定的点火提前角。由于电子控制汽油机结构复杂,运行状态多变化,而影响点火的因素又很多,理论推导基本点火提前角的数学模型比较困难,因此国内外普遍采用台架试验的方法,利用汽油机最佳运行状态下的试验数据来确定基本点火提前角。

首先汽油机负荷一定时,测得汽油机不同转速下获得最大输出功率时的点火提前角,绘出一簇汽油机转速-最佳点火提前角的曲线;然后汽油机转速一定时,测得汽油机不同负荷下获得最大输出功率时的点火提前角,绘出一簇汽油机负荷-最佳点火提前角的曲线,然后再综合考虑汽油机的动力性、经济性和排放性能,可获得随转速和负荷变化的最佳点火提前角脉普图。

(3) 修正点火提前角

由于汽油机实际运行工况较复杂,所以综合考虑汽油机的经济性、动力性和排放性能,必须根据实际情况对点火提前角进行修正,即适当地增大或减小点火提前角,包括的项目有暖机修正、过热修正、空燃比反馈修正、怠速修正和爆燃修正。

①暖机修正。暖机修正是指节气门位置传感器怠速触点闭合,汽油机冷却液温度变化时,对点火提前角进行修正。当冷却液温度较低时,应当适当增大点火提前角,以加快汽油机的暖机,随着冷却液温度的升高,应逐渐减小点火提前角。

②过热修正。汽油机处于正常运行工况时(怠速触点断开),若冷却水温度过高,为了避免产生爆震,应将点火提前角减小。汽油机处于怠速工况时(怠速触点闭合),若冷却水温度过高,为了避免汽油机长时间过热,应将点火提前角增大。

③空燃比反馈修正。装有氧传感器的电子控制汽油喷射系统,其ECU根据氧传感器的反馈信号对空燃比进行修正。随着修正喷油的增加或减少,汽油机转速在一定范围内波动。为了高怠速的稳定性,在反馈修正油量减少时,点火提前角相应地增加。

④怠速修正。汽油机处于怠速工况时,ECU不断地计算汽油机的平均转速,当汽油机的转速低于规定的怠速转速时,ECU根据实际转速与目标转速差值的大小相应地增大点火提前角;当汽油机转速高于目标转速时,则减小点火提前角。

汽油机的实际点火提前角是上述3个点火提前角之和,ECU将根据汽油机转速、负荷、冷却液温度等的变化,自动调整点火提前角的大小。当ECU确定的点火提前角超过允许的最大、最小值时,ECU将以最大或最小点火提前角允许值进行控制。

3. 微机控制点火系统的控制过程

微机控制点火系统控制过程分为点火提前角和点火导通角的控制两项,这里以大众车系中的桑塔纳 3000 型轿车为例来说明。设定汽油机判缸信号在一缸压缩上止点前 88°时产生，汽油机转速为 2 000r/min 时的最佳点火提前角为压缩上止点前 30°，控制过程如图 4-7 所示。

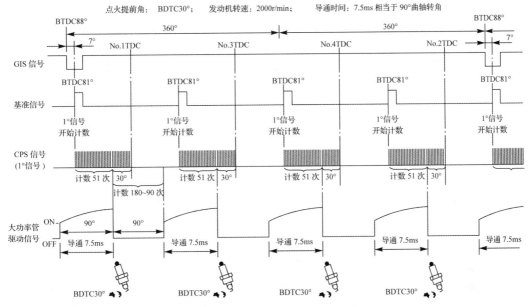

图 4-7　点火提前角和点火导通角的控制

（1）点火提前角的控制

由曲轴与凸轮轴位置传感器结构原理可知，凸轮轴位置传感器产生的判缸信号的下降沿输入 ECU 时，表明第一缸活塞处于压缩上止点前 88°位置，ECU 接收到判缸信号下降沿后，将对曲轴位置传感器输入的转速和转角信号进行计数。计数开始时的信号称为基准信号，由 ECU 内部电路控制。因为曲轴位置传感器第一个凸齿信号在判缸信号下降沿后 7°时产生，所以基准信号对应于第一缸压缩上止点前 81°位置。

由于桑塔纳 3000 型轿车曲轴位置传感器凸齿和小齿缺信号均占 3°曲轴转角，因此需要将曲轴位置传感器信号转换为 1°信号，这由 ECU 内部电路进行控制。因为点火提前角为压缩上止点前 30°，所以当 ECU 计数到第 51 个 1°信号后，在第 52 个 1°信号时向点火控制器发出指令，使功率三极管截止，切断点火绕组初级电路，次级绕组产生高压电并送到火花塞电极上跳火，从而将点火提前角控制在第一缸压缩上止点前 30°。其他各缸点火提前角可根据工作顺序和汽油机具体工况对应的点火提前角采用相同的方法进行控制。

（2）点火导通角的控制

点火导通角是指在点火绕组初级电路的功率三极管导通期间，汽油机曲轴转过的角度。

4. 微机控制点火系统高压电的分配方式

微机控制点火系统高压电的分配方式可分为机械配电方式和电子配电方式。

1）机械配电方式

机械配电方式是指由分火头将高压电分配至分电器盖旁电极，再通过高压线输送到各缸火花塞上的传统配电方式。

机械配电方式存在以下缺点：

①分火头与分电器盖旁电极之间必须保留一定间隙才能进行高压电分配,因此,必然损失一部分火花能量,同时也是一个主要的无线电干扰源;

②为了抑制无线电的干扰信号,高压线采用了高阻抗电缆,也要消耗一部分能量;

③分火头、分电器盖或高压导线漏电时,会导致高压电火花减弱、缺火或断火;

④曲轴位置传感器转子由分电器轴驱动,旋转机构的机械磨损会影响点火时刻的控制精度;

⑤分电器安装的位置和占据的空间,会给汽油机的结构布置和汽车的外形设计造成一定的困难。

2)电子配电方式

电子配电方式是指在点火控制器控制下,点火线圈的高压电按照一定的点火顺序,直接加到火花塞上的点火方式。

常用电子配电方式分为双缸同时点火和各缸单独点火两种。

(1)双缸同时点火

双缸同时点火是指点火绕组每产生一次高压电,使两个气缸的火花塞同时跳火。其中以点火顺序为1-3-4-2,1、4缸为一组,2、3缸为一组的双缸同时点火的汽油机为例,一个气缸处于压缩行程末期,为有效点火;另一个气缸处于排气行程末期,缸内温度较高,而压力较低,火花塞电极间隙击穿电压很低,消耗电能很少,对有效点火影响很小,为无效点火。曲轴转一转后,两缸所处行程刚好相反。双缸同时点火又有两种常见的形式,即二极管分配式和点火线圈分配式。

①二极管分配式双缸同时点火。利用二极管分配高压电的双缸同时点火电路原理如图4-8所示,点火线圈由两个初级绕组和一个次级绕组构成,次级绕组的两端通过4个高压二极管与火花塞构成回路,点火控制器中的两个功率三极管分别控制一个初级绕组,两个功率三极管由ECU按点火顺序交替控制其导通与截止。

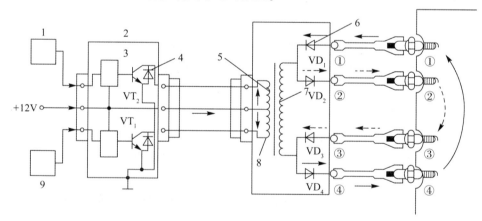

图4-8 二极管分配式双缸同时点火原理

1—2、3缸触发信号;2—电子点火控制器;3—控制部分;4—稳压器;5—初级绕组B;
6—高压二极管;7—次级绕组;8—初级绕组A;9—1、4缸触发信号

当ECU将1、4缸触发信号输入电子点火控制器时,功率三极管VT_1截止,初级绕组A中的电流切断,次级绕组中就会产生高压电动势,方向如图中实线箭头所示,在该电动势作用下,二极管VD_1、VD_4正向导通,1、4缸火花塞实现跳火,其中一个缸为有效点火,另一个缸

为无效点火;而二极管 VD_2、VD_3 反向截止,2、3 缸火花塞电极上无高压电而不能跳火。

当 ECU 将 2、3 缸触发信号输入电子点火控制器时,功率三极管 VT_2 截止,初级绕组 B 中的电流切断,次级绕组中就会产生高压电动势,方向如图中虚线箭头所示,在该电动势作用下,二极管 VD_2、VD_3 正向导通,2、3 缸火花塞实现跳火,其中一个缸为有效点火,另一个缸为无效点火;而二极管 VD_1、VD_4 反向截止,1、4 缸火花塞电极上无高压电而不能跳火。

②点火线圈分配式双杠同时点火。点火线圈分配式双缸同时点火电路原理如图 4-9 所示,桑塔纳 2000GSi 与捷达 AT、GTX 和奥迪 200 型轿车点火系统采用了这种配电方式。

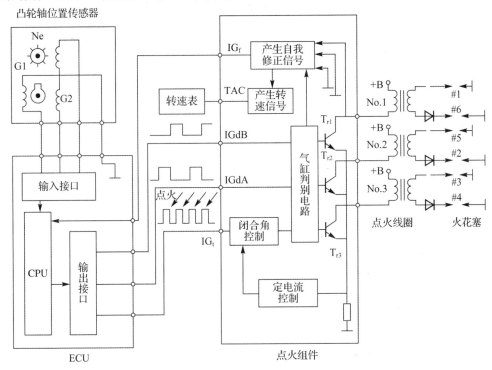

图 4-9 点火线圈分配式双缸同时点火电路原理

点火线圈组件由两个或三个独立的点火线圈组成,每个点火线圈供给成对的两个火花塞,工作点火控制组件中设置有与点火线圈数量相同的功率三极管,各控制一个点火线圈的工作。点火控制器根据 ECU 输出的点火控制信号,按点火顺序轮流触发功率三极管导通与截止,从而控制每个点火线圈轮流产生高压电,再通过高压线直接输送到成对的两个气缸火花塞电极间隙上,实现双缸同时点火。

在点火线圈分配高压电的控制系统中,点火线圈次级回路中连接有一个高压二极管,该高压二极管在系统中的作用是有效防止火花塞的误跳火。在点火线圈初级绕组通电过程中,次级绕组中就会产生 1 000V 左右的高压电动势,该电动势直接加在火花塞上将会使火花塞在压缩行程开始时跳火,这种现象叫作火花塞的误跳火。如果有高压二极管连接在次级回路中,利用其反向击穿电压高的特性,就可以有效防止火花塞的误跳火。

(2)各缸单独点火

微机控制点火系统电子配电方式采用各缸单独点火方式时,每一个气缸都配有一个点火线圈,并安装在火花塞上方。在点火控制器中,设置有与点火线圈相同数目的大功率三极管,分别控制每个线圈次级绕组电流的接通与切断,其工作原理与双缸同时点火方式相同。

各缸单独点火电路原理如图4-10所示。

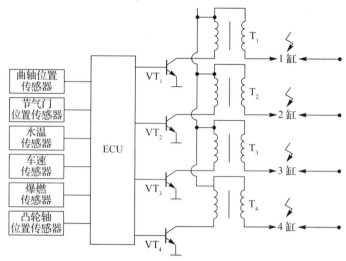

图4-10 各缸单独点火电路原理

4.2 典型汽油机点火系统分析

目前,对点火系统进行检查的方法,主要是利用仪器分析点火线圈初、次级电压波形(主要是次级电压波形),进而判断点火系统的工作情况,以及测试点火提前角等。所用的仪器,一般是用汽油机综合分析仪,或专用于测试汽车信号的示波器、示波表。

4.2.1 次级电压波形分析

点火线圈完全相当于一个变压器。在初级绕组周期性通电和断电的过程中,初、次级绕组都因电流变化而产生感应电动势,因而初、次级电压随时间变化的规律也是相似的。因次级电压对汽油机正常工作至关重要,下面根据图4-11所示的次级电压波形,重点分析次级电压的波形。

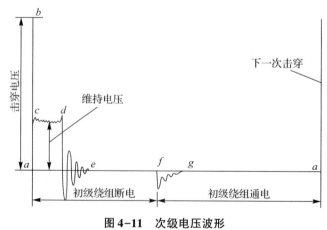

图4-11 次级电压波形

① a 点为断电器触点断开,或电子点火器输出断开,点火线圈初级突然断电,导致次级

电压急剧上升。

② ab 段为火花塞击穿电压。传统点火系统的击穿电压约为 15~20kV，电子控制点火系统可达 18~30kV。

③ cd 段为火花塞电极间的混合气被击穿之后，维持火花放电所需电压（维持电压），一般为几千伏。这段波形通常也叫"火花线"。火花线应具有一定的高度和宽度，它反映了点火能量的大小，也是保证可靠点火的重要条件。

④ de 段火花消失，点火线圈中剩余磁场能量在线路中维持一段衰减振荡。这段也叫第一次振荡，振荡结束后，电压降到零。

⑤ f 点为断电器触点闭合，或电子点火器输出导通，使点火线圈初级突然闭合，初级电流开始增加，引起次级电压突然增大。需要注意的是：在 a 点，初级电流是急剧减小的，而在 f 点电流是逐渐增加的，所以这两点感应次级电压的方向相反，而且大小也不相同。

⑥ fg 段为因初级电流接通而引起回路电压出现衰减振荡，这段称为第二次振荡。振荡消失后，电压恢复到 0。

⑦ 整个波形中，从 a 到 f 段对应于初级绕组断电、次级绕组通电阶段，对于传统点火系统，也就是断电器触点断开阶段；从 f 到 a 段对应于初级线圈通电、次级线圈断电阶段，也是传统点火系统中断电器触点闭合阶段。

4.2.2 初级电压波形分析

通过分析点火线圈初级电压的波形，也可以大致判断点火系统的工作状况是否正常。虽然初级电压波形比次级电压波形使用得少一些，但是初级与次级电压随时间变化的规律是类似的。初级电压的波形与点火系统的结构有一定的关系，如图 4-12 所示。

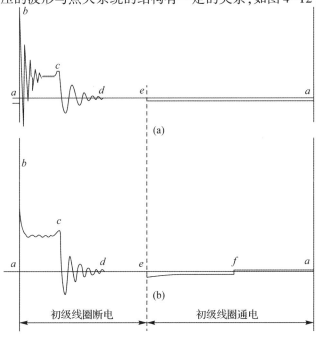

图 4-12 初级电压波形

(a) 传统点火系统；(b) 电子点火系统

对于传统点火系统,在断电器触点刚断开后,由于触点并联电容的存在,会在初级回路中形成明显的高频衰减振荡,如图4-12(a)的 ac 段所示。而对于电子点火系统来说,由于没有触点并联的电容,所以不存在这一振荡过程,其波形与次级电压波形更相似一些,如图4-12(b)所示。ab 段电压并不高,一般只有 150~200V。

图4-12(b)中 cd 段与次级电压标准波形中的 de 段是对应的。在这段时间内,火花消失后的残余能量在初、次级线圈内同时产生衰减振荡。

在图4-12(b)中的 e 点,由于初级绕组闭合导通,因初级绕组电流开始增加,所以在线圈中感应电压与断电阶段的方向相反。

项目 5
汽油机排放系统

教学目标与要求

- 掌握汽车排放污染物的成分及来源；
- 掌握 PCV 系统、EVAP 系统、EGR 系统、TWC；
- 掌握二次空气供给系统；
- 掌握热空气供给系统。

教学重点

- PCV 系统、EVAP 系统、EGR 系统、TWC 的结构原理。

教学难点

- PCV 系统、EVAP 系统、EGR 系统、TWC 的检修方法。

课程导入

一辆行驶了 7.2 万 km，排量为 2.4L 的轿车，车主反映热车行驶过程中容易熄火，熄火后不易起动。

5.1 汽油机排放系统的结构与原理

汽车排放污染来源包括：汽油机排出的废气（约占 65% 以上）；曲轴箱窜气（约占 20%）；燃油供给系统中蒸发的燃油蒸气（约占 10%～20%）。

汽油机的主要污染物包括：一氧化碳 CO；碳氢化合物 HC；氮氧化合物 NO_x。

汽车排放控制系统（排污治理方法）包括：曲轴箱强制通风系统；燃油蒸发控制系统；废气再循环系统；三元催化转换器与空燃比反馈控制系统；二次空气供给系统；热空气供给系统。

5.1.1 曲轴箱强制通风系统

1. 作用

防止曲轴箱气体排放到大气中。

2. 结构

曲轴箱强制通风系统(PCV系统)主要由曲轴箱强制通风阀(PCV阀)、通风软管、出气管、机油过滤器和加热电阻等组成,如图5-1所示。

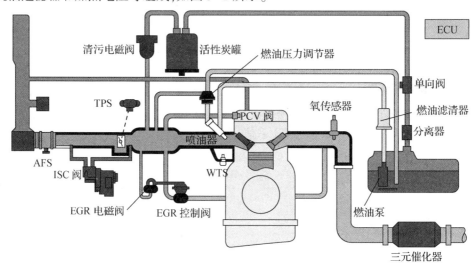

图5-1 曲轴箱强制通风系统

3. 曲轴箱强制通风系统的检修

①从曲轴箱强制通风阀(PCV阀)上拆下通风软管。
②从气门罩盖上拆下曲轴箱强制通风阀。
③重新将曲轴箱强制通风阀与拆下的通风软管连接。
④起动汽油机并维持怠速运转。
⑤将手指压在曲轴箱强制通风阀开口,感觉确认进气歧管真空,此时曲轴箱强制通风阀的柱塞会前后移动,如果柱塞没有移动,则检查PCV阀。
⑥如果未感觉到真空,则应清洁或更换曲轴箱强制通风阀。

5.1.2 燃油蒸发控制系统的结构及工作原理

1. 作用

燃油蒸发控制系统(EVAP系统)的作用为收集燃油箱和浮子室(化油器式汽油机)内蒸发的汽油蒸气,并将汽油蒸气导入气缸参加燃烧,从而防止汽油蒸气直接排入大气而造成污染。同时,还必须根据汽油机工况,控制导入气缸参加燃烧的汽油蒸气量。

EVAP系统主要有机械控制式和电子控制式两种形式,如图5-2和图5-3所示。电子控制式EVAP系统典型布置如图5-4所示。

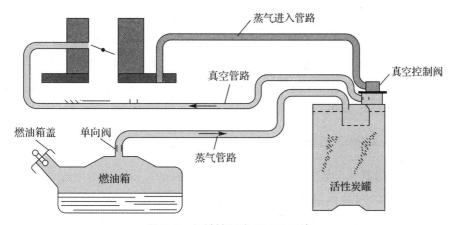

图 5-2 机械控制式 EVAP 系统

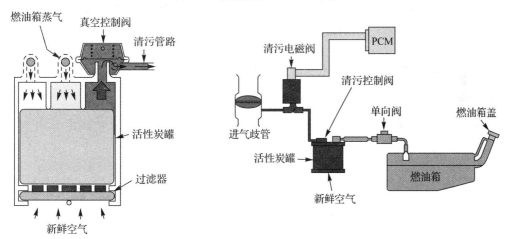

图 5-3 电子控制式 EVAP 系统

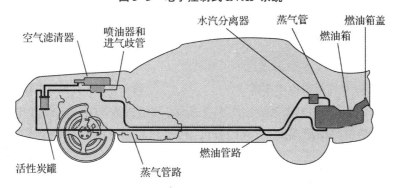

图 5-4 电子控制式 EVAP 系统典型布置

2. 结构

燃油蒸发控制系统主要由活性炭罐通气控制阀(清污控制阀)、活性炭罐、活性炭罐净化电磁阀(清污电磁阀)及相关组件等构成。

3. 燃油蒸发控制系统(EVAP 系统)的检修及技术要求

①一般维护:经常检查管路是否漏气,滤芯是否堵塞。

②真空控制阀的检查:拆下真空控制阀,用手动真空泵对真空控制阀施加5kPa的真空度,从活性炭罐侧孔吹入空气应畅通;不施加真空度,吹入空气则不通。

③电磁阀的检查:拆下电磁阀进气管一侧的软管,用手动真空泵由软管接头给控制电磁阀施加一真空度,电磁阀不通电时应能保持真空度;若电磁阀通以蓄电池电压,真空度应释放。

④检查电磁阀电阻,其电阻应为36~44Ω。

5.1.3 废气再循环系统

NO_x是空气中的氮气与氧气在高温、高压条件下形成的,汽油机排出的NO_x量主要与气缸内的最高温度有关,气缸内最高温度越高,排出的NO_x量越多。

废气再循环系统(EGR系统)的作用为将适量的废气引入气缸内参加燃烧,从而降低气缸内的最高温度,以减少NO_x的排放量。为了保证汽油机正常工作和性能不受过多影响,必须根据汽油机工况的变化,控制废气再循环量,EGR率计算如下。

$$EGR率 = EGR量/(吸入空气量+EGR量) \times 100\%$$

废气再循环系统的类型可分为开环控制式EGR系统和闭环控制式EGR系统。

1. 开环控制式EGR系统

开环控制式EGR系统可以分为非ECU控制式EGR系统和ECU控制式EGR系统两种,如图5-5和图5-6所示。

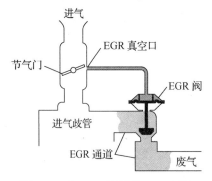

图5-5 非ECU控制式EGR系统

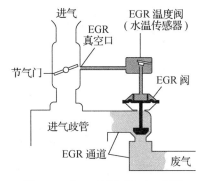

图5-6 ECU控制式EGR系统

ECU控制式开环控制EGR系统如图5-7所示,其组成为EGR阀、EGR电磁阀等。

ECU根据汽油机冷却液温度、节气门开度、转速和起动等信号来控制EGR电磁阀的通电或断电。

ECU控制式开环控制EGR系统的控制方式为废气经ECU、EGR电磁阀、真空、EGR阀,最后部分废气进入进气歧管。

2. 闭环控制式EGR系统

闭环控制式EGR系统通过检测实际的EGR率或EGR阀开度作为反馈控制信号来控制EGR系统,这种控制精度更高,如图5-8所示。EGR阀开度传感器的工作原理与电位计式节气门位置传感器相同。

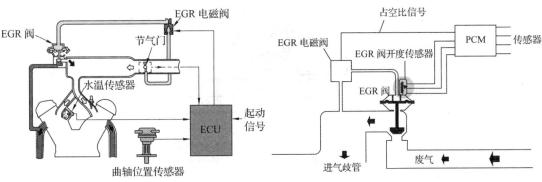

图 5-7　ECU 控制式开环控制 EGR 系统　　图 5-8　闭环控制式 EGR 系统

3. EGR 系统的检修

(1) 一般检查

急速时,拆下 EGR 阀上的真空软管,汽油机转速应无变化,用手触摸真空管口应无吸力;转速达 2 500r/min 以上,同样拆下此真空软管,汽油机转速应明显升高(中断了废气再循环)。

(2) EGR 电磁阀的检查

测量电阻值应为 33～39Ω。不通电时,从通进气管侧接头吹入空气应畅通,从通大气的滤网处吹入空气应不通。

通电时,与上述情况刚好相反。

(3) EGR 阀的检查

给 EGR 阀施加 15kPa 的真空,EGR 阀应能开起;不施加真空时,EGR 阀应能完全关闭。

5.1.4　三元催化转换器与空燃比反馈控制系统

1. 三元催化转换器的作用及结构

三元催化转换器(TWC)的作用为利用转换器中的三元催化剂,将汽油机排出废气中的有害气体 CO、HC 和 NO_x 变成无害气体。

三元催化转换器(TWC)由转换芯子和外壳等构成,如图 5-9 和图 5-10 所示。

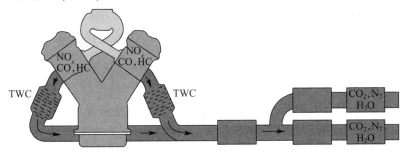

图 5-9　三元催化转换器

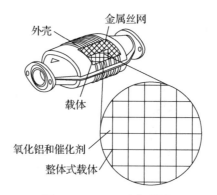

图 5-10 TWC 内部构造

2. 影响 TWC 转换效率的因素

对 TWC 转换效率影响最大的是混合气的浓度和排气温度。如图 5-11 所示,只有在标准混合气附近,对废气中的有害气体 CO、HC 和 NO_x 的转换效率才最佳。

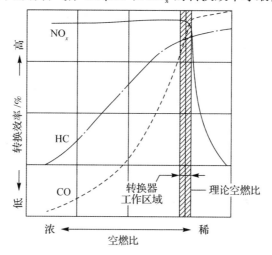

图 5-11 空燃比与污染物排放的关系

在装用 TWC 的汽车上,一般装用氧传感器检测废气中的氧浓度,并将此信号送给 ECU 后,对空燃比进行反馈闭环控制。

装用 TWC 后,汽油机的排气温度须在 300~815℃。低于 300℃,氧传感器将不能产生正确信号,因此部分氧传感器内有加热线圈;高于 815℃,TWC 转换效率下降。

3. EFI 系统的闭环控制过程

在带氧传感器的 EFI 系统中,并不是所有工况都进行闭环控制,EFI 系统的闭环控制过程如图 5-12 所示。在起动、怠速、暖机、加速、全负荷、加速断油等工况下,汽油机不可能以理论空燃比工作,此时仍采用开环控制方式。

TWC 使用注意事项:

① 禁用含铅汽油,防止催化剂失效;

② TWC 固定不牢或汽车在不平路面上行驶时的颠簸容易导致转换器中的催化剂载体损坏;

③装用蜂巢型转换器的汽车,一般每行驶 80 000km 应更换转换器芯体。装用颗粒型转换器的汽车,其颗粒型催化剂的质量低于规定值时应全部更换。

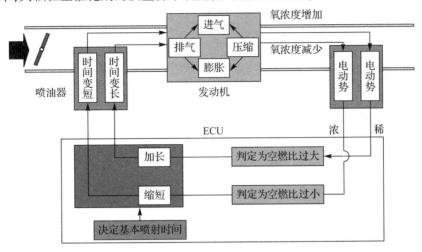

图 5-12　EFI 系统的闭环控制过程

5.1.5　二次空气供给系统

1. 作用

二次空气供给系统的作用是在一定工况下,将新鲜空气送入排气管,促使废气中的 CO 和 HC 进一步氧化,从而降低 CO 和 HC 的排放量,同时增加 TWC 的温度。二次空气供给系统的控制原理如图 5-13 所示。

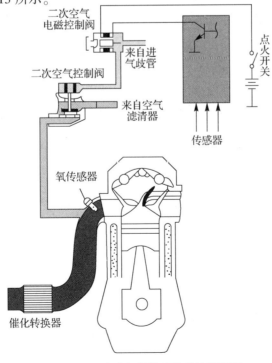

图 5-13　二次空气供给系统的控制原理

2. 二次空气供给系统不工作的条件

①EFI 系统进入闭环控制。
②水温超过规定。
③汽油机转速和负荷超过规定。
④ECU 发现有故障。

3. 控制方式

二次空气供给系统的控制方式为:ECU→二次空气电磁控制阀 VSV →真空→二次空气控制阀→新鲜空气。

4. 二次空气供给系统的检修流程及技术要求

①低温起动汽油机后,拆下空气滤清器盖,应听到舌簧阀发出的嗡嗡声。
②拆下二次空气供给软管,用手指盖住软管口检查,汽油机温度在 18~63℃ 范围内怠速运转时,有真空吸力;温度在 63℃ 以上,起动后 70s 内应有真空吸力,起动 70s 后应无真空吸力;汽油机转速从 4 000r/min 急减速时,应有真空吸力。
③拆下二次空气控制阀,从空气滤清器侧软管接头吹入空气应不漏气。
④检查电磁阀,其阻值应为 36~44Ω。

5.1.6 热空气供给系统

1. 作用

热空气供给系统的作用是保证汽车在低温条件下的迅速起动,同时对汽油机在起动时的排放性能也有一定提高。

2. 常用的进气预热方式

(1)利用陶瓷加热器加热进气预热方式

在进气歧管 4 内装有陶瓷热敏电阻加热器 1。在汽油机冷起动前,打开陶瓷热敏电阻加热器电源,加热器通电加热,当温度升高后,加热器电阻加大,当温度升高到 180℃ 时,其电阻变得无穷大,切断电流,停止加热。

陶瓷热敏电阻加热器如图 5-14 所示。

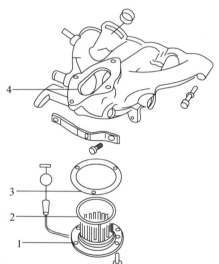

图 5-14　陶瓷热敏电阻加热器
1—陶瓷热敏电阻加热器;2—密封圈;
3—密封垫;4—进气歧管

(2)利用高温排气加热进气预热方式

使汽油机排气流过进气管底部对进气加热。在排气歧管内装有混合气预热阀,根据季节不同,调节控制阀的开度,从而改变对进气歧管的加热程度。带恒温进气装置的空气滤清器也是这类机构。利用高温排气加热的进气预热方式如图 5-15 所示。

(3)利用循环冷却液加热进气预热方式

利用循环冷却液加热的进气预热方式在汽油机进气歧管内设有水套,并与冷却系统连通,让冷却液在进气歧管水套内循环。这种形式比废气加热时间长,但热机时汽油机的性能好,具体结构如图 5-16 所示。

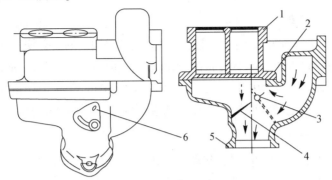

图 5-15　利用高温排气加热的进气预热方式
1—进气管;2—石棉衬垫;3—混合气预热阀轴;4—混合气预热阀;5—排气管;6—混合气预热阀调节手柄

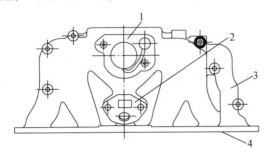

图 5-16　利用循环冷却液加热的进气预热方式
1—节气体安装面;2—循环冷却液管;3—进气歧管安装面;4—与机体安装面

5.2　典型汽油机排放系统分析

5.2.1　典型废气再循环系统的检测

1. 废气再循环控制系统的初步检查

对于废气再循环控制系统,应首先检查其真空软管有无破损,接头处有无松动、漏气等;若无,再做进一步检查。

2. 废气再循环控制系统的就车检查

废气再循环控制系统的就车检查可按下列步骤进行:

①汽油机起动后,怠速运转一段时间,将手指伸入废气再循环阀,按在膜片上,检查废气再循环阀有无动作;

②在冷车状态,踩加速踏板,使汽油机转速上升到 2 000r/min 左右,此时废气再循环阀应不开起,手指上应感觉不到膜片的动作;

③在热车状态(水温高于50℃),踩下加速踏板,使汽油机转速上升到 2 000r/min 左右,此时废气再循环阀应开起,手指应感觉到膜片的动作;否则,说明系统工作不正常,应进一

步检查系统各部件。

3. 真空开关阀的检查

真空开关阀具体的检查方法是：对着电子控制真空开关阀上的真空软管直接吹气，两个接口应相通；通电后，对着与废气再循环阀连接的管口吹气，这时两者不应相通，而通大气；然后，拔下开关阀的线束插头，在其插座上用万用表测量开关阀电磁线圈的电阻，其阻值为30～40Ω左右。

若检查中有异常或电磁线圈短路、断路，则应更换废气再循环电子控制真空开关阀。

4. 废气再循环阀的检查

废气再循环阀具体的检查方法是：起动汽油机，让其怠速运转，拆下废气再循环阀上的真空软管，并接上手动真空泵；然后抽气，将真空直接加到废气再循环阀的膜片室。这时如果汽油机怠速不稳或熄火，则说明废气再循环阀工作正常；否则，说明废气再循环阀损坏，应更换。

5. 真空调节阀的检查

真空调节阀具体的检查方法是：拆下阀体上部各管口的真空软管，用手指堵住通向进气管的两个管口，并向其对侧的一个管口吹气检查（注意方向），此时应畅通无阻；接着将通向进气管的两根真空软管装上，并起动汽油机，当汽油机转速保持在2 500r/min左右时，再向管口吹气，这时应感到气流严重受阻。如有异常，则应更换调节阀。

5.2.2 氧传感器的检测

1. 桑塔纳2000GSi型轿车AJR型汽油机氧传感器的检测

桑塔纳2000GSi型轿车AJR型汽油机氧传感器位置及构造如图5-17所示，其氧传感器电路如5-18所示。

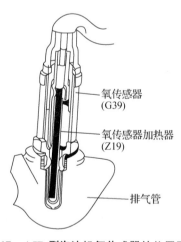

图5-17 AJR型汽油机氧传感器的位置及构造

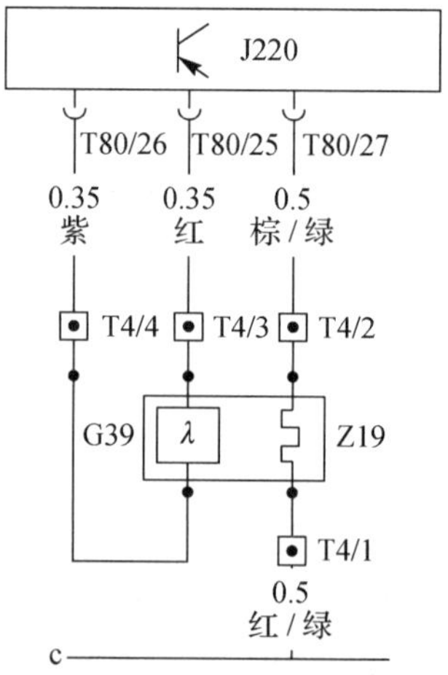

图5-18 AJR型汽油机氧传感器电路

（1）加热器的检测

拔下氧传感器（G39）线束插头，检测插头端子1、2之间的阻值常温下应为1～5Ω，如图5-19所示。若常温下阻值为无穷大，说明加热元件断路，应更换氧传感器。

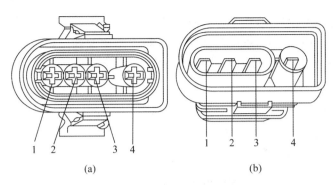

图 5-19 氧传感器检测示意

(a)插座(ECU 一侧);(b)插头(传感器一侧)

1—加热元件正极;2—加热元件负极;3—信号电压负极;4—信号电压正极

拔下氧传感器插头,起动汽油机,检测插头端子 1、2 之间的电压应不低于 11V。如电压为零,说明熔丝 S5(10A)断路或燃油泵继电器触点接触不良,分别检测即可。检测方法如图 5-20 所示。

(2)信号电压的检测

接好氧传感器线束插头,检测氧传感器插头端子 3、4 之间的信号电压。接通点火开关时,电压应为 0.45~0.55V;当供给汽油机浓混合气时,电压应为 0.7~1.0V;当供给汽油机稀混合气(拔下空气流量传感器至汽油机之间的真空管)时,电压应为 0.1~0.3V,否则说明氧传感器失效,应予更换。检测方法如图 5-21 所示。

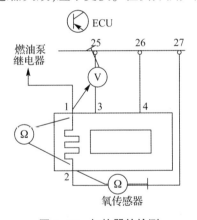

图 5-20 加热器的检测

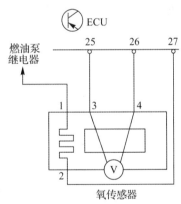

图 5-21 信号电压的检测

检测氧传感器的信号电压时,可将一个发光二极管和一个 300Ω/0.25W 电阻串联连接在传感器 3、4 端子连接的导线之间进行测试。二极管正极连接到端子 3 的导线上,二极管负极经 300Ω 电阻连接到端子 4 的导线上。汽油机怠速或部分负荷运转时,发光二极管应当闪亮。如电源电压正常,二极管不闪亮,说明传感器故障,应予更换。发光二极管闪亮频率每分钟应不低于 10 次。如二极管不闪或闪亮频率过低,说明有可能是氧传感器加热元件失效、壳体上的透气孔堵塞、热负荷过重或长期使用含铅汽油导致氧传感器失效,需要更换传感器。

(3)数据流的检测

进入 007 显示组,显示区 1 显示混合气 λ(空气过量系数)控制值的大小,即 ECU 根据氧传感器反馈的空燃比信号控制喷油量的增加或减少的变化量大小,正常值为 -10%~+10%。

显示区 2 显示氧传感器信号电压,正常值在 0.1~0.9V 变化。

当氧传感器失效或线路有问题时,用故障诊断仪能读取到故障码 00553,含义为空气流量传感器 G70 线路对地断路或短路、空气流量传感器 G70 损坏,而不显示氧传感器的故障码。

捷达车系汽油机和桑塔纳 2000GLi 型轿车 AFE 型汽油机则显示故障码 00525,含义为氧传感器 G39 无信号、线路对地断路或短路。

2. 丰田 8A-FE 汽油机氧传感器的检测

丰田 8A-FE 汽油机的氧传感器电路如图 5-22 所示。

(1)检查加热器

拔下氧传感器插头,检测氧传感器插头端子 1(HT)和端子 2(+B)之间电阻,室温条件下应在 11~16Ω。

拔下 ECU 的 E5 插接器,打开点火开关,检测 ECU 的 E5 插接器端子 16(HT1A)和端子 9(E2)之间的加热器电源电压,应为 9~14V。

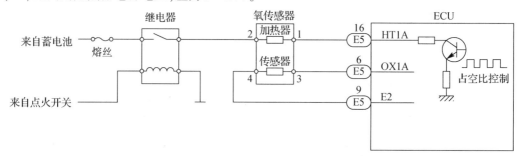

图 5-22　8A-FE 汽油机氧传感器电路

(2)检查线束

拔下 ECU 的 E5 插接器和氧传感器插头,检测 ECU 的 E5 插接器端子 OX1A、E2、HT1A 与氧传感器插头对应端子 OX、E2、HT 之间的电阻,应不大于 1Ω。图 5-23 和图 5-24 所示为 E5 插接器和氧传感器插头。

图 5-23　E5 插接器　　　　　　　图 5-24　氧传感器插头

拆下 EFI 继电器,拔下氧传感器插头,检测 EFI 继电器插头端子 3 和氧传感器插头端子 2(+B)之间的电阻,应不大于 1Ω。

(3)检测输出信号电压

将汽油机预热到正常温度(或起动后以 2 500r/min 的转速连续运转 2min),让汽油机以 2 500r/min 左右的转速保持运转,检测氧传感器插头端子 OX、E1 之间电压,应在 0.1~0.9V 之间上下波动,10s 内变化次数应不少于 8 次。检测输出信号电压示意图如图 5-25 所示。

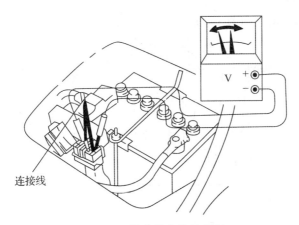

图 5-25 检查输出信号电压

丰田系列轿车可从故障诊断插座内的 OX1 或 OX2 插孔直接测得氧传感器信号电压。检测时,把万用表的负表笔接故障诊断插座内的 E1 插孔或蓄电池负极,正表笔接故障检测插座内的 OX1 或 OX2 插孔或接氧传感器线束插头上的引出线即可。

(4) 检测数据流

当用 IT-Ⅱ 等故障诊断仪进行数据流读取时,汽油机怠速运转,测得的氧传感器输出信号电压在 0.1~0.9V 之间变化。当氧传感器出现故障时,能读取到相应的故障码 P0130/21(氧传感器电路故障)、P0131/21(氧传感器电路响应缓慢)、P0135/21(氧传感器加热器电路故障)。

对于如雷克萨斯 LS400 等安装有左、右排气管的丰田轿车,人工读码时,能读取到 21、28 这两个有关氧传感器的故障码,含义分别为左侧主氧传感器信号不正常(传感器输出电压在 0.35V 以下或 0.7V 以上超过 60s 无变化)、右侧主氧传感器信号不正常(传感器输出电压在 0.35V 以下或 0.7V 以上超过 60s 无变化)。

3. 波形分析

用示波器观察氧传感器的信号波形,可以很直观地确定氧传感器是否良好,是对氧传感器进行检查的有效方法。

(1) 从开环控制到闭环控制的氧传感器信号波形

起动后,传感器输出电压逐渐达到 450mV 时,开始进入浓、稀转换的闭环控制状态,带加热器的氧传感器从冷车到进入闭环状态需 23s。

① 从开环控制到闭环控制的信号波形如图 5-26 所示。

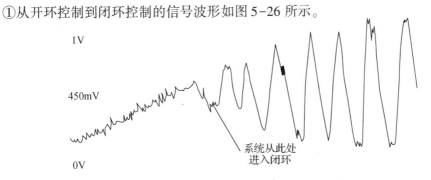

图 5-26 从开环控制到闭环控制的信号波形

②良好的氧传感器信号如图 5-27 所示。

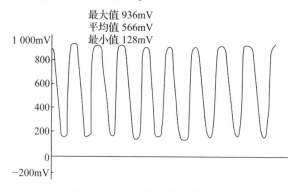

图 5-27　良好的氧传感器信号

（2）用急加速的方法可测试氧传感器是否良好

良好的氧传感器信号最高电压应大于 850mV，最低电压应在 75～175mV，从浓到稀的允许响应时间应少于 100ms。

测试方法为将汽油机运转至正常温度，怠速运转。踩加速踏板在 2s 内将节气门从怠速加速至完全打开（汽油机转速一般不超过 4 000r/min），再立即放开加速踏板使节气门全关，连续动作 5～6 次即可得到波形。波形分析如图 5-28 所示。

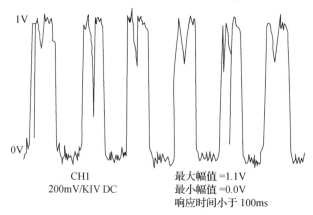

图 5-28　波形分析

项目 6
自动变速器电子控制系统

教学目标与要求

- 了解自动变速器的基本结构和组成；
- 掌握自动变速器的换挡过程和工作原理；
- 能根据故障现象制订正确的维修计划；
- 能根据维修计划,选择正确的检测和诊断设备对自动变速器进行故障诊断。

教学重点

- 自动变速器电子控制系统各组件的功用和检测方法、相关试验。

教学难点

- 能对自动变速器进行故障诊断。

课程导入

一辆东风风神 L60 轿车,行驶了 60 000km,搭载的是爱信 AT8 型自动变速器,近期出现平路上松刹车不加油、车辆不起步、快速踩油门加速无力等现象,请分析并排除故障。

6.1 自动变速器电子控制系统的结构与原理

自动变速器是目前在汽车上广泛采用的一种变速器形式,由于其搭载在车辆上后操作简单,无需过多的保养和维护,因此广受车主的青睐。

自动变速器是集机械、液压、电子控制于一体的复杂组件,其结构可以划分为 4 个部分,即液力传动部分、机械传动部分、换挡执行机构和 ECU,如图 6-1 所示。

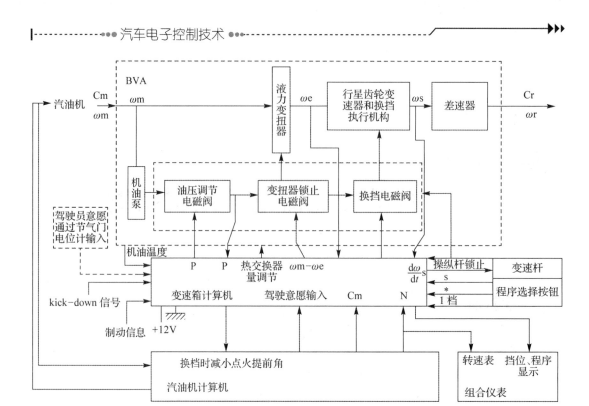

图 6-1 自动变速器结构

6.1.1 液力传动部分

液力传动部分包括液力变矩器。曾有一种说法,自动变速器上的液力变矩器相当于手动变速器上的离合器,起到动力的连接和中断作用。其实这种说法是错误的,自动变速器与发动机曲轴是直接连接的,不像手动变速器有一个动力的开关:离合器。所以从点火的瞬间开始,液力变矩器便开始转动了,动力的连接和中断仍由齿轮箱内部的离合器来完成,液力变矩器唯一与手动变速器离合器相似的地方,就是液力变矩器软连接的特性,与手动变速器离合器的半联动工况相近。

液力变矩器的最大特点是软连接,而这种动力的传输方式起到了两大功能:从静止到低速时的平稳起步;在加速过程中,较大动力输出时,起到增大扭矩的作用。如果与手动变速器上的离合器相比较,则须注意的是,第一条起到并优化手动变速器上离合器的功能,但第二条则是离合器无法实现的。

但液力变矩器软连接有一个弱点:动力不是直接输出的。在扭矩输出对等时,泵轮的转速要大于涡轮,造成在传输动力时,自动变速器油还在壳体中循环,浪费了动力,所以目前几乎所有液力变矩器都有一个高效节能的部件:液力变矩器锁止器。锁止器的形式是一个多片离合器,其作用就是当变矩器处于耦合状态无需增矩时,将泵轮和涡轮锁止,这样使动力传递即为"硬连接",动力全部无损(或者说有微量的动力流失)的从曲轴传递到了变速器。液力变矩器锁止器是由变矩器锁止电磁阀控制的。

6.1.2 机械传动部分

机械传动部分主要包括行星齿轮变速机构和换挡执行机构。

行星齿轮变速机构具有3个彼此可以相对旋转的运动件：太阳轮、行星架和齿圈。如果3个元件中一个作为主动、一个作为从动，第三个元件固定，就可以得到一个对应的传动比。

行星齿轮变速机构可以实现4种不同组合的挡位：

①低挡太阳轮主动，行星架从动，齿圈不动；

②中挡太阳轮不动，行星架从动，齿圈主动；

③高挡（超速挡）太阳轮不动，行星架主动，齿圈从动；

④倒挡太阳轮主动，行星架不动，齿圈从动。

所有运动件都不受约束时，变速器处于空挡。

行星齿轮变速器通常由2组到3组行星齿轮机构组成，通过换挡执行机构的配合控制上述运动件的组合，实现不同的挡位。

6.1.3 换挡执行机构

换挡执行机构主要包括离合器、制动器和单向离合器。自动变速器每个挡位的实现都由一组换挡执行机构配合控制，从而实现变速功能。通常用离合器实现运动件之间的连接（如动力传递），制动器实现运动件和固定件（如壳体）的连接，单向离合器无需控制机构，它是依靠其单向锁止原理来发挥固定或连接作用的。

多片湿式离合器通常由离合器毂、离合器活塞、回位弹簧、弹簧座、一组钢片、一组摩擦片、调整垫片、离合器毂及几个密封圈组成。当来自控制阀的液压油进入离合器液压缸时，作用在离合器活塞上的液压油压力推动活塞，使之克服回位弹簧的弹力而移动，将所有的钢片和摩擦片相互压紧在一起，钢片和摩擦片之间的摩擦力使离合器鼓和离合器毂连接为一个整体，此时离合器处于接合状态。

当液压控制系统将作用在离合器液压缸内的液压油压力解除后，离合器活塞在回位弹簧的作用下被压回液压缸的底部，将液压油排出。此时钢片和摩擦片相互分离，两者之间无压力，离合器鼓和离合器毂可以朝不同的方向或以不同的转速旋转，离合器处于分离状态。

制动器将行星齿轮机构中的太阳轮、齿圈和行星架这3个基本元件之一与变速器壳体相连，使该元件被约束固定而不能旋转。制动器的结构型式较多，目前最常见的是带式制动器和片式制动器两种。

①带式制动器，是利用围绕在制动鼓周围的制动带收缩而产生制动效果的一种制动器，如图6-2所示。带式制动器主要由制动鼓、制动带、液压缸及活塞等组成。当液压油进入制动器液压缸施压腔时，作用在活塞上的液压油压力推动活塞，使之克服回位弹簧的弹力而移动，活塞上推杆随之向外伸出，将制动带压紧在制动鼓上，于是制动鼓被固定而不能旋转。此时制动器处于制动状态。

在制动器处于制动状态且有液压油进入液压缸释放腔时，由于液压缸释放腔一侧的活塞面积大于施压腔一侧的活塞面积，活塞两侧所受的液压压力不相等，释放腔一侧的压力大于施压腔一侧的压力,推杆随之回缩,制动带被放松,使制动器由制动状态转成释放状态。

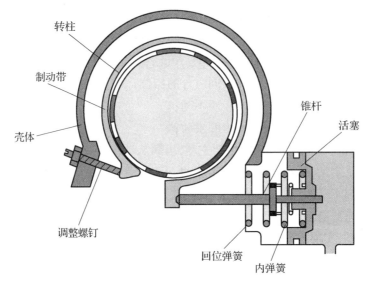

图 6-2 带式制动器

②片式制动器,由制动器活塞、回位弹簧、钢片、摩擦片及制动毂等部件组成。它的工作原理和多片湿式离合器基本相同,制动鼓固定在变速器壳体上。

现在的自动变速器采用电磁阀对换挡执行机构进行控制,使得系统更简单,可靠性更好。

6.1.4 电子控制单元(ECU)

ECU 主要包括自动变速器电脑(TCU)、传感器及开关信号、相关电磁阀等。传感器负责采集相关信号,开关信号把操作信息传给电脑。自动变速器电脑负责收集相关信号,以此作为换挡及其他操作的参考依据,并以此将执行命令传递给对应电磁阀。电磁阀的运动改变了油路中自动变速器油(ATF)的流向和压力,以此作用在换挡执行机构上,实现挡位的变化。

6.2 典型汽车自动变速器电子控制系统分析

6.2.1 传感器

①输入转速传感器用于测量自动变速器涡轮的转速,其由一个线圈和磁铁芯构成,安装在热交换器侧的下方,提供一个随变速器涡轮转速变化的电压信号(频率变化)。

计算机计算变扭器的滑差率(发动机转速与输入转速的差值),控制变扭器的锁止与分离,作出换挡决定。

输入转速传感器的参数为 $R=(300\pm40)\,\Omega$,最小电压 = 0.3V(850r/min),最大电压 =

1.5V(6 300r/min)。

②输出速度传感器用于测量减速器第二轴停止轮的转速,其由一个线圈和磁铁芯构成,提供一个随变速器停止轮转速变化的电压信号(频率变化)。

换挡时根据各挡位的运转情况调整换挡时间,减少换挡冲击。

输出速度传感器的参数为 $R=(1\ 200\pm200)\Omega$,最小电压=0.5V(850r/min),最大电压=6V(6 300r/min)。

③油温传感器,用来确定变速器油的温度(负变化特性),其装在液力控制盒的线束上(更换时必须同液力控制盒线束一起更换)。

油温信息用于计算机修正主油道压力,选择相应的换挡规律,执行液力变扭器的锁止程序。

④油压传感器测量自动变速器主油道油压,安装在变速器壳体的下部,此信号用于计算机校正主油道压力值,校正时通过计算机控制压力调节电磁阀进行。

油压传感器包含一个受到压力时变形的应力测量片。计算机供给传感器一个5V电源,随着主油道压力变化,传感器向计算机反馈回一个0.5~4.5V连续变化的电压。

⑤制动开关信号,其作用是当踩动制动踏板时,强制挂入低一挡位;当车轮快被抱死时,强制实现变扭器锁止离合器分离。

6.2.2 自动变速器电脑

自动变速器电脑根据传感器和开关信号,对变速器挡位做出控制,可以使变速器在不同控制模式下运行。常见控制策略包括以下几方面。

(1)经济模式

经济模式在正常驾驶条件下使用。在经济模式下,在稍低的车速挡将建立换挡点和锁止结合点,以降低发动机转速。经济模式有利于降低燃油消耗来获得更好的燃油经济性。

(2)运动模式

按下运动模式开关,变速器将在高速挡建立换挡点和锁止结合点,并使发动机转速增加。运动模式常用于动力性强的驾驶,适合用于越野。

(3)雪地模式

在湿滑的路面上,按下雪地模式开关,车辆将使用2挡起步。

(4)爬坡模式

当变速器控制模块从发动机扭矩负荷增加和加速性降低检测到车辆正处于爬坡时,爬坡模式将根据爬坡坡度来改变换挡点,来避免自动变速器换挡忙碌。

(5)下坡模式

当变速器控制模块从加速踏板完全关闭时加速性能增加检测到车辆正处于下坡时,下坡模式通过改变高速侧的换挡点来执行适当的发动机制动。

项目 7 制动系统

教学目标与要求
- 掌握制动系统的基本组成;
- 掌握制动系统的工作原理;
- 掌握制动系统的检修方法。

教学重点
- 制动系统的基本组成。

教学难点
- 制动系统的检修方法。

课程导入

一辆乘用车因 ABS 灯间歇性报警送修,该车行驶里程为 29 000km。据车主所述,该车近几天 ABS 灯经常性点亮,有时能够自动熄灭,有时必须将点火钥匙关闭,重新起动发动机,ABS 报警灯才能熄灭。

7.1 防抱死制动系统

防抱死制动系统(Anti-lock Braking System)简称为 ABS。制动时车轮抱死的危险:制动距离增加;容易侧滑,失去转向能力;轮胎磨损。设计 ABS 的目的在于以下几点:
①避免车轮抱死,保证制动时车辆具有转向能力;
②保证车辆的稳定性和转向的可操控性,避免侧滑、甩尾;
③减少制动时轮胎的磨损,延长轮胎使用寿命;
④在车轮未抱死的情况下,使制动距离最短。

7.1.1 防抱死制动系统的基本组成

ABS 的组成如图 7-1 所示。

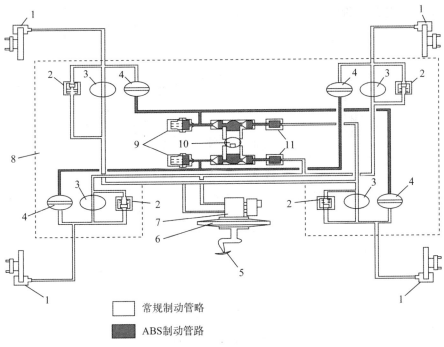

图 7-1 ABS 的组成
1—制动分泵;2—卸压阀;3—进入电磁阀;4—排出电磁阀;5—制动踏板;6—真空助力器;
7—制动总泵;8—液压单元;9—储能器;10—液压泵;11—脉动缓冲器

1. ABS 控制单元

ABS 控制单元接收到每个车轮的转速信息,对其进行分析,一旦遇到有可能发生车轮抱死的情况,控制单元会给调节装置发出指令,令其进行调节。

ABS 控制单元具备自我诊断功能,其外形如图 7-2 所示。

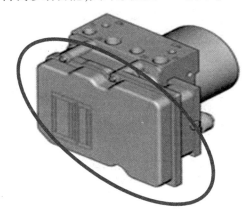

图 7-2 ABS 控制单元

2. ABS 故障警告灯

当汽车打开点火开关时,ABS 故障警告灯点亮 3s,然后熄灭。

如果 ABS 故障警告灯在打开点火开关 3s 后继续点亮,或者是行驶过程中 ABS 故障警告灯点亮,并伴有声音和信息提示,表示 ABS 出现故障。此时,ABS 失效,车辆处于传统的制动状态。ABS 故障警告灯如图 7-3 所示。

图 7-3　ABS 故障警告灯

3. ABS 液压单元

ABS 液压单元内的调节装置接收来自 ABS 控制单元的指令,用于调节相关车轮的制动压力。ABS 液压单元的调节不受施加在制动踏板上的力的影响。

ABS 液压单元的组成如图 7-4 所示,包含 8 个调节电磁阀、2 个储能器(每个对角线一个)、2 个缓冲器(每个对角线一个)、1 个回流泵、4 个卸压阀。

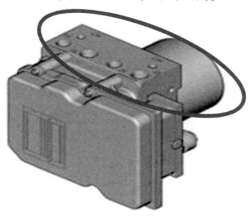

图 7-4　ABS 液压单元

由于 ABS 是双管路 X 型式的布置,因此 ABS 液压单元分成两个相同的调节部分,每个部分负责一个对角线上车轮的调节(一个前轮和一个对称的后轮)。

每个车轮是由两个电磁阀来调节:一个常开电磁阀;一个常闭电磁阀。

4. 调节电磁阀

根据车轮的运转情况,调节电磁阀分为3个阶段:

①压力上升阶段——两个电磁阀皆不工作;

②压力维持阶段——常开电磁阀被激活工作,常闭电磁阀不工作;

③压力下降阶段——两个电磁阀都被激活,开始工作。

5. 车轮转速传感器

车轮转速传感器用以测量车轮的瞬时转速信息,一般有以下几种类型。

(1)无源传感器

无源传感器分为以下两种:

①单极磁感应式传感器;

②极化磁感应式传感器。

(2)有源传感器

有源传感器可分为霍尔效应式传感器和磁阻式传感器。

以磁阻式传感器为例,其结构和外形如图7-5～图7-7所示。磁阻式传感器的控制方式依次为磁头间隙的变化、磁场变化、线圈内感应电流。

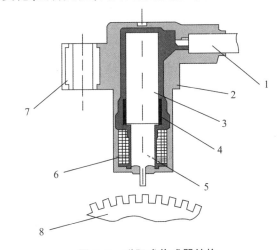

图7-5 磁阻式传感器结构

1—电线;2—壳体;3—永久磁铁;4—衬套;5—磁极;6—线圈;7—固定孔;8—齿圈

图7-6 磁阻式传感器外形1

图7-7 磁阻式传感器外形2

6. 储能器

储能器由一个活塞和一个弹簧组成。在压力下降阶段充入制动液,当回流泵达到最大转速和最大流量时,可快速降低制动分泵里的压力。

7. 脉动缓冲器

脉动缓冲器可以限制回流泵工作时制动液的压力波动。

7.1.2 ABS 调节过程

在汽车行驶时,ABS 控制单元不断地接收车速传感器的信号进行车轮转速的计算,并可以确定以下数值:

①参考速度(开始抱死的临界速度和保持压力的速度);
②每个车轮的加速度;
③每个车轮的滑移率。

概括地说,ABS 调节的过程是:

①车轮速度比参考速度小时,ABS 控制单元由此判断有不稳定性(有抱死趋势);
②通过对车轮减速度的分析决定开始调节阶段,通过压力的保持阶段进入第一次调节;
③ABS 通过对车轮减速度和滑移率的分析来进行继续调节;
④当车轮有一个较大的加速度时,制动压力再次上升。

ABS 控制单元不断计算每个车轮相对于地面的滑移率,然后调节相应制动分泵上的制动液的压力(制动压力),使每个车轮的滑移率都保持在最佳范围。

1. 压力上升阶段

驾驶员踩制动踏板,没有任何抱死的危险,与传统制动相同,如图 7-8 所示。

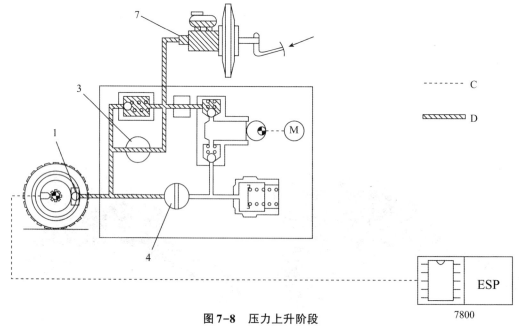

图 7-8 压力上升阶段

1—制动分泵;3—进入电磁阀;4—排出电磁阀;7—制动总泵

2. 压力维持阶段

车轮的速度急剧降低,有使车轮抱死的倾向,电磁阀3关闭,如图7-9所示。

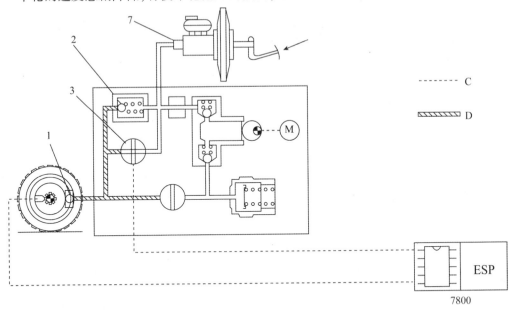

图7-9 压力维持阶段

1—制动分泵;2—卸压阀;3—进入电磁阀;7—制动总泵

3. 压力下降阶段

车轮继续减速临近抱死,则4打开,回流泵M起动,如图7-10所示。在此过程中,驾驶员可以感受到制动踏板的反弹。

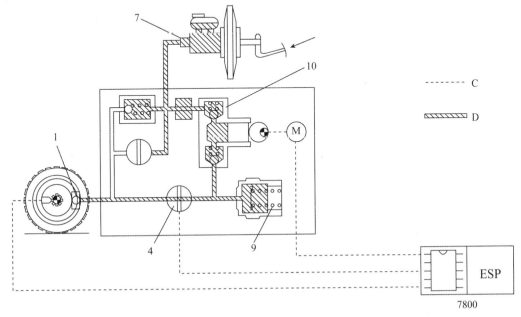

图7-10 压力下降阶段

1—制动分泵;4—排出电磁阀;7—制动总泵;9—储能器;10—液压泵

4.松开制动踏板阶段

4 关闭,3 打开,制动液通过 3 和卸压阀 2 快速卸压,如图 7-11 所示。

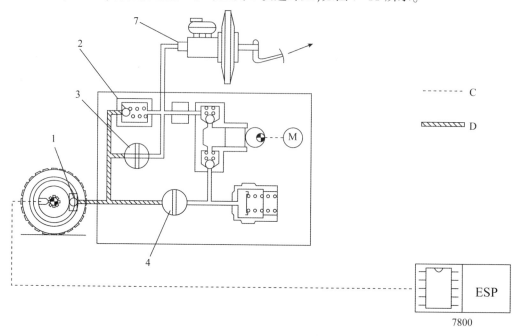

图 7-11　松开制动踏板阶段

1—制动分泵;2—卸压阀;3—进入电磁阀;4—排出电磁阀;7—制动总泵

在压力下降阶段,制动分泵中的制动液充入到 2 个储能器当中,同时 ABS 控制单元控制回流泵工作,吸入储能器及相应制动管路中的制动液,并压入到制动总泵。回流泵在整个 ABS 调节过程中连续运转以保证制动压力的再次上升。

7.2　驱动防滑系统

驱动防滑系统(Acceleration Slip Regulation)简称为 ASR,也被称作驱动力控制系统(Traction Control System),简称为 TCS。

7.2.1　车轮滑移率对附着系数的影响

车轮相对于路面的滑动可分为滑移和滑转两种形式,引入车轮滑移率的概念可以表征车轮运动中滑动成分所占的比例。图 7-12 显示了附着系数与滑移率的关系,滑移率计算如下:

$$s = \frac{u - u_w}{u} \times 100\% = \frac{u - r \cdot \omega}{u} \times 100\%$$

式中,u 为车速;u_w 为车轮速度;ω 为车轮滚动角速度;r 为车轮半径。

当车轮纯滚动时,$u_w = u$,$s = 0$;

当车轮抱死纯滑动时，$u_w=0$，$s=100\%$；
当车轮边滚边滑时，$u>u_w$，$0<s<100\%$。

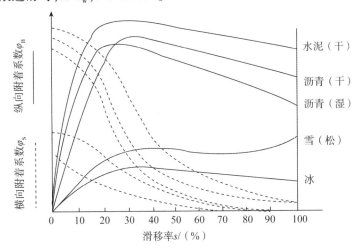

图 7-12 附着系数与滑移率的关系

车轮滑移率越大，说明滑动成分在车轮运动中所占的比例越大，使汽车能够自动地将车轮控制在纵向和横向附着系数都很大的滑移率范围内。ABS 在制动过程中，通常将车轮滑移率控制在 10%～20%；ASR 在驱动过程中，通常将车轮滑移率控制在 5%～15%。

7.2.2 ASR 的作用与工作原理

ASR 在驱动过程中通常可以通过调节发动机的输出转矩、转动系的传动比、差速器的锁紧系数等控制作用于驱动车轮的驱动力矩，以及通过调节驱动车轮制动轮缸（或制动气室）的制动压力控制作用于驱动车轮的制动力矩，实现对驱动车轮牵引力矩的控制。

以雷克萨斯 LS400 轿车的 ASR 为例，雷克萨斯 LS400 轿车为后轮驱动车，它的 ASR 是在控制发动机输出功率的同时控制汽车的驱动轮制动系统，即采用发动机和制动器并用控制方法，控制驱动轮转速，有助于避免在起动和加速时容易出现的驱动轮打滑现象；并根据车速、路面状态控制汽车驱动轮的驱动力，和 ABS 相结合，保持制动滑移率在 15%～30% 之间，达到最佳制动效果。

ASR 主要部件及工作原理如下。

①车轮转速传感器：与 ABS 合用，当需要进行防滑控制时才用到。
②辅助节气门执行器：执行元件为步进电机，接收 ECU 指令逐渐关闭辅助节气门。
③节气门位置传感器：主节气门位置传感器用来检测节气门开度，并将开度大小信号送入 ECU。副节气门位置执行元件根据来自 ABS 和 ASR 的 ECU 信号，打开和关闭副节气门，以控制发动机输出功率。
④ASR 制动执行元件：ASR 工作过程是由 ASR 泵和 ASR 制动执行元件来完成的，制动执行元件用来传送液压并释放从制动分泵来的液压。
⑤ABS 和 ASR 的 ECU 控制逻辑。

⑥保障保护功能。

7.2.3 ABS 和 ASR 的比较

1. 相同点

①ABS 和 ASR 都是通过控制作用于被控制车轮的力矩,而将车轮的滑移率控制在设定的理想范围之内,从而缩短汽车制动距离或提高汽车的加速性能。

②ABS 和 ASR 要求系统具有快速的反应能力,以适应车轮附着力的变化;要求控制偏差量尽可能达到最小;要求尽量减少调节过程中的能量消耗。

2. 不同点

①ABS 对驱动和非驱动车轮都可进行控制,而 ASR 只对驱动车轮进行控制。

②在 ABS 控制期间,离合器通常处于分离状态(手动变速),发动机怠速运转;而在 ASR 控制期间,离合器处于接合状态,发动机的惯性对 ASR 控制有较大影响。

③在 ABS 控制期间,汽车传动系统的振动较小;而在 ASR 控制期间,很容易使传动系统产生较大的振动。

④在 ABS 控制期间,各车轮之间的相互影响不大;而在 ASR 控制期间,由于差速器的作用会使驱动车轮之间产生较大的互相影响。

⑤ABS 只是一个反应时间近似恒定的制动控制单环系统,而 ASR 却是由反应时间不同的制动控制和发动机控制等组成的多环系统。

7.2.4 ASR 的故障诊断与排除

1. 使用与维修中的一般注意事项

①拆装系统中的电器元件和线束插头,应先断开点火开关。

②不能在充电机对蓄电池充电时起动发动机,也不能在汽车用电设备电路未断开时直接对蓄电池进行充电。

③避免 ECU 受到碰撞和敲击。

④在高温环境(如烤漆作业)下,应拆下 ECU;在焊接电器元件与线路时,应拔下线束插头。

⑤不要让油污沾染 ECU,特别是 ECU 的端子。

⑥要注意对蓄电池的电压进行检查,特别是长时间停驶后初次起动时。

⑦不要使车轮转速传感器和传感器齿圈沾染油污或其他脏污,且不要敲击轮速传感器。

⑧维修带有防滑制动功能的制动系统时,应首先将蓄能器中的高压制动液完全释放。

⑨具有防滑制动功能的制动系统应使用专用的管路。

⑩大多数驱动防滑系统中的车轮转速传感器、ECU 和制动压力调节装置如果损坏,应该进行整体更换。

⑪在对制动液压系统进行维修以后,或者在使用过程中发觉制动踏板变软时,应按照要

求的方法和顺序对制动系统进行排气。

⑫应尽量选用汽车厂家推荐的轮胎。

⑬在驱动防滑警告灯持续点亮的情况进行制动时,应注意控制制动强度。

2. ASR 的故障自诊断

当驱动防滑警告灯持续点亮时,就表明 ASR 因故障已退出工作状态,且已将故障情况以故障代码的形式储存记忆。大多数具有自我诊断功能的 ASR 可以通过跨接诊断插座中相应的端子,根据仪表板上的警告灯或 ECU 上发光二极管的闪烁情况读取故障代码,然后从维修手册中查找故障代码所代表的故障情况,也可以利用解码器直接读取故障代码。通过驱动防滑警告灯或发光二极管闪烁的方式读取故障代码的一般顺序是:

①将点火开关置于断开位置(OFF);

②用跨接线跨接诊断插座中的相应端子;

③将点火开关置于点火位置,以正确的方法计数驱动防滑警告灯或发光二极管的闪烁次数,确定故障代码;

④从维修手册中查找故障代码所代表的故障情况。

利用解码器读取故障代码时,选择对应车型的诊断转接头与诊断插座连接,再选择相应的软件,从解码器的显示屏上就可以直接读取简明的故障情况。在 ASR 的故障排除以后,还需要通过特定的方法清除 ECU 中存储的故障代码;否则,尽管系统已经恢复正常,但 ECU 仍将储存记忆故障代码。

3. 故障诊断与排除的一般步骤

当 ASR 的驱动防滑警告灯持续点亮时,或感觉 ASR 工作时,应及时对系统进行故障诊断和排除。故障诊断与排除的一般步骤如下:

①确认故障情况和故障症状;

②对系统进行直观检查,检查是否有制动液渗漏、导线破损、插头松脱、制动液液位过低等现象;

③读取故障代码,再根据维修手册查找故障代码所代表的故障情况;

④根据读取的故障情况,利用必要的工具和仪器对故障部位进行深入检查,确诊故障部位和故障原因;

⑤排除故障;

⑥清除故障代码;

⑦检查驱动防滑警告灯是否仍然继续点亮;

⑧驱动防滑警告灯不再持续点亮后,进行路试,确认系统是否恢复正常工作。

7.3 车身稳定系统

7.3.1 车身稳定系统概述

不同研发机构对车身稳定系统的命名不尽相同,如 BOSCH ESP(Electronic Stability Program)、德国大陆 ESC、宝马 DSC、日产 VDC、丰田 VSC 等。本节以 BOSCH ESP 为例。

汽车系统的一些专业术语:ABS——防抱死制动系统;EBD——电子制动力分配系统;EVA——紧急制动辅助系统(或称 HBA/EBA/BA);MSR——发动机阻力矩控制系统;ADEC——坡道起步辅助系统;ASR——驱动防滑系统。

根据不同车型及 ESP 不同版本,广义的 ESP 具有以上部分或全部功能,甚至更多。本课程介绍的 ESP 实为狭义的 ESP,即当车辆发生侧滑时,对单一车轮制动。

1. 狭义 ESP 的作用

狭义 ESP 的作用为主动地提高车辆的行驶稳定性;通过控制制动或发动机扭矩,防止可能导致事故的危险情况发生,降低侧面碰撞的概率。

ESP 时刻在后台待命,监控车辆的行驶轨迹(纵向和横向)和驾驶员的行驶意图(方向盘、制动踏板、油门踏板等信息)。在大多数情况下,ESP 先于驾驶员识别行驶危急状况,通过可能的方式进行干预,如对单个车轮进行制动,对发动机扭矩进行控制(降低)。

在造成严重人员伤亡的交通事故中,有 25% 的交通事故是由于车辆侧滑引起的;在造成人员致命伤害的交通事故中,有 60% 的交通事故是由于车辆侧面碰撞引起的,而侧面碰撞的主要原因是侧滑。事实证明,装备了车身稳定系统(如 ESP)的车辆,能够最大限度地避免侧滑发生,保持车辆的操控性。随着 ESP 的持续装备,严重的交通事故会持续减少。

2. 物理概念

(1)横向加速度

横向加速度是汽车沿横轴线方向(垂直于汽车行驶方向)的加速度,它出现在弯道行驶时;偏转速度是沿汽车竖轴线转动的速度,如图 7-13 所示。

图 7-13 横向加速度、偏转速度

（2）转向不足

转向不足如图7-14所示。当车辆转向不足时,其前轮会向外打滑,可以通过制动转弯内侧后轮、降低发动机扭矩,使其保持正常的行驶轨迹。

图7-14　转向不足

（3）转向过度

转向过度如图7-15所示。当车辆转向过度时,后轮会向外侧滑动,可以通过制动转弯外侧前轮、降低发动机扭矩,使其保持正常的行驶轨迹。

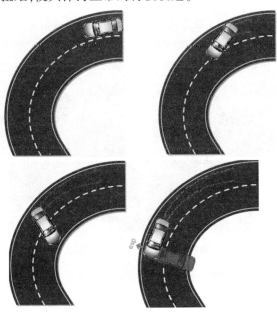

图7-15　转向过度

7.3.2 ESP 的组成

液压总成分解如图 7-16 所示。

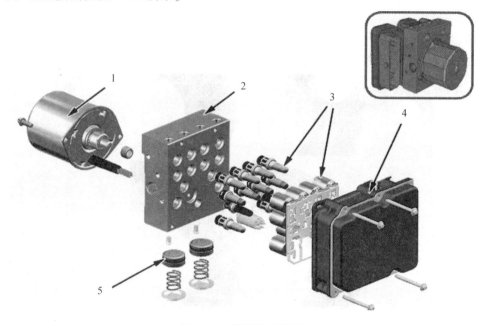

图 7-16　液压总成分解
1—液压泵；2—液压单元主体；
3—12 个电磁阀；4—控制单元；5—储能器

1. 方向盘角度传感器

方向盘角度传感器（图 7-17）测量得出方向盘的角度、旋转速度、旋转方向信息，并通过 CAN 网将信息传递给 ESP 控制单元，ESP 控制单元据此可以确定驾驶员期望的行驶轨迹。

图 7-17　方向盘角度传感器

2. 偏航率/横向加速度传感器

偏航率/横向加速度传感器（图 7-18）一般安装在车辆重心位置附近的车身上，用于测量车辆的横摆速度和横向加速度信息，ESP 控制单元据此确定车辆的真实行驶轨迹。

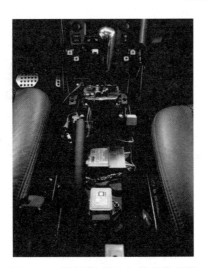

图 7-18 偏航率/横向加速度传感器

3. ESP 控制单元

ESP 控制单元接收各传感器的信息,对其进行分析,然后向液压单元的调节装置发送调节命令;ESP 控制单元本身具备自我诊断功能,可以诊断到存在的故障;ESP 控制单元与液压单元集成在一起。

4. 液压单元

(1) 常开电磁阀

4 个常开电磁阀(图 7-19)分别安装在不同的车轮上,工作原理同 ABS 的常开电磁阀。

图 7-19 常开电磁阀

(2) 常闭电磁阀

4 个常闭电磁阀(图 7-20)分别安装在 4 个车轮上,工作原理同 ABS 的常闭电磁阀。

图 7-20 常闭电磁阀

(3) 转换电磁阀

2 个转换电磁阀(图 7-21)分别管理呈对角分布的 2 个制动管路。不工作时,这 2 个电磁阀都处于开启状态;当 ESP 进行调节时,这 2 个电磁阀关闭,把制动总泵与所有车轮的制动分泵隔离开,这 2 个电磁阀都各自配置了一个安全阀。

图 7-21 转换电磁阀

(4) 主电磁阀

2 个主电磁阀(图 7-22)分别管理呈对角分布的 2 个制动管路。不工作时,这 2 个电磁阀都处于关闭状态;当 ESP 进行调节时,这 2 个电磁阀打开,制动液进入液压泵,经加压后注入呈对角分布的2个制动管路。

图7-22 主电磁阀

(5)液压泵

液压泵(图7-23)在ABS调节时,与ABS中回流泵的作用相同;在ESP调节时,为制动分泵提供制动压力。

图7-23 液压泵

(6)压力传感器

压力传感器(图7-24)测量制动管路中制动液的压力(制动压力)。在EVA中,压力传感器测量制动压力的上升速度,从而判断驾驶员是否进行了紧急制动,以便提供辅助制动力。根据ESP版本不同,压力传感器可以独立安装或集成在液压单元内部。

图 7-24 压力传感器

6. ESP 故障指示灯

点火开关打开时，ESP 故障指示灯点亮 3s，然后熄灭；当系统发生故障时，指示灯点亮，并伴随有蜂鸣声和信息提示；在 ESP 调节时，指示灯不停闪烁。ESP 故障指示灯如图 7-25 所示。

图 7-25 ESP 故障指示灯

7. ESP 开关

在某些条件下(车辆陷入泥中或雪中,或者在松软的路面上),需要关闭 ESP/ASR 功能,使车轮运动并恢复附着力。ESP 开关如图 7-26 所示。

当车速低于 50km/h 时,可利用 ESP 开关关闭 ESP;ESP 关闭后,仪表上 ESP 指示灯和开关上的指示灯会点亮;当按下开关或车速超过 50km/h 时,ESP 重新启用。

图 7-26　ESP 开关

7.3.3　ESP 工作原理

1. ESP 工作过程

①ESP 通过影响制动和发动机扭矩,以及变速箱的参与,帮助驾驶员纠正汽车行驶轨迹。

②ESP 从偏航的第一个信号起,通过抑制侧滑的趋势来应对各种苛刻的驾驶条件。

③ESP 在转向不足或转向过度的状态下,纠正车辆的行驶轨迹。

④ESP 根据以下信息分析驾驶员的驾驶意图:方向盘的角度、转速、转动方向;轮速;油门踏板位置;刹车力度。

⑤ESP 根据偏转速度和横向加速度信息检查车辆行驶轨迹。

⑥ESP 控制单元计算需要的制动力,液压单元迅速将制动力分别施加在相应车轮上。

另外,ESP 通过与发动机 ECU 的通信,降低发动机扭矩的输出。ESP 工作过程如图 7-27 所示。ESP 调节过程如图 7-28 所示。

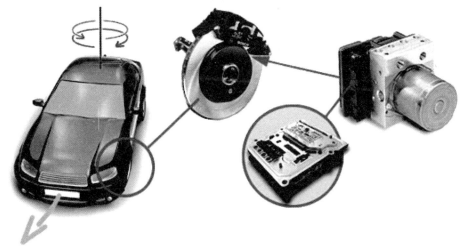

图 7-27　ESP 工作过程

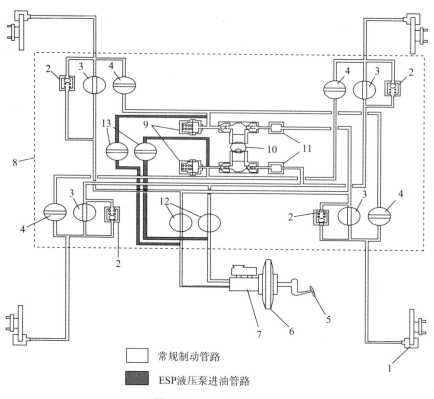

图 7-28 ESP 调节过程

1—制动分泵;2—制动阀;3—进入电磁阀;4—排出电磁阀;5—制动踏板;6—真空助力器;7—制动总泵;
8—液压单元;9—储能器;10—液压泵;11—脉动缓冲器;12—转换电磁阀;13—主电磁阀

当出现转向不足或转向过度的情况时,ESP 会增加相关车轮的制动压力;将主电磁阀 13 打开,为液压泵提供制动液;将转换电磁阀 12 关闭,以隔离与制动总泵的液压管路;开启相关车轮制动分泵的液压管路;起动液压泵提供制动压力。

2. ESP 工作的典型情况

(1)躲避前方突然出现的车辆或障碍物

躲避前方突然出现的车辆或障碍物,如图 7-29 所示。

图 7-29 躲避前方突然出现的车辆或障碍物

①刹车,打转向,车辆趋于转向不足;
②ESP对左后轮制动,车辆保持稳定;
③方向回正,车辆趋于转向过度,ESP对左前车轮制动;
④车辆重新保持稳定。

(2)方向盘急速大幅度的转动

方向盘急速大幅度的转动,如图7-30所示。

①车辆趋于失控,ESP对右前轮制动;
②车辆保持稳定;
③车辆趋于失控,ESP对左前轮制动;
④车辆保持稳定。

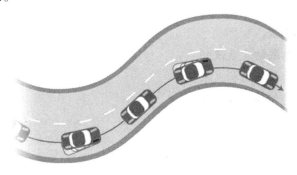

图7-30 方向盘急速大幅度的转动

(3)行驶在附着力不同的路面

行驶在附着力不同的路面,如图7-31所示。

图7-31 行驶在附着力不同的路面

①车辆趋于转向不足,ESP对右后轮制动,同时降低发动机扭矩输出;
②车辆保持稳定。

项目 8
电子控制悬架系统

教学目标与要求
- 了解电子控制悬架的发展及特点；
- 掌握电子控制悬架的结构及原理；
- 掌握电子控制悬架的检修方法。

教学重点
- 电子控制悬架的结构及原理。

教学难点
- 电子控制悬架的检修方法。

课程导入

奥迪 A8 轿车的空气悬架出现故障，该车仪表上空气悬挂故障灯指示灯亮起，并且车身高度不能上下调整，车身处于最低位置，试分析并排除故障。

8.1 电子控制悬架系统的结构与原理

汽车悬架是车身或车架与车轮或车桥之间传力连接装置的总称，其作用主要有如下 3 个方面：

①与轮胎共同作用，缓冲和吸收来自车轮的振动，使汽车平稳行驶；
②将车轮与路面之间产生的驱动力和制动力及力矩传递到车身；
③将车身支承在前后车桥上，并保持车身与车轮之间的几何关系。

传统的悬架系统主要由弹簧、减振器、稳定杆等组成。为提高汽车乘坐的舒适性，要求悬架做得比较软，以使汽车在不平路面上行驶时车轮有较大的运动空间，但这将导致汽车在行驶过程中,由于路面的颠簸而使车身位移增大,这种位移的增大会对汽车行驶的稳定性带来十分不利的影响。反之,为提高汽车操纵的稳定性,要求悬架要有较大的弹簧刚度和较大的减振器减振阻尼,以限制车身过大的运动,但这又会导致车身产生较大颠簸,从而影响乘坐舒适性和车辆行驶的平顺性。

因此,传统的悬架在设计过程中不可避免地要不断在乘坐舒适性和操纵稳定性中寻求妥协。尽管近年来传统悬架在结构上不断进行更新和完善,采用优化设计方法进行设计,已使汽车,(特别是轿车)的乘坐舒适性和操纵稳定性有了很大提高,但传统悬架仍然受到诸多的限制。如最终设计的悬架参数(弹簧刚度和减振器减振阻尼等)是不可调节的,使得传统悬架只能保证汽车在一种特定的道路和速度条件下达到性能最优的匹配,并且只能被动地承受地面对车身的作用力,而不能根据道路、车速的不同而改变悬架参数,更不能主动地控制地面对车身的作用力。

8.1.1 汽车悬架的分类

汽车悬架按导向机构的型式可分为独立悬架和非独立悬架2大类,按控制力又可分为被动悬架、半主动悬架和主动悬架3种。其中,主动悬架和半主动悬架按其控制方式又可分为机械控制悬架系统和电控悬架系统。

1. 被动悬架

由钢板弹簧或螺旋弹簧、液压减振器组成的机械式悬架系统,由于没有能源供给装置,悬架的弹性和阻尼参数不会随外部状态而变化,所以称这种悬架为被动悬架,如图8-1所示。这种悬架在设计中尽管采用参数优化设计,以满足使用要求,但由于悬架参数不可调节,在实际中很难满足使用要求。

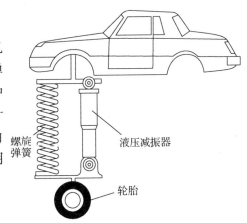

图8-1 被动悬架

2. 半主动悬架

半主动悬架可看作为由可变特性弹簧和减振器组成的悬架系统,它不能随外界的输入进行控制调节,但它可按电脑内存储的弹簧和减振器的优化参数指令调节刚度和阻尼状态。半主动悬架是无源主动悬架,因为它没有动力源为悬架输入能量,在这种悬架中改变弹簧刚度比改变阻尼状态困难,所以这种悬架以改变其阻尼系统最常见,它的优点是不消耗动力。

3. 主动悬架

主动悬架由产生力和扭矩的主动件(如油缸、气缸、伺服驱动器、电磁铁等)、测量元件(如加速度、位移和力传感器等)以及反馈控制装置组成,如图8-2所示。主动悬架的特点是它具有作功能力,有动力源(如液压泵或空气压缩机)为系统提供连续的动力输入。当汽车的载荷、速度、道路状况等行驶条件变化时,主动悬架系统能自动调整悬架刚度。刚度的调整包括整体调整和各轮单独调整,以满足汽车行驶平顺性、操纵稳定性等方面的要求。

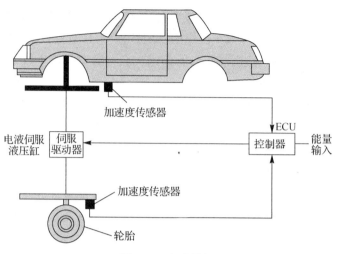

图 8-2 主动悬架

8.1.2 电子控制悬架要求

根据路面条件、载重质量、行驶速度等来调节悬架系统的刚度、减振器阻尼、车身高度,从而使车辆在各种行驶条件下均可获得最佳的舒适性、通过性和安全性。

8.1.3 电子控制悬架的组成

虽然现代汽车电子控制悬架系统结构形式多种多样,但它们的基本组成却是相同的,如图 8-3 所示。电控悬架系统由感应汽车运行状况的各种传感器、开关、ECU 及执行机构等组

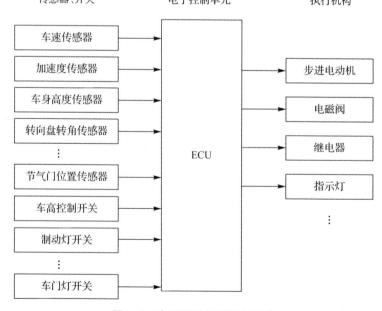

图 8-3 电子控制悬架基本组成

成。传感器一般有车身高度传感器、车速传感器、加速度传感器、转向盘转角传感器、节气门位置传感器等；开关主要有模式选择开关、制动灯开关、停车灯开关和车门灯开关等；执行机构有可调节减振器阻尼力的电动机，可调节弹簧刚度的步进电动机和可调节车身高度的电磁阀等。

8.1.4 电子控制悬架的原理

1. 半主动悬架的工作原理

半主动悬架系统的设计思路是：在行驶的过程中，可以通过改变减振器的阻尼力，从而适应车辆的行驶平顺性和稳定性要求。选择较低的阻尼力，可以降低系统自振频率，减少对车身的冲击，满足舒适性的要求但安全性下降，适合于车辆的低速行驶；选择较高阻尼力则可提高车辆行驶安全性，但是舒适性下降，适合于车辆的高速行驶。

减振器工作时活塞杆上、下伸缩运动，具有黏性的液压油通过活塞孔产生阻力，当活塞上下运动较慢时，阻尼力小；当快速运动时，就会产生很大的阻尼力。从机械原理上讲，节流孔越大，阻尼力越小；油的黏度越大，阻尼力越大。油液的黏度不容易改变，因此阻尼力控制的最佳方法就是控制节流孔的大小。根据其控制的方式不同，目前减振器阻尼力的调节可分为有级可调式和连续可调式两种。

2. 主动悬架的工作原理

主动悬架采用与传统结构完全不同的弹性元件(空气弹簧、油气弹簧等)，使其突破了一般弹性元件(钢板弹簧、螺旋弹簧、扭杆弹簧等)在刚度变化方面的局限性。因此，主动悬架能够根据车身高度、车速、转向角度及角速度、制动等信号，由 ECU 控制悬架执行机构，改变悬架弹性元件的刚度、减振器阻尼力及车身高度等参数，从而使车辆的操纵性和平顺性都达到最佳。

主动悬架大多采用空气弹簧或油气弹簧作为弹性元件，通过改变弹性元件内部工作介质(空气或油液)的流通特性或压力大小来调节悬架的刚度；通过工作介质的充、放来改变悬架的高度，即可进行车身高度的控制。

8.2 典型汽车电子控制悬架系统分析

电子控制悬架系统主要应用于中、高档轿车和客车上，如雷克萨斯 LS400、雪铁龙 C6、大众途锐、奥迪 A8、通用凯迪拉克、三菱 GALANT(格兰特)轿车等，国外部分重型车辆上也有应用。

本节主要介绍雷克萨斯 LS400 轿车和奥迪 A8 轿车的电子控制空气悬架系统。

雷克萨斯 LS400 轿车装有的电子控制空气悬架系统，简称为 TEMS(TOYOTA Electronic Modulated Suspension)。

8.2.1 雷克萨斯 LS400 轿车电子控制空气悬架系统的功能

雷克萨斯 LS400 轿车电控空气悬架系统中装有起弹簧作用的压缩空气，弹簧的刚度和汽车的高度可根据驾驶条件自动控制；同时悬架减振器的阻尼力大小可以进行电子控制，以抑制车辆侧倾、加速下蹲、制动点头等,明显改善车辆的平顺性和操纵稳定性。

1. 弹簧刚度和减振阻尼控制

弹簧刚度和减振器减振阻尼力均由电子装置控制。弹簧刚度有软和硬 2 种模式,减振器减振阻尼则有软、中和硬 3 种模式。电子装置根据车速和路面的变化自动地调节悬架刚度和减振阻尼,这种控制方式共有 4 种:高车速控制、不平道路控制、颠动控制和跳振控制。此外,在车速或转向急剧变化时,会造成车身姿态的急剧变化,既破坏汽车乘坐的舒适性,又容易使汽车失去方向稳定性,所以,必须对车身姿态实施控制。这种控制方式共有 3 种:转向时的车身侧倾控制、制动时的车身点头控制和起步或突然加速时的车身后仰控制。3 种控制方式的优点如下。

(1)防止车尾下蹲控制

汽车在急速起步或加速时,在惯性力和驱动力的作用下,汽车尾部下蹲。防止车尾下蹲控制就是要将这种现象控制到最低程度,以保持车身的稳定。

(2)防止汽车点头控制

汽车在高速行驶采取紧急制动时,由于惯性力和车轮与地面之间的附着力的作用,促使车头下沉。防止汽车点头控制就是要使这种点头现象减小到最低程度。

(3)防止汽车侧倾控制

汽车在转弯时,由于离心力的作用,使汽车与车身的外侧下沉,转弯结束时,会产生车身外侧的恢复,造成汽车横向摆动。防止汽车侧倾控制就是使这种现象控制到最佳状态。

(4)防止汽车纵向摇动控制

汽车在换挡过程中,驱动车轮上的驱动力在短时间内发生较大变化使汽车纵向摇动;汽车在不平整的道路上行驶时,汽车的车速与路面的波动产生共振,或受路面的影响,造成车身纵向摇动。防止汽车纵向摇动控制就是使车身的这种状态得到最佳的控制。

2. 车身高度和姿势的调节

(1)自动水平控制

控制车高不随乘员数量和载荷大小的变化而变化,由此抑制空气阻力和升力(迫使汽车漂浮)的增加,减小颠簸并保证平稳行驶。

(2)高速行驶时的车高控制

汽车高速行驶时操纵稳定性一般要受到破坏,此时降低车高有助于抑制空气阻力和升力的增加,提高汽车直线行驶的稳定性。

(3)驻车时车高控制

乘员下车后自动降低车高有利于改善汽车的外观,另外通过调整车高也利于在车库中的存放。

8.2.2 雷克萨斯 LS400 轿车电子控制空气悬架系统的组成

雷克萨斯 LS400 轿车电子控制空气悬架系统中包括内充压缩空气的 4 组悬架弹簧、阻尼力可调的减振器及悬架电子控制系统等。通过 ECU 及手动开关可改变悬架弹簧的刚度和减振器的阻尼力,系统组成如图 8-4 所示。

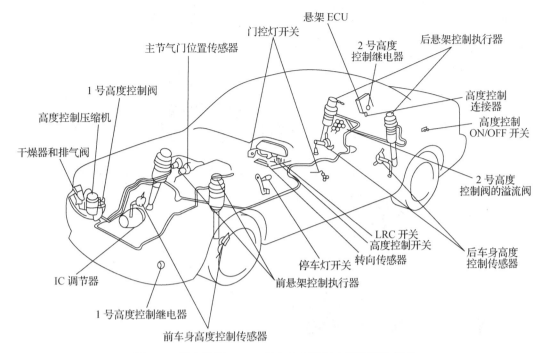

图 8-4 雷克萨斯 LS400 轿车电子控制空气悬架的组成

8.2.3 雷克萨斯 LS400 轿车电子控制悬架系统的工作原理

雷克萨斯 LS400 轿车电子控制悬架的刚度和阻尼都是可自动调节的。系统工作时,车身高度传感器、转向盘转角传感器和车速传感器的信号传递给 ECU,ECU 就可以判断出车辆的工况和路面状况等信息,并且计算出悬架参数的理想数值,进而控制安装在悬架端部的执行器,控制减振器的阻尼力。减振器阻尼孔的截面积越大,则阻尼力越小;同时也可以控制空气弹簧的刚度,进入空气悬架副气室的空气量越多(储气空间越大),则空气弹簧的刚度越小。

雷克萨斯 LS400 轿车的车身高度可以由驾驶员设定在一定范围,并由系统进行自动控制。系统工作时,根据车身高度传感器的信号测出实际的车身高度,并将信号传输给 ECU,ECU 将该信号与其内部存储的设定高度相比较,如车身高度低于设定高度,控制空气压缩机运转,高度控制阀打开,压缩空气进入主气室,可伸缩的气缸在气体压力作用下伸长,使车身升高,当车身升高到目标高度时,ECU 控制压缩机停转,高度控制阀关闭,使汽车车身保持在设定高度。如车身高度高于设定高度,ECU 控制高度控制阀及排气阀打开,气缸主气室的压缩空气排到大气中去,使得气缸压缩,车身高度下降,当车身高度下降到设定的高度值时,高度控制阀和排气阀关闭,从而使汽车保持在设定高度。所以,无论实际载荷如何变化,车身高度都可以控制在理想的范围。

8.2.4 奥迪 A8 轿车电子控制空气悬架系统

1. 奥迪 A8 轿车电子控制空气悬架系统的功能

奥迪 A8 电子控制空气悬架系统(自适应悬架)可以手动或自动设置;自动设置又可分为 automatic(自动)、comfort(舒适)、dynamic(动态)、lift(提升)四种模式,具备转弯、制动、起步、休眠、使用千斤顶、应急等特殊工况下的悬架刚度、阻尼力调节功能。

2. 奥迪 A8 轿车电子控制空气悬架系统的构造

奥迪 A8 轿车电子控制空气悬架系统的组成如图 8-5 所示。

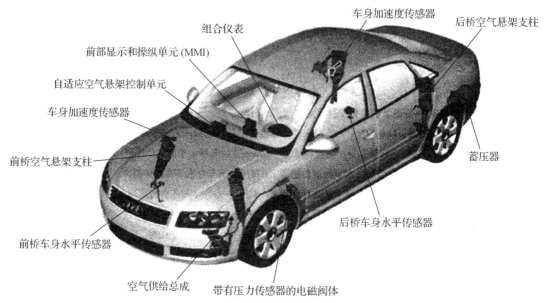

图 8-5　奥迪 A8 电子控制空气悬架系统的组成

3. 奥迪 A8 轿车电子控制空气悬架系统气动控制系统工作原理

点火开关 ON 或前车门打开、行李厢盖打开时，系统休眠模式唤醒，开始工作，前后桥车身水平高度传感器持续检测车身高度(车桥与车架之间的距离)变化。

当乘员上下车或车速改变或驾驶员指令改变车身高度时，水平高度传感器检测到变化并将信息送到 ECU，ECU 对当前高度进行判断并发出调节指令：或起动空气压缩机，或打开排气电磁阀，或同时控制 5 个 2/2 电磁阀的打开或关闭，维持所需高度。图 8-6 所示为奥迪 A8 轿车电子控制空气悬架气动控制系统，其具体工作过程为以下几种。

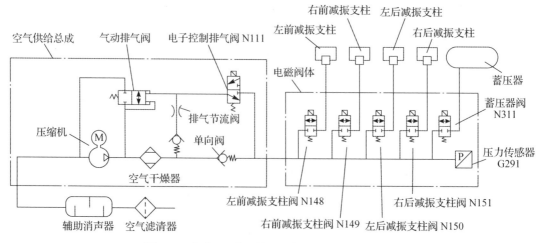

图 8-6　奥迪 A8 电子控制空气悬架气动控制系统

(1) 建立气压

空气压缩机运转,空气由空气滤清器、辅助消声器吸入,经空气干燥器、单向阀、减振器支柱阀(通电接通)、蓄压器阀(通电接通)分别进入减振支柱空气弹簧和蓄压器。此时,电子控制排气阀断电,压力传感器随时监控系统气压。当达到规定高度时,减振支柱电磁阀断电关闭。达到规定气压时,蓄压器阀断电关闭,压缩机停转。蓄压器与空气弹簧之间的压力差至少为 0.3MPa。

(2) 抬高车身高度

若需要抬高车身高度,蓄压器阀通电打开,相应减振器支柱阀通电打开,蓄压器对减振支柱空气弹簧充气,抬高车身。达到规定高度后,两阀断电关闭,停止充气。

(3) 降低车身高度

若需要降低车身高度,相关减振支柱阀通电打开,电子控制排气阀通电打开,压缩气体由减振支柱空气弹簧经减振支柱阀、电子控制排气阀打开气动排气阀。压缩气体由空气弹簧经减振支柱阀、电子控制排气阀、气动排气阀、辅助消声器、空气滤清器排入大气。同时有部分气体经排气节流阀、单向阀、空气干燥器进入气动排气阀,干燥剂被还原。达到规定高度后,两阀断电关闭,停止排气。

项目 9 电子控制助力转向系统

教学目标与要求

- 了解汽车转向系统的发展及特点;
- 掌握电子控制助力转向系统的结构及原理;
- 掌握电子控制助力转向系统的检修方法。

教学重点

- 电子控制助力转向系统的结构及原理。

教学难点

- 电子控制助力转向系统的检修方法。

课程导入

东风风神 AX7 轿车的 EPS 故障指示灯常亮,试分析并排除故障。

9.1 电子控制助力转向系统的结构与原理

9.1.1 汽车转向系统的发展

传统汽车转向系统是机械转向系统,汽车的转向运动是由驾驶员操纵转向盘,通过转向器和一系列的杆件传递到转向车轮而实现的。

20 世纪 40 年代起,为减轻驾驶员的负担,在机械转向系统的基础上增加了液压助力转向系统,由于其工作可靠、技术成熟,至今仍被广泛应用。

电子控制助力转向系统(EHPS)是在液压助力转向系统基础上发展起来的。电动助力转向系统(EPS)是在机械转向系统基础上加入电机作为动力源,电动助力代替了液压助力。

9.1.2 流量式 EHPS 的结构与原理

流量式 EHPS 由车速传感器、电磁阀、整体式动力转向控制阀、动力转向油泵和 ECU 等组成,其结构如图 9-1 所示。

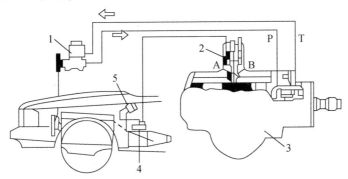

图 9-1 流量式 EHPS

1—动力转向油泵;2—电磁阀;3—动力转向控制阀;4—ECU;5—车速传感器

流量式 EHPS 的工作原理是根据车速传感器、转向角速度传感器和控制开关等信号,控制电磁阀阀针的开启程度,从而控制转向动力缸活塞两侧油室的旁路液压油流量以改变转向盘上的转向力。

9.1.3 反力式 EHPS 的结构与原理

反力式 EHPS 主要由转向控制阀、分流阀、电磁阀、转向动力缸、转向油泵、储油箱、车速传感器及 ECU 等组成,如图 9-2 所示。

转向控制阀是在传统的整体转阀式动力转向控制阀的基础上增设了油压反力室而构成的。扭力杆的上端通过销子与转阀阀杆相连,下端与小齿轮轴用销子连接。小齿轮轴的上端通过销子与控制阀阀体相连。

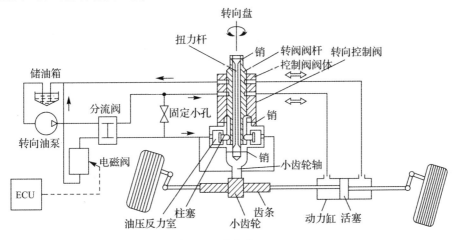

图 9-2 反力式 EHPS

转向时,转向盘上的转向力通过扭力杆传递给小齿轮轴。当转向力增大,扭力杆发生扭转变形时,控制阀体和转阀阀杆之间发生相对转动,于是就改变了阀体和阀杆之间油道的通、断情况和工作油液的流动方向,从而实现转向助力作用。

分流阀的作用把来自转向油泵的液压油向控制阀一侧和电磁阀一侧进行分流。按照车速和转向要求,改变控制阀一侧与电磁阀一侧的油压,确保电磁阀一侧具有稳定的液压油流量。

固定小孔的作用是把供给转向控制阀的一部分流量分配到油压反力室一侧。电磁阀的作用是根据需要,将油压反力室一侧的液压油流回储油箱。ECU 根据车速的高低线性控制电磁阀的开口面积。当车辆停驶或速度较低时,ECU 使电磁线圈的通电电流增大,电磁阀开口面积增大,经分流阀分流的液压油,通过电磁阀重新回流到储油箱中,所以作用于柱塞的背压(油压反力室压力)降低。于是柱塞推动控制阀转阀阀杆的力(反力)较小,只需要较小的转向力就可使扭力杆扭转变形,使阀体与阀杆产生相对转动而实现转向助力作用。当车辆在中、高速区域转向时,ECU 使电磁线圈的通电电流减小,电磁阀开口面积减小。所以,油压反力室的油压升高,作用于柱塞的背压增大,于是柱塞推动转阀阀杆的力增大。此时需要较大的转向力才能使阀体与阀杆之间作相对转动(相当于增加了扭力杆的扭转刚度),而实现转向助力作用,所以在中、高速时可使驾驶员获得良好的转向手感和转向特性。

9.1.4 EPS 的结构与原理

EPS 通常由扭矩传感器、车速传感器、ECU、电动机和电磁离合器等组成,如图 9-3 所示。

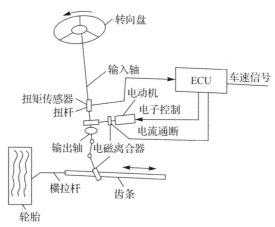

图 9-3 EPS 结构

EPS 是利用电动机作为助力源,根据车速和转向参数等,由 ECU 完成助力控制的。其原理可概括为:当操纵转向盘时,装在转向盘轴上的转矩传感器不断地测出转向轴上的转矩信号,该信号与车速信号同时输入到 ECU。

ECU 根据这些输入信号,确定助力转矩的大小和方向,即选定电动机的电流和转向,调整转向辅助动力的大小。电动机的转矩由电磁离合器通过减速机构减速增扭后,加在汽车的转向机构上,得到一个与汽车工况相适应的转向作用力。

9.2 典型汽车电子控制助力转向系统分析

目前,电子控制助力转向系统在国内普遍应用于轿车上,国外部分大中型客、货车上也有应用。本节主要介绍丰田雷克萨斯 LS400 轿车的电子控制助力转向系统。

雷克萨斯 LS400 轿车采用反力式电子控制助力转向系统,丰田公司称之为 PPS(Progressive Power Steering)。

9.2.1 雷克萨斯 LS400 轿车电子控制助力转向系统的功能

雷克萨斯 LS400 轿车电子控制助力转向系统具有如下功能。

①转向系统可随汽车道路行驶车速改变液压助力的大小,提高车辆的转向性和操纵稳定性。

②转向机构中还包括有动力倾斜、动力伸缩 ECU 控制的转向柱,可根据驾驶员的需要使转向柱自动选择合适的倾斜角度和伸缩长度,以及返回原位等。

9.2.2 雷克萨斯 LS400 轿车电子控制助力转向系统的组成

雷克萨斯 LS400 轿车的电子控制助力转向系统由锥齿轮式转向机构、液压控制系统和电子控制系统 3 部分组成,如图 9-4 所示。

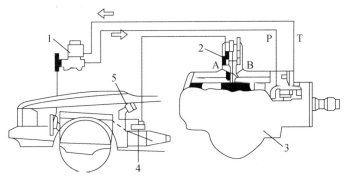

图 9-4 LS400 电子控制助力转向系统组成
1—动力转向油泵;2—电磁阀;3—动力转向控制阀;4—ECU;5—车速传感器

9.2.3 雷克萨斯 LS400 轿车电子控制助力转向系统的工作原理

雷克萨斯 LS400 轿车电子控制助力转向系统的工作原理如图 9-5 所示。当车辆低速行驶或车辆泊位停车时,转向 ECU 接收的是低速传感信号,即向电磁阀提供较大的电流,阀芯开路增大,从转向油泵输出的压力油液经流量分配阀后,一部分流向转向旋转滑阀,然后经助力缸起转向助力作用;另一部分则经电磁阀旁路流回到储液罐内,使得流向反力室的液压油流量大幅减少,反力室中的油压下降,失去阻尼作用,故此时需要的转向操纵力很小,转向轻巧灵活,对泊位停车或低速行驶转向十分有利。

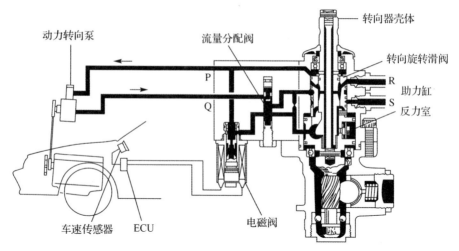

图 9-5　雷克萨斯 LS400 轿车电子控制动力转向系统的工作原理

当车辆在中、高速行驶转向时,因为电磁阀从 ECU 只得到随车速增高而逐渐减小的电流,阀芯位移和流量旁通作用很小,反力室中的油压上升,使得转向操作的路感明显,可有效地克服高速转向发飘和不易掌握的缺陷,提高行驶稳定性和安全性。

当转向角较大、助力缸液压升高较大时,反馈到进油管的压力也升高,则通过量孔的流量自然增加,使反力室的阻尼作用迅速得以增强。

然而,过分地增加转向操纵力对驾驶也不利,为此,流量分配阀起限制反力室流量的作用。当进油压力升至较高时,推动流量分配阀下阀体逐渐向下,关小至反力室的液流通道,使反力室的阻尼作用得以抑制。

9.2.4　雷克萨斯 LS400 轿车电子控制助力转向系统电路

雷克萨斯 LS400 轿车电子控制助力转向系统的电路如图 9-6 所示。

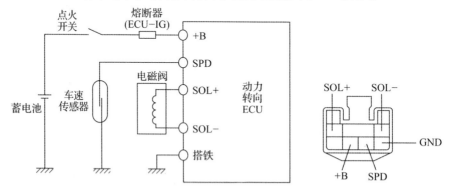

图 9-6　雷克萨斯 LS400 轿车电子控制动力转向系统的电路

项目 10
安全气囊系统

教学目标与要求

- 掌握安全气囊系统的功用、结构和工作原理；
- 掌握安全气囊电路的识读、分析方法；
- 能够使用专用仪器排除安全气囊系统故障；
- 学会运用安全气囊系统的拆装方法；
- 可以进行安全气囊系统的匹配操作。

教学重点

- 安全气囊系统电路的识读、分析方法。

教学难点

- 专用仪器排除安全气囊系统故障。

课程导入

某客户的大众POLO轿车在一次交通事故中安全气囊爆开，车辆受损较为严重，现拖往大众4S店进行维修，要求对该车的安全气囊系统进行安装修复。

10.1 汽车安全气囊系统概述

10.1.1 安全气囊系统的作用

汽车安全气囊系统(SRS)，是汽车被动安全装置。当汽车发生碰撞时，汽车与汽车或汽车与障碍物之间的碰撞称为一次碰撞，一次碰撞导致汽车速度急剧变化，由于惯性的作用，车上的乘员向前运动，于是就发生了车内乘员与车内构件之间的碰撞，称为二次碰撞，事故中造成乘员伤害的主要原因就是二次碰撞。安全气囊系统在一次碰撞后二次碰撞前迅速打开一个充满气体的气垫,与座椅安全带配合使用起到保护乘员的作用。由于乘员和安全气囊相撞时容易因震荡造成乘员伤害,所以在安全气囊的背面开两个直径25mm左右的圆孔。这样,当乘员和安全气囊相撞时,借助圆孔的放气可减轻振荡,放气过程同时也是一个释放能量的过程,因此可以很快地吸收乘员的动能,有助于保护乘员。汽车遭受正面碰撞时安全气囊的工作情况如图10-1所示。

图 10-1　汽车遭受正面碰撞时安全气囊的工作情况

SRS与座椅安全带配合使用,为乘员提供有效防撞保护,同时乘员应养成开车系安全带的习惯。

10.1.2　安全气囊系统(SRS)的工作原理

1. SRS 的控制原理

当汽车遭受正面碰撞和侧面碰撞时,SRS的控制原理完全相同。下面以正面碰撞为例说明SRS的控制原理,其中中央碰撞传感器、左前碰撞传感器、右前碰撞传感器统称为碰撞信号传感器,如图10-2所示。

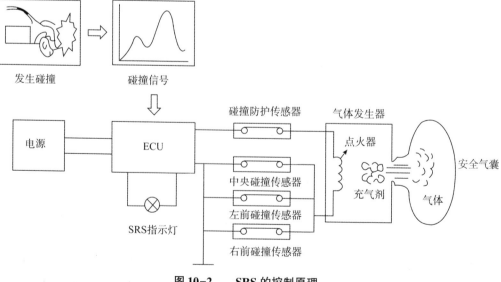

图 10-2　**SRS 的控制原理**

当汽车遭受前方一定角度范围内的碰撞时,安装在汽车前部和 SRS 的 ECU 内部碰撞传感器都会检测到汽车突然减速的信号,并将信号输入 SRS 的 ECU,以便判断是否发生碰撞。当汽车遭受碰撞且减速度达到设定阈值时,SRS 的 ECU 发出指令,控制气体发生器内点火器(电管)电路接通,使点火器引爆。点火剂(引药)受热爆炸(电热丝通电发热引爆炸药)产生大量热量,使充气剂(叠氮化钠固体药片)受热分解并释放出大量氮气冲入安全气囊,安全气囊冲开安全气囊组件上的装饰盖并鼓向驾驶员或乘员,使驾驶员或乘员面部或胸部压靠在充满气体的安全气囊上,在人体与车内构件之间铺垫一个气垫,将人体与车内构件之间的碰撞变为弹性碰撞,通过安全气囊产生变形和排气节流来吸收人体碰撞产生的动能,从而达到保护人体的目的。

2. 安全气囊的动作过程

图 10-3 为当汽车以 50km/h 的车速与前方障碍物碰撞时,安全气囊的动作时序。

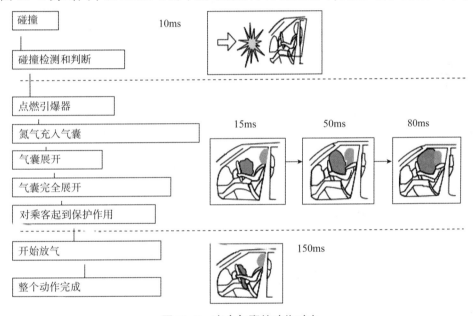

图 10-3 安全气囊的动作时序

(1)碰撞约 10ms 后,安全气囊达到引爆极限,点火器引爆点火剂并产生大量热量,使充气剂受热分解,乘员尚未动作;

(2)碰撞约 15ms 后,大量气体进入安全气囊,安全气囊开始膨胀,乘员要向前准备移动;

(3)碰撞约 50ms 后,安全气囊完全充满,体积最大,乘员向前移动,安全带斜系在乘员身上并拉紧,部分冲击能量已被吸收;

(4)碰撞约 80ms 后,乘员头部及身体上部压向安全气囊,安全气囊在人体惯性力作用下产生变形和节流作用,从而吸收人体与安全气囊之间弹性碰撞产生的动能;

(5)碰撞约 150ms 后,碰撞危害解除,车速降低直至为 0。

3. SRS 的有效范围

SRS 并非在所有碰撞情况下都能起作用。正面安全气囊只有在汽车正前方或斜前方±

30°范围内发生碰撞、纵向减速度达到设定阈值且碰撞防护传感器和任意一个碰撞信号传感器同时接通时,才能引爆充气。在下列情况下,正面气囊不会引爆充气:

①汽车遭受到侧面碰撞超过斜前方±30°范围时;
②汽车遭受横向碰撞时;
③汽车遭受后方碰撞时;
④汽车发生绕纵向轴线侧翻时;
⑤纵向减速度未达到设定阈值时;
⑥所有碰撞传感器都未接通,或 SRS 的 ECU 内部防护传感器未接通时;
⑦汽车正常行驶、正常制动或在不平的道路条件下行驶时。

10.1.3 安全气囊系统(SRS)的组成

SRS 主要包括碰撞传感器、ECU、气囊组件(主、副气囊)和安全气囊指示灯等,如图 10-4 所示。碰撞传感器包括碰撞信号传感器和碰撞防护传感器,如图 10-5 所示,其中碰撞防护传感器一般设在 SRS 的 ECU 内部。

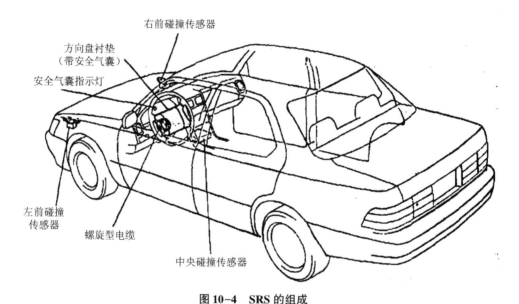

图 10-4　SRS 的组成

1. 碰撞传感器

碰撞传感器是 SRS 中主要的控制信号输入装置,其作用是在汽车发生碰撞时,由碰撞传感器检测汽车碰撞的强度信号,并将信号输入 ECU,ECU 根据碰撞传感器的信号判断是否引爆充气元件给安全气囊充气。

SRS 一般装有 2~4 个碰撞传感器,在前左、右挡泥板各装一个,有的在前保险杠中间装有一个,有的在车内还装有一个。

项目10 安全气囊系统

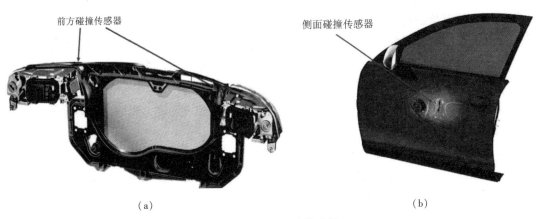

图 10-5 碰撞传感器
(a)前方碰撞传感器；(b)侧面碰撞传感器

(1)滚球式碰撞传感器

滚球式碰撞传感器又称为偏压磁铁式碰撞传感器，主要由铁质滚球、永久磁铁、导缸、固定触点和壳体组成，如图 10-6 所示。滚球式碰撞传感器的工作原理如图 10-7 所示。

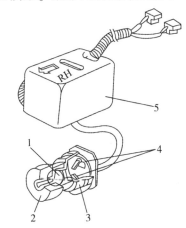

图 10-6 滚球式碰撞传感器的结构
1—铁质滚球；2—永久磁铁；3—导缸；4—固定触点；5—壳体

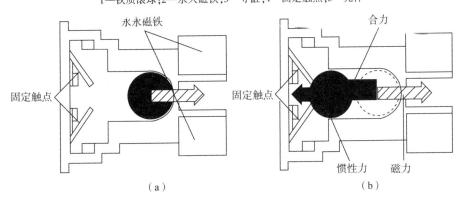

图 10-7 滚球式碰撞传感器工作原理
(a)静止状态；(b)工作状态

两个固定触点分别与传感器引线端子连接,铁质滚球用来感测减速度大小,在导缸内可移动或滚动。当滚球式碰撞传感器处于静止状态时,在永久磁铁磁力作用下,导缸内的铁质滚球被吸向磁铁,两个固定触点与铁质滚球分离,滚球式碰撞传感器电路处于断开状态。当汽车遭受碰撞且减速度达到设定值时,铁质滚球产生的惯性力将大于永久磁铁的电磁吸力,铁质滚球在惯性力作用下就会克服磁力沿导缸向两个固定触点运动并将固定触点接通。

(2)偏心锤式碰撞传感器

偏心锤式碰撞传感器又称偏心转子式碰撞传感器。早期丰田、马自达汽车的SRS都采用了这种传感器,其主要部件包括偏心锤、偏心锤臂、转动触点臂、转动触点、固定触点、复位弹簧、挡块、壳体等,如图10-8所示。

转子总成由偏心锤、转动触点臂及转动触点组成,安装在传感器轴上。偏心锤偏心安装在偏心锤臂上。转动触点臂两端固定有转动触点,转动触点随转动触点臂一起转动。两个固定触点绝缘固定在传感器壳体上,并用导线分别与传感器接线端子连接。

当偏心锤式碰撞传感器处于静止状态时,在复位弹簧弹力力矩的作用下,偏心锤与挡块保持接触,转子总成处于静止状态,转动触点与固定触点断开,传感器电路处于断开状态,如图10-8所示。

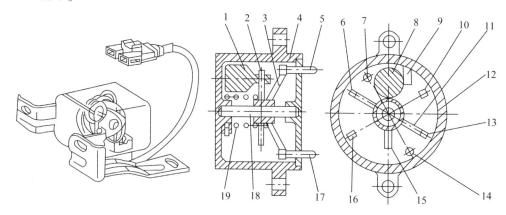

图10-8 偏心锤式碰撞传感器

1、8—偏心锤;2、15—偏心锤臂;3、11—转动触点臂;4、12—壳体;5、7、14、17—固定触点;
6、13—转动触点;9—挡块;10、16—固定触点;18—传感器轴;19—复位弹簧

当汽车遭受碰撞且减速度达到设定阈值时,偏心锤产生的惯性力大于复位弹簧的弹力力矩,转子总成在惯性力矩作用下克服弹簧力矩沿逆时针方向转动一定角度,同时带动转动触点臂转动,并使转动触点与固定触点接触。当偏心锤式碰撞传感器用作碰撞信号传感器时,转动触点与固定触点接触则将碰撞信号输入SRS的ECU;当偏心锤式碰撞传感器用作碰撞防护传感器时,则将点火器电源电路接通。

(3)水银开关式碰撞传感器

水银开关式碰撞传感器利用水银具有良好的导电特性而制成,其主要包括水银、壳体、密封圈、电极和密封螺塞,如图10-9所示。

当水银开关式碰撞传感器处于静止状态时,传感器的两个电极处于断开状态,使点火器电路断开。当汽车发生碰撞且减速度达到设定阈值时,水银的惯性力在其运动方向上产生的分力将克服其重力的分力,并将水银抛向传感器电极使两个电极接通。当水银开关式碰撞传感器用作碰撞信号传感器时,两个电极接通将碰撞信号输入 SRS 的 ECU;而当水银开关式碰撞传感器用作碰撞防护传感器时,则将点火器电源电路接通。

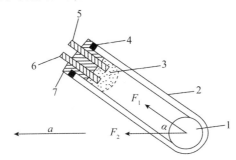

图 10-9　水银开关式传感器

1—水银(静止位置);2—壳体;3—水银(动态位置);4—密封圈;5—电极(接点火器);
6—电极(接电源);7—密封螺塞;a—减速度;F_1—水银惯性力;
F_2—水平分力;α—水银运动方向与水平方向的夹角

(4) 电子式碰撞传感器

电子式碰撞传感器一般安装在安全气囊 ECU 内,用来测量汽车碰撞时的急减速信号。作为中央碰撞传感器,它将传感元件、信号适配器和滤波器等集成在一块芯片上,具有可靠性高、功能性强等优点。

电子式碰撞传感器有一悬臂梁将半导体应变片的两端压住,当汽车发生碰撞时,悬臂梁在惯性力作用下发生弯曲应变,受压后的半导体应变片的电阻阻值产生变化,从而引起动态应变仪输出电压 U_s 变化。汽车的速度越高,碰撞后产生的减速度越大,传感器传出的电压也越大。

电子式碰撞传感器对汽车正向加速度进行连续测量,并将测量结果输送给 SRS 的 ECU, SRS 的 ECU 便会根据碰撞信号的分析处理,适时接通气体发生器的电路。

2. 安全气囊 ECU

安全气囊 ECU 是 SRS 的核心部件。当碰撞防护传感器与气囊 ECU 组装在一起时,SRS 的 ECU 通常安装在驾驶室变速杆前后的装饰板下面。当碰撞防护传感器与安全气囊 ECU 分开安装时,其安装位置因车型而异。

安全气囊 ECU 一般由电子控制模块、信号处理电路、备用电源电路、稳压电路、故障自诊断电路等组成。安全气囊 ECU 内部一般还安装有安全传感器。

ECU 模块主要用于检测汽车纵向减速度或惯性力是否达到设计阈值,以此控制安全气囊组件中的点火器引爆点火剂。在汽车行驶过程中,ECU 模块不断接收碰撞信号传感器和碰撞防护传感器传来的车速变化信号,经过数学计算和逻辑分析后,确定是否发生碰撞。当确定为发生碰撞时,立即运行控制点火器的程序,并向点火器控制电路发出指令引爆点火剂。点火剂引爆时产生大量热量,使充气剂受热分解,释放氮气充入安全气囊。

ECU 模块还要对控制组件中关键部件的电路(如传感器电路、备用电源电路、点火电路、安全气囊指示灯电路等)不断进行诊断测试,并通过安全气囊指示灯和存储在存储器中的故障码测试结果。存储器中的状态信息和故障码可用专用仪器调出,供维修时参考。

信号处理电路可对传感器检测的信号进行整形、滤波和放大,以便 SRS 的 ECU 能够接收、识别和处理。

备用电源电路由电源控制电路和若干个电容器组成。在单安全气囊系统中,设有一个 SRS 的 ECU 备用电源和一个点火备用电源;在双安全气囊系统中,设有一个 SRS 的 ECU 备用电源和两个点火备用电源,即两条点火电路各设一个备用电源。当点火开关接通 10s 后,如汽车电源电压高于 SRS 的 ECU 最低工作电压,所有备用电源即可完成储能任务。当汽车遭受碰撞而导致蓄电池或发动机与安全气囊 ECU 之间的电路切断时,备用电源在 6s 内向 SRS 的 ECU 供电,保持 SRS 的 ECU 测出碰撞、发出点火指令等正常功能。时间过长,备用电源供电能力下降,不能保证安全气囊正常工作。

3. 安全气囊组件

安全气囊组件是汽车 SRS 的主要组成部分,安装在汽车内,其中驾驶员侧气囊组件安装在方向盘中心处,乘客侧气囊组件安装在中控台右侧储物箱上方。

安全气囊组件由安全气囊、点火器、气体发生器饰盖和底板等组成。驾驶员侧与乘客侧气囊组件一般都用同一个 SRS 的 ECU 控制,其组成部件和工作原理基本相同,但结构尺寸有所不同。

4. SRS 指示灯

安全气囊系统指示灯简称 SRS 指示灯或 SRS 警告灯,安装在驾驶室仪表盘面膜下面,并在面膜表面相应位置制作有安全气囊动作图形或 SRS、AIR BAG、SRS AIR BAG 等字样,大多采用安全气囊动作图形。

SRS 指示灯用于指示安全气囊系统功能是否正常。当点火开关拨到 ON 或 ACC 位置后,如果指示灯发亮或闪亮约 6s 后自动熄灭,表示 SRS 功能正常;如果指示灯不亮、一直发亮或在汽车行驶途中忽然发亮或闪亮,说明自诊断测试系统发现 SRS 故障,应及时排除。

10.2 安全气囊(SRS)系统分析

碰撞信号传感器、碰撞防护传感器与点火器都是串联的,碰撞防护传感器控制点火器的电源侧电路,碰撞信号传感器控制点火器的搭铁侧电路,点火器引爆安全气囊的条件是碰撞信号传感器与碰撞防护气囊 ECU 内的碰撞防护传感器必须同时接通。当汽车发生碰撞时,碰撞信号传感器、碰撞防护传感器送给安全气囊 ECU 一个闭合信号,这时安全气囊 ECU 再综合中央碰撞传感器、SRS 检测电路,最后发出点火指令,通过点火驱动电路控制点火器的最终搭铁,点火器中电热丝迅速通电,引爆充气剂,充气剂受热分解产生大量氮气,充入气囊。

前碰撞传感器 9、10 与安装在安全气囊 ECU 中的中央碰撞传感器并联,驾驶员侧气囊点火器 7 与副驾驶员侧气囊点火器 8 并联,左、右安全带收紧器点火器 5、6 并联;在安全气囊 ECU 中有两个相互并联的碰撞防护传感器,其中一个与安全带收紧器点火器 5、6 和安全气囊 ECU 中的驱动电路构成回路,收紧器的点火器由安全气囊 ECU 控制。另一个碰撞防护传感器与侧气囊点火器 7、8 和碰撞信号传感器 9、10 构成回路,侧气囊点火器 7、8 也由安全气囊 ECU 控制,如图 10-10 所示。

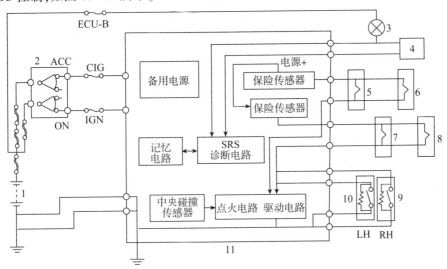

图 10-10 安全气囊工作原理

1—蓄电池;2—点火开关;3—气囊故障指示灯;4—诊断插座;
5、6—左、右安全带收紧器点火器;7—驾驶员侧气囊点火器;8—副驾驶员侧气囊点火器;
9、10—碰撞信号传感器;11—ECU

当汽车车速低于 30km/h 发生碰撞时,碰撞产生的减速度和惯性力较小,碰撞防护传感器和中央碰撞传感器将此信号送到安全气囊 ECU,安全气囊 ECU 判断结果为不引爆安全气囊,只引爆安全带收紧器的点火器。与此同时,向左、右安全带收紧器点火器发出点火指令使安全带收紧,防止驾驶员和乘客受伤。

当汽车车速高于 30km/h 发生碰撞时,碰撞产生的减速度和惯性力较大,碰撞防护传感器和中央碰撞传感器将此信号送到安全气囊 ECU,安全气囊 ECU 判断结果为需要引爆安全气囊和安全带收紧器点火器共同保护驾驶员和乘客。与此同时,向左、右安全带点火器和安全气囊点火器发出点火指令,在安全带收紧的同时,驾驶员侧气囊和乘客侧气囊同时打开,达到保护驾驶员和乘客目的。

项目 11
巡航控制系统

教学目标与要求

- 掌握巡航控制系统的结构和原理；
- 了解巡航控制系统的故障诊断方法。

教学重点

- 巡航控制系统的结构和原理。

教学难点

- 巡航控制系统的故障诊断方法。

课程导入

一辆宝来轿车，行驶里程为13 000km。在行驶过程中，打开巡航控制开关，巡航系统能定速，然而在行驶一段时间后，巡航系统不再工作。关闭发动机重新起动车辆后，巡航系统又能恢复工作。

11.1 巡航控制系统的结构与原理

巡航控制系统(CCS)，根据其性能特点又称为车速控制(Speed Control)系统或自动驾驶(Auto Drive)系统。巡航控制系统是指在一定的车速范围内，驾驶员不用控制加速踏板就能使汽车保持以设定的速度行驶的控制装置。采用了这种控制系统的汽车，在高速公路上长时间行驶时，驾驶员不用控制加速踏板，从而降低驾驶疲劳，提高行驶安全性，同时减少不必要的车速变化，节省燃料。

11.1.1 巡航控制系统的功能及优点

汽车巡航控制系统包括车速设定功能、消除功能、恢复功能、滑行功能、加速功能、低速自动消除功能、有关开关消除功能。

①车速设定功能:当在高速公路上行驶时,路面质量好,没有人流,分道行车,无逆向车流,适宜较长时间的稳定行驶时,可按下"设定"开关,设定一个稳定行驶的车速,使司机不用再踩节气门和换挡,汽车一直以这一车速稳定运行。

②消除功能:当司机根据运行情况需要踩下制动踏板时,则上述的车速设定功能立即消失,司机要用常规方法操作驾驶,直到再按另外的功能开关为止。但行驶速度大于48km/h时所设定的车速值仍然储存在系统中,供随时通过开关调用。

③恢复功能:当司机处理好情况后,根据路面车流情况又可稳定运行时,可按"恢复"功能开关,这样汽车又自动按上述设定的车速稳定均匀运行。若不按"恢复"功能开关,也可在司机认为最有利车速时按"设定"开关,汽车就又自动按新选择的设定车速稳定运行。

④滑行功能:滑行功能也称为减速功能。当按下"滑行"开关时,汽车在原设定车速基础上减速行驶,开关一直按下不放,则车速一直在减低。当放松"滑行"开关,则汽车就自动以放松"滑行"开关瞬间的车速稳定行驶。

⑤加速功能:当按下"加速"开关时,汽车在原设定的车速基础上加速行驶,开关一直按下不放,则车速一直在增加。当放松"加速"开关时,汽车就自动以放松"加速"开关瞬间的车速稳定行驶。

⑥低速自动消除功能:当车速低于已输入的低速极限时(一般为48km/h),巡航控制不起作用,也不能存储低于这一速度的信息。

⑦有关开关消除功能:除了踩制动踏板与低速自动消除功能外,当按驻车制动开关、离合器控制开关、变速器挡位开关时,都有自动消除巡航控制的功能。

巡航控制系统的优点是提高汽车行驶的稳定性和舒适性,提高汽车行驶的安全性,可降低油耗和排气污染,减少磨损延长寿命。

11.1.2 巡航控制系统的发展

巡航控制系统的发展始于20世纪60年代,经历了机械巡航控制系统、晶体管巡航控制系统、模拟微型计算机巡航控制系统和数字微型计算机巡航控制系统4个发展阶段。

自20世纪80年代初开始,数字微型计算机巡航控制系统得到广泛应用。驾驶员操纵巡航控制开关,将车速设定、减速、恢复、加速、取消等命令输入计算机。当驾驶员通过巡航控制开关输入了设定命令时,计算机便记忆此时车速传感器输入计算机的车速,并按该车速对汽车进行等速行驶控制。

汽车在巡航行驶过程中,不断通过比较电路将实际车速与设定车速进行比较,计算出实际车速与设定车速的差值;然后通过补偿电路输出对执行部件的命令,执行部件控制发动机节气门开大或关小,使实际车速接近设定车速。

11.1.3 巡航控制系统的组成及各主要部件的功能

巡航控制系统由巡航控制开关、传感器、巡航控制ECU、执行器等组成。

巡航控制开关和传感器将信号送至ECU,ECU根据这些信号计算出节气门的合理开度,并给执行器发出信号,调节节气门的开度,保持汽车按设定的车速等速行驶。

目前常用的巡航控制系统主要由巡航控制 ECU、操纵开关(主控开关、空挡起动开关、驻车制动开关、点火开关)、传感器(车速传感器、节气门位置传感器、节气门控制摇臂位置传感器)和执行器(电磁离合器、驱动电动机)等组成。

各主要部件的功能介绍如下。

1. 巡航控制 ECU

巡航控制 ECU 用于接收各种传感器传送来的信号,再经计算、加工处理后,向执行器发出指令,控制执行器的动作,使汽车实际车速与驾驶员设定的车速保持一致。

巡航控制 ECU 有以下控制功能。

(1)记忆设定车速功能

当主开关接通,车辆在巡航控制车速范围内(一般为 40~200 km/h)行驶时,操作设定减速开关可以设定巡航车速。巡航控制 ECU 将设定的车速存储在存储器内,并将按设定车速控制汽车等速行驶。

(2)等速控制功能

巡航控制 ECU 将实际车速与设定车速进行比较,确定节气门是否应该开大或关小,并根据实际车速与设定车速的差值,计算出节气门开大或关小的量,进而对执行器进行控制,保证汽车按设定车速等速行驶。

(3)设定车速调整功能

当汽车以巡航控制模式行驶时,如果将设定车速提高或降低,则只要操作恢复加速或设定减速开关,就可以使设定车速改变,巡航控制 ECU 将记忆改变后的设定车速,并按新设定车速进行巡航行驶。

(4)取消和恢复功能

当汽车以巡航控制模式行驶时,如果接通取消开关或接通任何一个其他退出巡航控制开关,巡航控制 ECU 通过控制执行器使巡航控制取消。

取消巡航控制以后,要想重新按巡航控制模式行驶,只要操作恢复加速开关,巡航控制 ECU 将恢复原来的巡航控制行驶。

(5)车速下限控制功能

车速下限是巡航控制所能设定的最低车速,不同的车型稍有不同,一般为 40 km/h。

当车速低于 40 km/h 时,巡航车速不能被设定,巡航系统不能工作。

当巡航行驶时,如果车速降至 40 km/h 以下,则巡航控制将自动取消,且巡航控制 ECU 存储器内存储的设定车速将被清除。

(6)车速上限控制功能

车速上限是巡航控制所能设定的最高车速,一般为 200 km/h,车速超过该数值,巡航控制车速不能被设定。

汽车在巡航控制模式行驶时,如果操作加速开关,车速也不能加速至 200 km/h 以上。

(7)安全电磁离合器控制功能

当汽车以巡航控制模式行驶时,如果因为下坡汽车车速高于设定车速 15 km/h 以上,则巡航控制 ECU 将切断巡航控制系统的安全电磁离合器使车速降低。当车速降低至比设定车速高出不足 10 km/h 时,安全电磁离合器再次接通,恢复巡航控制。

(8)自动取消功能

当汽车以巡航控制模式行驶时,若出现执行器驱动电流过大,伺服电动机始终朝节气门打开的方向旋转时,则巡航控制 ECU 存储器内存储的设定车速将被清除,巡航控制模式将被取消,主开关同时关闭。

此外,当巡航控制 ECU 诊断出系统有故障时,将会使巡航控制系统自动停止工作。

(9)自动变速器控制功能

当具有自动变速器的汽车以巡航控制模式行驶时,如果上坡时变速器在超速挡,车速降至比设定车速低 4 km/h 以上时,巡航控制 ECU 将超速挡取消信号送至自动变速器 ECU,取消自动变速器超速挡。当车速升至比设定车速低 2 km/h 时,巡航控制 ECU 将超速挡恢复信号送至自动变速器 ECU,恢复自动变速器超速挡。

(10)诊断功能

如果巡航控制系统发生故障,巡航控制 ECU 的自诊断系统能够诊断出故障,并使仪表板上的巡航指示灯闪烁,以便提醒驾驶员。同时,巡航控制 ECU 将故障码存储在存储器内,通过巡航控制指示灯的闪烁或使用故障诊断仪,可以读取故障码。

2.传感器及开关

①主控开关:用于控制巡航控制系统的起动、关闭和控制工作状态。

②空挡起动开关:用于向巡航控制 ECU 传送空挡起动开关接通信号(即变速器操纵杆处于空挡位置的信号),以使汽车立即退出巡航控制状态。

③制动灯开关:用于向巡航控制 ECU 传送制动灯开关接通信号(即驾驶员踩下制动踏板的信号),以使汽车迅速退出巡航控制状态。

④车速传感器:用于监测汽车行驶速度,并将信号传送给巡航控制 ECU。

⑤节气门控制摇臂位置传感器:用于监测节气门控制摇臂的位置,并将信号传给巡航控制 ECU。

⑥节气门位置传感器:用于监测节气门的位置,并将信号传送给巡航控制 ECU。

3.执行器

执行器用于将巡航控制 ECU 发来的电信号转变成机械运转,控制节气门的开度,使汽车按驾驶员设定的车速行驶。

11.1.4 巡航控制系统执行器的结构原理

1.真空驱动型执行器

真空驱动型执行器依靠真空力驱动节气门,真空源有发动机进气歧管或真空泵,如图

11-1所示。

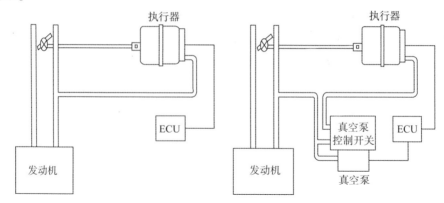

图 11-1 真空驱动型执行器

真空驱动型执行器主要由控制阀、释放阀、两个电磁线圈、膜片、回位弹簧和空气滤清器等组成,如图 11-2 所示。

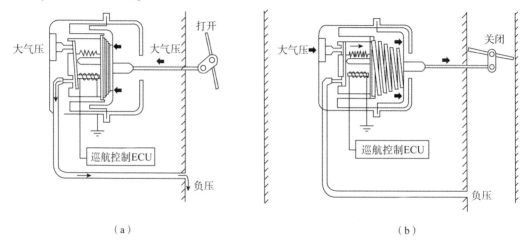

图 11-2 控制阀
(a)控制线圈通电;(b)控制线圈断电

(1)控制阀

控制阀用来控制膜片后方的真空度,以改变膜片的位置,从而控制节气门。当 ECU 给控制阀电磁线圈通电时,与大气相通的空气通道关闭,与进气歧管相通的真空通道打开,执行器内的真空度增加,膜片左移将弹簧压缩,与膜片相连的拉杆将节气门开大,如图 11-2(a)所示。当 ECU 给控制阀电磁线圈断电时,与进气歧管相通的真空通道关闭,与大气相通的空气通道打开,空气进入执行器,膜片右移,节气门关小,如图 11-2(b)所示。ECU 通过占空比信号控制电磁线圈的通电与断电,改变占空比控制执行器内的真空度,从而控制节气门的开度。

(2)释放阀

释放阀的作用是取消巡航控制时,使空气迅速进入执行器将巡航控制立即取消。释放阀的结构和工作原理如图 11-3 所示。

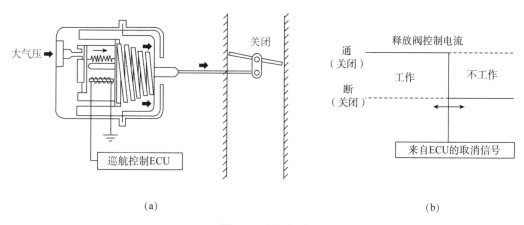

图 11-3 释放阀
(a)释放阀的结构;(b)释放阀的工作原理

巡航系统工作时,释放阀电磁线圈中有电流通过,与大气相通的空气通道关闭,由控制阀控制执行器内的真空度,从而控制节气门的开度,保持汽车等速行驶,如图 11-3(a)所示。取消巡航控制时,巡航控制 ECU 使控制阀电磁线圈断电,控制阀与大气相通的空气通道打开,释放阀电磁线圈也断电,与大气相通的空气通道打开,让空气迅速进入执行器,使巡航控制立即取消,如图 11-3(b)所示。

(3)真空泵

真空泵由电动机、连杆、膜片和 3 个单向阀等组成,其作用是在进气歧管真空度较低时为巡航系统执行器提供真空源。真空泵结构如图 11-4(a)所示。

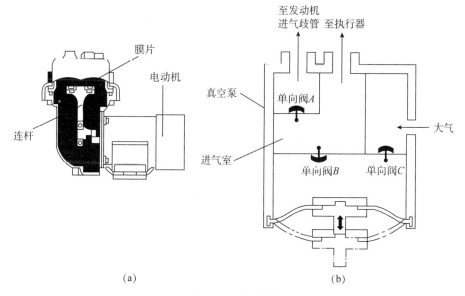

图 11-4 真空泵
(a)真空泵的结构;(b)真空泵的工作原理

巡航控制 ECU 接通真空泵电源,真空泵电动机转动,带动膜片上下往复运动。当膜片向下运动时,膜片上方产生真空,将单向阀 B 打开,为执行器提供真空源,单向阀 A 和 C 关闭。当膜片向上运动时,单向阀 B 关闭,单向阀 C 打开,将空气排入大气,如图 11-4(b)所示。

2. 电动机驱动型执行器

电动机驱动型执行器由电动机、传动机构、电磁离合器和电位计等组成,如图 11-5 所示。

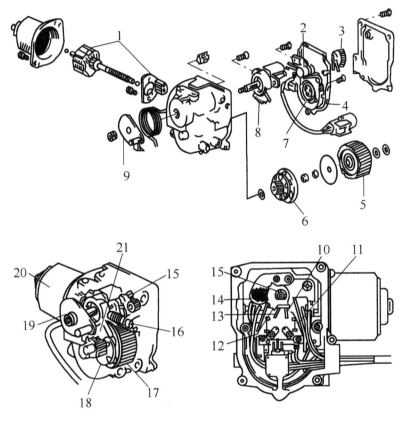

图 11-5　电动机驱动型执行器结构

1—驱动电动机;2、14—电位计;3、15—电位计主动齿轮;4—电路板;5、17—蜗轮及电磁离合器;6、18—离合器片;7—滑环;8、21—主减速器;9、19—控制臂;10—杆 B;11、12—限位开关;13—杆 A;16—蜗杆;20—电动机

巡航控制 ECU 控制电动机的工作,使电动机顺时针或逆时针旋转,从而改变节气门的开度。

当巡航控制 ECU 控制电动机工作时,电动机轴上的蜗杆 16 带动电磁离合器 17 和外圆上的蜗轮 5 旋转。

蜗轮 5 通过电磁离合器 17 带动小齿轮旋转,小齿轮带动主减速器 21 齿扇转动。齿扇通过齿扇轴带动控制臂 19 转动,控制臂上的销轴通过拉索使节气门开大或关小。

为了防止节气门完全打开或完全关闭后电动机继续转动,电动机安装了两个限位开关 11 和 12,用于控制电动机的转动。

当电动机带动主减速器齿扇转动改变节气门的开度时,主减速器齿扇轴同时带动电位计主动齿轮旋转,然后电位计主动齿轮通过从动齿轮带动电位计内的滑动臂转动,电位计就可以产生节气门控制臂位置信号。

当对巡航控制系统进行巡航车速设定时,电位计将节气门控制臂信号送至巡航控制ECU,ECU将此数据存储于存储器内,行车中ECU以此数据作为参照控制节气门控制臂,使实际车速与设定车速相符。

11.1.5 巡航控制系统的使用方法

巡航控制系统可以减轻驾驶员的疲劳,改善汽车的燃料经济性和发动机的排放性能,改善汽车的行驶平顺性,提高汽车的乘坐舒适性。但是,巡航控制系统如果使用不当,不仅不能充分发挥巡航控制系统的作用,还可能损坏巡航控制系统,甚至危害汽车行驶安全。因此,使用巡航控制系统时应按正确的使用方法进行操作。

巡航控制系统的使用,包括设定巡航车速、增加或降低巡航设定车速、点动加速和点动降速、取消巡航控制及恢复巡航行驶。

1. 设定巡航车速

设定巡航车速的方法是按下巡航控制主开关,踏下加速踏板使汽车加速。当达到希望的车速时(必须高于巡航控制系统工作时的最低车速),将巡航控制开关推至设定/减速位置后放松。开关放松时的车速即被巡航控制ECU记忆为设定车速,巡航控制系统开始工作。此时驾驶员可以放松加速踏板,巡航控制系统控制节气门按设定车速等速行驶。

2. 增加巡航设定车速

当汽车巡航行驶时,如果要使巡航设定车速提高,应将巡航控制开关置于恢复/加速位置保持不动,汽车将逐渐加速。

当汽车加速至所希望的车速时,放松巡航控制开关,汽车将按新的较高的设定车速等速行驶。

如果需要使汽车临时加速(如超车),则只需踏下加速踏板汽车即可加速,放松加速踏板后,汽车仍按原来设定的车速巡航行驶。

3. 降低巡航设定车速

当汽车巡航行驶时,如果要使巡航设定车速降低,应将巡航控制开关置于设定/减速位置保持不动,汽车将逐渐减速。

当汽车减速至所希望的车速时,放松巡航控制开关,汽车将按新的较低的设定车速等速行驶。

4. 点动升速和点动降速

当汽车以巡航控制模式行驶时,如果需要对巡航设定车速进行微调时,只要点动1次恢复加速开关(接通恢复加速开关后立即放松开关,时间不超过0.6 s),巡航设定车速就升高约1.6 km/h。只要点动1次设定减速开关,车速就降低约1.6 km/h。

5. 取消巡航控制

取消巡航控制有几种方式可以选择:一是将巡航控制开关的取消开关接通然后释放;二是踏下制动踏板;三是对于装有手动变速器的汽车可以踏下离合器踏板;四是对于装有自动

变速器的汽车可以将变速杆置于空挡位置。

6. 恢复巡航行驶

如果通过操作退出巡航控制开关中的任何一个开关使巡航控制取消,要恢复巡航行驶,只要将恢复加速开关接通然后放松开关,汽车将恢复原来巡航行驶。

但如果车速已降低至 40 km/h 以下,或实际车速低于设定车速 16 km/h 以上,ECU 将不能恢复巡航行驶。

11.1.6 巡航控制系统使用的注意事项

1. 巡航控制系统使用时的注意事项

为了保证行车安全,在交通繁忙的道路上或遇到雨、雾、雪天气时,不要使用巡航控制系统。

为了避免巡航控制系统误工作影响驾驶安全,在不使用巡航控制系统时,应将巡航控制系统的主开关关闭。

在较陡的坡道上行驶时,不宜使用巡航控制系统,因为较大的坡度会引起发动机的转速变化过大,不利于发动机的正常工作。

如果在巡航行驶时遇到较陡的下坡,汽车车速会高出设定车速许多,此时可首先踏下制动踏板使汽车减速,同时也取消巡航控制,然后将变速器换入低挡,利用发动机的运转阻力控制汽车车速。

使用巡航控制系统时,要注意观察仪表板上的巡航指示灯是否闪亮。若闪亮说明巡航控制系统有故障,巡航控制 ECU 将自动停止巡航控制系统的工作,应待故障排除后再使用巡航控制系统。

2. 电磁环境、湿度和机械振动等使用时的注意事项

①保持汽车发电机及其电压调节器处于良好的技术状态,为巡航控制 ECU 提供稳定的电源电压。如果电源电压波动较大,将影响巡航控制 ECU 的工作,甚至损坏巡航控制 ECU,因此,要经常检查发电机及其电压调节器的工作状态,如果有故障应及时排除。

②保持蓄电池的可靠连接。因为蓄电池能够吸收瞬时脉冲电压,如果蓄电池断开连接,系统内的瞬时脉冲电压就会加到巡航控制 ECU 上使其损坏。因此,要经常检查蓄电池的连接情况,蓄电池负极电缆的搭铁位置不得随意改动。

③在点火开关处于接通位置时,不要拆装系统中的电气元件和线束插接器,若必须拆装系统中的电气元件和线束插接器时,则应先关闭点火开关。在对巡航控制 ECU 插接器进行维修时,应保持巡航控制 ECU 插接器内的电源线路的接线正确,连接可靠。用充电机对车上的蓄电池充电时,要在拆下蓄电池电缆线后进行,不可用充电机起动发动机。

④在车上进行电焊时,应将巡航控制 ECU 插接器拔下后进行。注意巡航控制 ECU 的防潮、防震、防磁、防污染、防高温。巡航控制 ECU 通常安装在车辆干燥清洁处,其外壳应保持可靠固定,注意防水、油进入巡航控制 ECU 内部。巡航控制 ECU 存放时注意防潮、防尘。巡航控制 ECU 的屏蔽罩应保证牢固,不可松脱变形,不可在屏蔽罩上打孔、安装螺钉。

⑤当对汽车进行烤漆作业时,应视情况将巡航控制 ECU 从车上拆下。

11.2 典型汽车巡航控制系统分析

宝来轿车的巡航控制系统电路如图 11-6 所示。

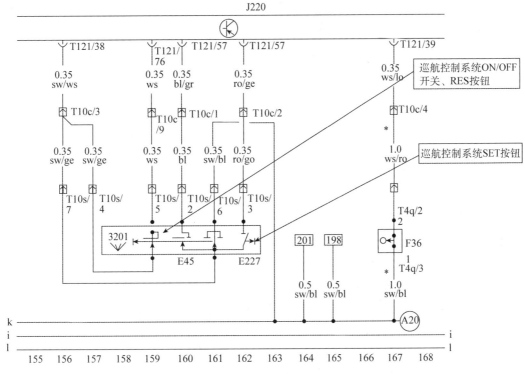

图 11-6 宝来轿车巡航控制系统电路

由于巡航控制系统是集成在发动机电子控制系统中的一个子系统,所以其自诊断的各项功能均在发动机电子控制系统(地址 01)中完成。

宝来轿车的自诊断可使用 V.A.G1551/1552、VAS5051/5052 等诊断仪器;将 VAS5051/5052 连接到宝来轿车的诊断插头上,打开 VAS5051 或 VAS5052,进入 01 地址。大众车系自诊断设备如 11-7 所示。

图 11-7 大众车系自诊断设备

01为控制单元版本信息,装备巡航控制系统的发动机ECU版本信息如11-8所示。

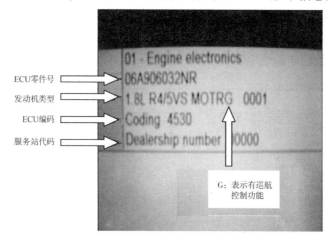

图11-8 VAS5051显示装备巡航控制系统的发动机电子控制单元版本信息

11.2.1 读取数据流

数据组066显示实际状态如图11-9所示。

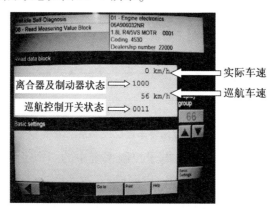

图11-9 数据组066显示实际状态

数据组066显示区2显示内容如图11-10所示。

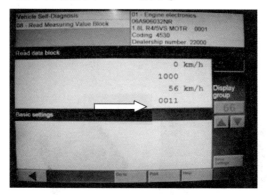

图11-10 数据组066显示区2显示内容

显示区 2 的显示内容"1000"依次表示:巡航控制系统是否接通;离合器是否踏下;制动器是否踏下;制动器状态。其中,1 表示肯定;0 表示否定。

数据组 066 显示区 4 显示内容如图 11-11 所示。

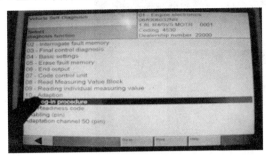

图 11-11　数据 066 显示区 4 显示内容

显示区 4 的显示内容"0000"依次表示:RES 按钮状态;SET 按钮状态;巡航控制开关位置;巡航控制开关位(ON 或 OFF)。其中,1 表示肯定;0 表示否定。

11.2.2　巡航控制系统激活或取消

采用 11 功能可取消或激活巡航功能进入 VAS5051 界面,如图 11-12 所示。

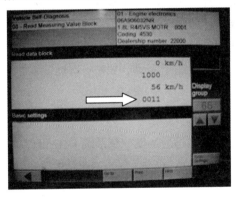

图 11-12　取消或激活巡航功能进入 VAS5051

需激活巡航控制系统功能时,选择功能并输入 11463 可激活巡航控制系统功能,如图 11-13 所示。

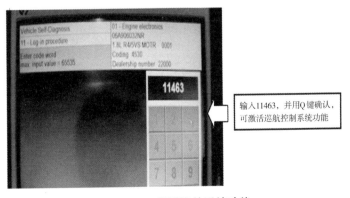

图 11-13　激活巡航系统功能

需取消巡航控制系统功能时,选择 11 功能并输入 16167 可取消巡航控制系统功能,如图 11-14 所示。

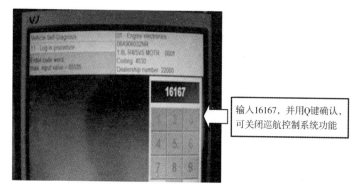

图 11-14 取消巡航控制系统功能

11.2.3 自适应巡航控制系统

1. 概述

自适应巡航控制系统是一种智能化的自动控制系统,它是在早已存在的巡航控制系统的基础上发展而来的。在车辆行驶过程中,安装在车辆前部的车距传感器(雷达)持续扫描车辆前方道路,轮速传感器同时采集车速信号。

当与前车之间的距离过小时,自适应巡航控制系统 ECU 可以通过与防抱死制动系统、发动机控制系统协调动作,使车轮适当制动,并使发动机的输出功率下降,以使车辆与前方车辆始终保持安全距离。

2. 作用

通过车距传感器的反馈信号,自适应巡航控制系统 ECU 可以根据靠近车辆物体的移动速度判断道路情况,并控制车辆的行驶状态;通过反馈式加速踏板感知的驾驶者施加在踏板上的力,自适应巡航控制系统 ECU 可以决定是否执行巡航控制,以减轻驾驶者的疲劳。

参考文献

[1] 张蕾. 汽车电子控制技术[M]. 北京:清华大学出版社,2009.
[2] 刘晓岩. 汽车电子控制技术[M]. 北京:化学工业出版社,2009.
[3] 周云山,钟勇. 汽车电子控制技术[M]. 北京:机械工业出版社,2009.
[4] 付百学,胡胜海. 汽车电子控制技术:上册[M]. 北京:机械工业出版社,2010.
[5] 付百学. 汽车电子控制技术:下册[M]. 北京:机械工业出版社,2010.